눈이 부실만큼 아름다운 **청춘아!**
멈춰라,
생각하라

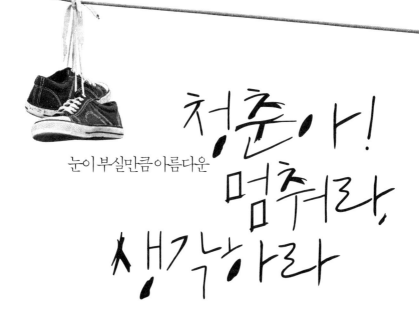

눈이 부실만큼 아름다운

청춘아!
멈춰라,
생각하라

인간의 모든 삶의 영위는
결국 참되게 잘살기 위한 궁리인 것이디

기하라 부이치 지음_**정돈영** 옮김

부자나라

차례

일러두기

1. 본문의 차례는 편집자의 의도에 따라 바꾸었다. 기본적으로 시대순이나 소크라테스, 데카르트, 칸트, 헤겔은 이성을 중심으로 삼아 근대 이성철학에 영향을 끼친 철학자이고 파스칼, 키에르케고르, 니체는 인간 이성보다는 신과 실존에 더 중점을 둔 철학자들이다.
2. 부록은 독자들의 철학용어 이해를 돕기 위해 편집자가 작성하였다.

Chapter 1 행복한 죽음을 선택한 철학자

Socrates

소크라테스 *Socrates BC 469~399*

그리스의 철학자.

조각가인 아버지와 산파인 어머니 사이에서 태어났다. 세 차례나 전쟁에 참여하였고 BC 406년에는 참정의원으로 국정에 참여하기도 했다. BC 399년 청년들을 타락시키고 새로운 신을 도입했다는 명목으로 사형 당했다. 그는 일체의 저서를 남기지 않았는데, 연구자료로는 플라톤의 여러 대화편들과 크세노폰의『회고록』, 아리스토텔레스의 저작물이 있다. 그러나 이 자료들에 나타난 소크라테스는 한결 같지 않아서, 플라톤의 초기 대화편만은 소크라테스의 사상을 나타낸 것으로 인정하는 것이 전통적인 해석이다.

행복한 죽음을 선택한 철학자

바야흐로 세계는 고령화 시대로 돌입하는 양상을 보이고 있다. 우리들이 여기서 생각해야 할 점은 과연 장수를 환영하는 것만으로 만족하고 있으면 그만인가 하는 사실이다. 하지만 여기서 내가 말하고자 하는 것은 이런 고령화 추세에 뒤따르는 여러 가지 문제점들이 아니라, 삶의 의미에 있어서의 그 본질과 그것에 뒤따르는 문제들이다.

그러나 인간이 간단히 죽지 못하게 되어 가는 것이 이 평화와 포식과 기술의 물질 문명시대이다. 장수한다는 것은 현대의 우리들에게 주어진 일종의 시련이며 일종의 고문이라고까지 말해도 좋을 것이다. 노인병원 등을 한 번이라도 방문한 일이 있는 사람이라면 이 '고문'이라는 말에 쉽게 공감할 수 있을 것이다.

장수국의 비극은 스위프트의 『걸리버 여행기』속에서도 상세히 묘사돼 있는데, 장수를 선망해 온 최근의 풍조 속에서 사람들이 잊고 있는 것은 결코 건강법 따위로는 장수의 시련 내지 고문을 극복할 수 없다는 사실이다. 오히려 필요한 것은 사는 동안 제대로 살고, 행복하게 죽어 가기 위한 철학과 종교가 아닐까. 철학과 종교를 통해 그 누구도 피할 수 없는 노령과 죽음에 대비하는 일이야말로 고령화 시대에 최대의 과제가 아닐까.

물론 철학이나 종교는 장수자들만의 문제는 아니다. 7세로 생애를 끝내는 어린이에게도, 70세로 세상을 떠나는 노인에게도, 삶과 죽음은 불가사의한 수수께끼이며, 철학과 종교를 통해 무엇인가 확실한 것을 얻고자 할 것이다.

오래 살든 짧게 살든 중요한 것은 '잘 산다' 는 문제이다. 인간의 모든 삶의 영위는 '잘 살기' 위한 궁리인 것이다.

이 점에서 하나의 모범이라고 해도 좋은 것이 고대 그리스의 철학자 소크라테스의 생애이다. 그는 죽음을 목전에 두고도 "나보다 즐겁고 좋은 생애를 보낸 인간이 있다고는 생각하지 않는다."라는 말을 남겼다. 이만큼 자신과 만족을 가지고 죽음을 맞이한 예도 드물 것이다.

'잘 산다' 는 것은 무엇인가. 그리고 '잘 죽는다' 는 것은 또한 무엇인가. 또 철학이라는 것이 인간의 생애에 있어 어떠한 역할을 할 수 있는 것인가. 이러한 것을 생각하는 데 가장 좋은 예가 소크라테스의 생애와 철학인 것이다.

사형수 소크라테스

소크라테스(Socrates: 기원전 469 또는 470~399)에 대해 생각하는 데 있어서 가장 먼저 언급해야 할 것은 이 철학자는 그의 사상과 행동 때문에 심문 당했고 결국 사형에 처해졌다는 사실이다.

왜 가장 좋은 인생을 보냈다고 자부하는 철학자가 사형수로서 죽어 가야 했는가.

이 수수께끼를 푸는 일을 통해 소크라테스의 생애와 철학을 이해하고, 현대에도 통용되는 소크라테스의 메시지를 들을 수 있을지도 모른다.

그래서 우선 소크라테스에 대한 재판 결과를 간단히 더듬어 보기로 한다. 고소장에는 다음과 같은 죄상이 열거되어 있다.

소크라테스는, 국가가 인정하는 신(神)을 인정하지 않고, 다른 기묘한 신령(神靈) 따위를 도입하려고 한 죄를 범하였고, 또 청년들을 타락시키는 죄를 범하고 있다. 따라서 사형을 구형한다.

고소인은 메레토스라는 젊은 시인인데, 그를 배후에서 조종한 사람은 아뉴토스라는 부유한 상인으로 보수적인 정치가였다. 이 고소에 의해 재판이 진행되었고, 재판정에서 소크라테스는 고소는 모두 사실무근이라며 무죄를 주장했다. 그때의 진술은 플라톤에 의해 『소크라테스의 변명』으로 정리되있는네 이는 소크라테스를 알 수 있는 가장 좋은 자료라 할 수 있다. 이 변명에 대해 재판을 담당한 501명의 배심원은 281표 대 220표로 유죄 판결을 내리고, 형벌에 대해서는 361표라는 다수의 찬성을 얻어 사형이 선고되었다.

이 재판을 둘러싸고 많은 학자들이 연구를 해왔는데, 그들 모두에게 공통된 점은, 이것은 잘못된 판결이며 소크라테스를 처형한 것은 아테네인의 역사에 남는 오점이라고 하는 견해이다. 소크라테스의 무죄를 전제로 데모크라시를 표방하는 아테네 국가의 어리석음을 비판하는 것이 연구자들의 상투적 수법인 것 같다.

그러나 한 가지 일에만 정통한 학자는 자신의 맹점을 깨닫지 못하는 법이다. 이제까지 소크라테스를 연구한 학자들의 맹점은, 소크라테스가 유죄였을지도 모른다는 것을 꿈에도 생각하지 않았다는 데에 있다. '소크라테스가 유죄라니, ……그런 바보스러운 일이……' 라고 말하는 사람도 적지 않겠지만, 다수의 아테네인이 소크라테스를 유죄라고 판단한 데는 그 나름대로의 근거가 틀림없이 있었을 것이다. 처음부터 이것을 잘못된 판결이라고 단언하는 것은 옳지 않다. 과연 오심이었는지 아니었는지에 대해 새삼 조사해 볼 필요가 있지 않을까.

내가 지금부터 시도하려는 것은 소크라테스에 대한 재심이다. 그것은 오로지 가장 좋은 인생을 보냈다고 자부하는 사나이가 도대체 어떤 인간인지를 알고 싶기 때문이다. 소크라테스의 재판은 예수 그리스도의 그것과 흔히 비교되는데, 도스토예프스키의 『미성년』에는 18세기 영국에서 그리스도를 재심한 결과 유죄 판결을 내릴 수밖에 없었다는 에피소드가 기술되어 있다. 그것은 필시 도스토예프스키의 독특한 방식의 픽션이겠으나 마찬가지로 소크라테스에 대해서도 적용할 수 있을 것이다.

그런데 법원에 재심을 신청할 경우에는 새로운 증거를 제출하는 것이 일반적인데, 소크라테스의 재심에 대해서는 그러한 것은 기대할 수 없다. 당시 소크라테스의 유죄를 주장하는 문서가 얼마쯤 씌어졌긴 하지만 현재 남아 있는 것은 전혀 없기 때문이다. 우리들이 접할 수 있는 것은 『소크라테스의 변명』(이하 『변명』이라고 한다)을 비롯한 플라톤의 대화편과, 『소크라테스의 추억』(이하 『회고록 Memorabilia』이라고 한다) 등의 크세노폰의 저작, 소크라테스를 주인공으로 한 아리스토파네스의 희곡 『구름』, 아리스토텔레스의 저작에 보이는 단편적인 기술, 그리고 디오게네스라에르티오스의 『그리스 철학자 열전』(이하 『열전』이라고 한다) 속의 소크라테스 전기 등이다. 『변명』이 외의 모든 재판 기록은 없어졌고 소크라테스 자신은 한 줄의 문장도 남기지 않았다. 플라톤과 크세노폰은 둘 다 소크라테스의 제자였으며, 『변명』이나 『회고록 Memorabilia』도 소크라테스를 변호하기 위해 씌어진 것이다.

이와 같이 이용할 수 있는 증거는 얼마 안 되며 게다가 소크라테스의 무죄를 입증하는 증거가 거의 없다고 보면, 재심 자체가 무모한 시도인지도 모른다. 그러나 소크라테스라는 이 유명한 철학자를 알기 위해서는, 어떻게 해서든 누군가가 한 번은 시도해야 할 필요한 절차인 것이다.

소크라테스는 뚱보였다?

재판의 첫머리에서는 대개 피고인이 본인이라는 것을 확인하는 인정질문(人定質問)이 행해지고 그 경력 등을 확인하는 것이 보통인데, 소크라테스의 경력에 대해서는 아주 조금밖에 알려져 있지 않다.

그가 태어난 곳은 그리스의 아테네, 아버지는 석공(石工)이고 어머니는 산파였다는 사실, 젊었을 무렵에 자연과학에 열중했지만 40대 이후 인간에 대한 문제에 관심을 돌리게 되었다는 사실, 30대 후반 이후 몇 차례에 걸쳐 아테네가 스파르타와 싸운 펠로폰네소스 전쟁에 종군한 사실, 60세를 지나고 나서 정치의 요직에 취임한 적이 있으며, 정부의 명령을 위반했기 때문에 하마터면 처벌을 받을 뻔했다는 사실 등이다.

이것만으로는 도저히 소크라테스의 경력을 정리할 수가 없다. 본래 직업도 분명하지 않았고, 아버지의 일을 이어받았다고 추정되지만 확실치는 않다. 아리스토파네스의 희곡 『구름』에서는 어설프게 변론술을 가르치는 소크라테스가 등장하는데 그러한 시기도 있었던 것 같다.

그의 가족으로서는 아내 크산티페와 세 자녀가 확인되고 있다. 소크라테스가 죽음을 맞이하는 70세쯤에서 장남이 겨우 청년이 되었다는 사실 등을 보면 그가 결혼한 것은 50세 무렵이었으리라고 추정된다. 그의 이 결혼은 재혼이라는 설이 유력하며 크산티페와의 나이 차이는 25세 이상이라고 여겨진다.

크산티페라고 하면 옛날부터 악처로 유명한데『열전』이나『회고록 Memorabilia』에서도 확실히 그런 인상을 받는다. 소크라테스는 그녀에 대해 이렇게 말했다. "다루기 힘든 크산티페와 사귀고 있으면 어떤 사람과도 잘 지낼 수 있을 것이다."라고.

그의 아들도 야수보다 지독한 어머니는 그 누구도 참아내는 사람이 없었다고 증언할 정도였다. 아버지는 아들에게 "만약 이런 어머니를 참을 수 없다면 너는 아무런 일도 참아내지 못할 것이다."라고 타이르곤 했는데, 악처를 갖는 것은 철학자에게 있어서는 오히려 유익한 일인지도 모른다.

이와 같이 그의 경력서는 공백뿐인데 그것에 비교하면 그의 풍모나 생활에 대해서는 비교적 잘 알려져 있다. 이전에 "살찐 돼지가 되기보다는 여윈 소크라테스가 되라."고 졸업생에게 훈시한 대학 총장이 있었는데, 이 총장은 아무래도 여윈 몸매에 신경질적인 철학자의 모습을 상상하고 있었던 것 같다. 또 일반사람에게도 '여윈 소크라테스'의 상(象)이 널리 퍼져 있다고 생각된다. 그러나 생각과는 달리 현실의 소크라테스는 돼지 정도는 아니더라도 상당한 비만체였다. 그를 그린 초상화나 조각들이 다수

전해지는데 이들을 보면 골격이 튼튼하고 살집이 좋은 몸에 큰 귀와 경단같이 동그란 코, 두꺼운 입술과 노려보는 듯한 큰 눈, 게다가 수염이 덥수룩해서 보기에 추악한 노인이라고 말해도 좋을 것 같은 풍모이다. 이른바 현자의 풍모는 아니었던 모양이다.

그는 신체가 건강하고, 70세에 젖먹이 아이를 가질 만큼 강한 정력의 소유자였으며, 아무리 술을 마셔도 취하는 일이라고는 없었다. 플라톤의 『향연』에는 밤을 새우며 술잔을 주고받으면서 이야기를 한 후에도 술에 취한 젊은 패거리들을 남겨 두고 새벽엔 광장에 나가서 또다시 하루 종일 사람들과 이야기를 했다고 기술되어 있다.

하루 종일 광장에서 젊은이들과 이야기를 하는 것이 그의 일과였다. 또 아테네에 돌림병이 유행했을 때 병에 걸리지 않았던 사람은 소크라테스뿐이었다고도 한다. 항상 신발을 신고 다니지 않았으며 겨울철의 전장에서도 얼음 위를 맨발로 걸어 다녔다는 보고도 있다. "언제 어떠한 경우가 생기더라도 견딜 수 있도록 몸을 단련하고 있다." 는 것이 그의 자랑이었다.

강인하고 건강한 육체와 함께 소크라테스가 자랑스럽게 생각한 것은 가난한 생활이었다. 어느 정도인가 하면 노예조차도 도망칠 것 같은 가난한 생활이었고, 그 때문에 소크라테스는 '수다쟁이 거지' 라고 불리게 되었다.

그는 『변명』속에서 "나라는 사나이는 제군들을 위해 착한 일을 하면서 가난하게 살고 있다."라고 말하고 있는데, 그렇다면 가족과 자신을 부양하기 위한 양식을 어디서 구했을까. 그리스의 철학자 탈레스처럼 기후관측에 의해 올리브의 풍작을 예측하고, 온 마을의 올리브유 압착기를 빌려 이것을 비싼 대여료를 받고 빌려줘 돈벌이를 한 예도 있듯이 철학자와 돈벌이는 결코 인연이 없는 것은 아니었다. 『열전』에 따르면 소크라테스도 돈벌이에 열심이었던 때가 있었던 것 같은데, 만년에는 일체의 일을 그만두고 아버지에게서 물려받은 약간의 유산과 나라에서 지급되는 수당으로 근근히 살았던 것으로 짐작된다.

이상이 재심에 임하는 피고인에 대해 판명되어 있는 것의 개략이다.

너 자신을 알라

그런데 처음에 언급한 죄상 그 자체의 검토에 들어가기 전에, 70세나 되는 가난한 노인이 왜 고소를 당하게 되었는가 하는 점을 생각해 보고 싶다. 70세라고 하면 기원전 4세기에는 최장수자의 부류임에 틀림없고, 소크라테스 자신도 "관 속에 한쪽 발을 집어넣은 노인"을 왜 새삼스럽게 법정에 끌어내야 하느냐고 항의했을 정도이다.

이 점에 대해서는 『변명』 속에선 소크라테스가 자신의 고소인으로는 메레토스를 비롯한 직접적인 고소인과 이전부터 자신을 중상해 온 아테네 시민의 두 부류가 있다고 말하는 것이 실마리가 된다. 아무래도 피고는 많은 시민들로부터 미움을 사고 있었던 모양이다. 그 자신도 "나는 많은 사람들로부터 여러 가지로 미움을 사고 있었다."라고 분명히 인정하고 있다. 피고에게 있어서 고소당하는 자체는 그다지 뜻밖의 일이 아니었던 것 같다. 소크라테스에 관한 재판은 무엇인가 구체적인 범죄행위 때문이라기보다도, 오히려 피고에 대한 사람들의 막연한 반감에서 시작되었다고 말해도 좋을 것 같다.

그렇다면 왜 피고는 아테네 시민에게 미움을 사고 따돌림을 당하고, 반감을 사게 되었을까. 사실은 이제부터 서술하는 바와 같이 이 점이야말로 소크라테스의 철학자로서의 출발점이었다고 생각된다.

어느 때인가 소크라테스는 자신보다 지혜가 있는 사람이 있는지 어떤지에 대해 델포이의 무녀로부터 신탁(神託)을 받은 적이 있었다. 델포이란 그리스 신화의 신 아폴론을 모시는 신전이 있었던 장소로, 그 무녀가 전하는 신탁을 고대의 그리스인은 굳게 믿었다. 소크라테스의 물음에 대해서 무녀는 소크라테스보다 지혜가 있는 자는 없다고 대답했던 것이다. 신탁을 듣고 소크라테스는 생각에 잠겼다.

도대체 신은 무엇을 말하려는 것일까. 도대체 무슨 수수께끼를 걸고 있는 것일까. 왜냐하면 나는 나 자신이 크든 작든 지혜가 있는 사람이 아니라는 사실을 자각하고 있기 때문이다. 그러면 나를 가장 지혜가 있다고 선언함으로써 도대체 신은 무엇을 말하려는 것일까.

그래서 소크라테스는 신탁이 과연 옳은지 어떤지를 확인하기 위해 자신보다 지혜가 있을 것 같은 사람을 찾아보기로 했다.

맨 먼저 찾아간 사람은 정치가였다. 여러 가지로 대화를 하고 관찰도 해보니, 주위 사람들에게 지혜롭다는 평가를 받고 본인도 그렇게 생각하고 있지만, 사실은 그렇지 않다는 것을 알게 되었다. 그 다음에는 시인을 찾아가 보았는데, 역시 여러 가지로 질문을 해보니 뜻밖에도 확실한 것을 모르고 있다는 사실을 알게 되었다. 그 뒤에 '손에 기능을 가진 사람 (匠人)'들을 찾아갔으나 결과는 역시 마찬가지였다.

이와 같은 경험에서 알게 된 사실은, 정말은 아무것도 모르고 있으면서 스스로는 무엇인가를 알고 있다고 생각하는 사람이 생각보다 많다는 사실이다. 이것에 대해 소크라테스 자신은 본인이 아무것도 모르고 있다는 사실을 잘 알고 있었다. 만약 자신이 그 누구보다도 지혜가 있다면 그것은 자신의 무지함을 알고 있기 때문일 것이다.

델포이의 신탁은 그러한 것을 말하고 있는 것이라고 소크라테스는 생각했다.

이것이 소크라테스의 유명한 '무지함의 지(知)'라는 철학의 원칙인데, 소크라테스가 미움을 사세 된 이유는 이것을 사람들에게 이해시키려 했기 때문이다.

자네는 스스로는 지혜가 있으며 여러 가지 것들을 알고 있다고 생각할지도 모르지만, 실제로는 아무것도 모르고 있는 거야. 그러한 자신의 무지함을 알아야 하네.

소크라테스는 광장이나 체육관에서 만나는 사람들을 붙들고는 이렇게 말하곤 했다. 선의에서 나온 행동이기는 하지만 많은 사람들이 지켜보는 가운데서 자신의 무지함을 증명 당한 사람들은

결코 좋은 기분은 아니었을 것이라고 생각된다. 스스로의 무지함을 뼈저리게 느끼게 되어 감사한 사람은 고대 그리스 시대나 현대나 그렇게 많지는 않을 것이다.

"너 자신을 알라." 이 말은 델포이 신전에 걸려 있던 것으로 소크라테스 자신의 좌우명이기도 했다. 자기 자신의 참모습을 알고 기뻐하는 데는 상당한 각오가 필요하다. 인간은 모처럼 손에 넣은 행복한 기분을 잃지 않기 위해 자신이 잘못 알고 있는 사실조차 그대로 믿고 싶어하기 마련이다. 그러나 신탁을 받은 소크라테스는 사람들의 그러한 잘못된 생각을 허용할 수 없었다.

이리하여 스스로의 무지함을 잇달아 폭로당한 사람들의 반발과 반감은 증오의 덩어리가 되어 소크라테스에게로 내던져진 것이다. 그는 그 사실을 잘 알고 있으면서도 "너 자신의 무지함을 알라."고 끊임없이 말했고 그것이 고조되어 마침내 소크라테스의 고발로 발전해 간 것이다.

이와 같은 아테네 시민의 심정은 현대에 사는 우리들에게도 이해될 수 있다고 생각한다. 소크라테스는 진리를 존중한 나머지 약간은 지나쳤던 것이다. 진리는 쓴 약이며, 이것을 삼키는 용기가 있는 사람은 어느 시대에서나 소수에 불과하다. 소크라테스가 항상 내미는 쓴 약은 교양있는 아테네 시민의 입에도 맞지 않았던 모양이다. 게다가 원래 아테네인은 철학이라는 것에 그다지 관심을 가지고 있지 않았다. 어떤 사람은 소크라테스에게 철학은 젊은이가 할 일이고 나이 먹은 사람이 그런 짓을 하는 것은 우스

꽝스럽다고까지 말했다. 당시 아테네에서는 파르테논 신전을 비롯한 건축물 붐이 한창 일었고 군비 증강에 온 힘을 기울이고 있었다. 군사대국에서 철학은 쓸모없는 것이었다.

이리하여 어떠한 이유에서건 소크라테스가 고소를 당해도 별로 이상하게 생각지 않는 분위기가 아테네의 사회에 조성되어 있었다.

따돌림받은 철학자

그런데 소크라테스가 아테네에서 따돌림을 받게 된 또 하나의 이유는 소크라테스의 독특한 대화법이 사람들을 초조하게 만드는 문답법이었던 탓이라고 생각된다.

플라톤은 소크라테스를 주인공으로 해서 덕이나 정의, 용기, 미(美) 등 여러 갈래에 걸친 테마를 사용하여 30여편 정도의 대화편을 썼는데 플라톤의 창작도 상당히 들어있다고 생각된다. 또 소크라테스가 말하듯이 "씌어진 말은 이야기된 말의 그림자에 불과하다."고 하더라도 이들 대화편을 통해 소크라테스가 사람들과 주고받은 문답의 형태를 상상할 수 있을 것이다. 누구든지 알 수 있는 말로 목수나 신발 장인 등 주변의 구체적인 예를 거론하면서, 한결같이 질문하는 쪽에서 이야기를 진행하는 것이 이 광장 철학자의 특색이다. 당시의 아테네인과 거의 마찬가지로 현대의 우리들도 이들 대화편을 이해할 수 있다는 것은 소크라테스 및 플라톤의 훌륭한 능력 덕분이다.

그러나 대개의 독자는 읽어 가는 동안에 차츰 머리가 혼란해지는 것을 느끼게 될 것이다. 여기서 그 실례를 한 가지 들어 보기로 한다. 인용이 제법 길겠지만, 소크라테스식의 문답이 어떠한 것인가를 이해하기 위해서는 필요한 것이다. 이 글의 테마는 '우애(友愛)란 무엇인가'라는 것이다.

"그럼 답해 주게나. 누군가가 누군가를 사랑하는 경우, 어느 쪽이 어느 쪽의 친구가 되는 걸까. '사랑하는 쪽'이 '사랑받는 쪽' 사람의 친구가 되는가, 혹은 '사랑받는 쪽'이 '사랑하는 쪽' 사람의 친구가 되는가. 그렇지 않다면, 어느 쪽이라도 전혀 상관이 없는가?"

"전혀 상관이 없다고 생각합니다."

"그건 무슨 뜻이지? 그러면 다만 한쪽이 다른 쪽을 사랑하는 것이며, 양쪽 모두 서로의 친구가 된다는 말인가?"

"그렇게 생각하는데요."

"그럼 말일세, 자네는 사랑하고 있는데, 그 상대방은 자네를 사랑해 주지 않는 경우는 없단 말인가?"

"있습니다."

"그럼 말이지, 또 사랑하고 있는데, 미움을 받게 되는 일은 없을까? 마음을 다하여 사랑하고 있는데 상대방으로부터 사랑을 돌려받지 못한다든가, 그러기는커녕 미움을 받는다고 생각하는 사람들이 있을 테지. 자네는 그렇게 생각하지 않는가?"

"전적으로 그렇게 생각합니다."

"그럼 말이야, 그러한 경우에 한쪽 사람은 사랑하고, 다른 쪽 사람은 사랑받고 있는 것은 아닐까?"

"그렇습니다."

"그렇다면 도대체 그 두 사람 중의 누가 누구의 친구란 말인가. 상대방으로부터 사랑을 받든 또 미움을 받든 '사랑하는 쪽'이 '사랑받는 쪽' 사람의 친구인지, 혹은 '사랑받는 쪽'이 '사랑하는 쪽' 사람의 친구가 되는 것인지. 아니 그렇지 않다면 이러한 경우에는 양쪽이 모두 서로를 사랑하는 것이 아니면 어느 쪽도 상대방의 친구가 되지 않는다는 말인가?"

"제일 뒤의 것이 옳다고 생각됩니다."

"그렇다면 아까 생각했던 것과 달라진 셈이네. 즉 우리는 아까 한쪽이 사랑하면 양쪽 모두 친구들이다라고 생각했는데, 이번은 양쪽 모두 사랑하는 것이 아니면 어느 쪽도 친구는 아니다라고 생각하게 되었네."

"그런 것 같습니다."

"그러고 보면, 사랑하는 사람에게 있어서는 상대방도 사랑해주는 것이 아니면, 어떠한 경우도 '친구'는 아니라는 거지."

"그렇게 될테죠."

"그러고 보면, 말(馬)한테서 사랑받지 못하는 사람들은 말을 사랑하는 사람이 아닌 것이 되고, 마찬가지로 메추리를 좋아하는 사람도, 또 개를 좋아하는 사람도, 술을 즐기는 사람도, 운동경기를 좋아하는 사람도 그렇지 않은 사람이 되고, 또 지(知)로부터 사랑받지 못하는 사람은 지를 사랑하는 사람은 아니게 되네."

『류시스』 중에서

이런 상태로 문답은 계속된다. 어쨌든 기묘하고, 사람을 비꼬는 듯한 그러면서 반론을 하려 해도 할 방법이 없는 논법이다. 소크라테스의 상대방은 자신이 말하는 것이 모조리 모순이라는 사실을 지적당하고, 마지막에는 '친구'란 무엇이며, '우애'란 무엇인지조차 전혀 알 수 없게 되었다 라는 곤혹스러운 말로 끝난다.

독자로서는 소크라테스의 생각이 무엇인지 확실하게 표명되기를 기대하겠지만, 결코 그렇게 안 되는 것이 소크라테스의 문답이다.

상대방을 그 자신의 말로써 궁지에 몰리게 하고, 곤혹스러운 상태에 방치하는 것이 모든 대화편의 결말인 것이다.

이래서는 도대체 무엇 때문에 대화를 했는지 알 수 없다고 생각하는 것이 보통이다. 스스로 판단하기에 무언가를 알고 있다고 생각해도 사실은 아무것도 모르고 있다는 사실을 자각하게 하는 것이 소크라테스의 목적인데, 그 사실을 깨닫는 사람은 극히 적다. 더구나 자신이 사실은 아무것도 모르고 있다는 사실을 자각하고 기뻐하는 사람은 더욱 적다. 저 교묘하고 약간은 궤변 같은 소크라테스의 논법을 아무리 해도 이길 수 없는 사실에 화를 낸 사람 가운데에는 대화 도중 그를 두들겨 패거나 발길질을 한 사람도 있었던 모양이다. 그럴 때마다 소크라테스는 태연하게 이렇게 말했던 것이다. "만약 나귀가 나를 발길질했다면, 나는 나귀를 상대로 소송을 제기하겠는가." 이 철학자를 말로써 꺾는다는 것은 예삿일이 아닌 것이다.

"내가 바라는 건 우리들이 문답을 통해 서로 친한 사이가 되고, 말을 주고받는 사이가 되고 싶을 뿐이다."라고 소크라테스는 말하고 있지만 인용한 것과 같은 심술궂은 논법에 부딪히게 되면 서로 친한 사이가 되기는 어려운 일이다. 소크라테스는 이 독특한 문답을 통해 많은 제자를 두게 됐지만 그 이상으로 많은 적도 만들었던 것이다.

이와 똑같은 경우를 현대에서도 찾을 수 있을 지 모른다. 플라톤이 저술한 소크라테스의 대화편을 무의미하고 따분한 수다로 받아들이는 사람도 있을 것이다. 또 한편으로는 이것에 심취하는 사람도 있을 것이다. 결론을 내지 않는 것에 소크라테스의 교묘함이 있는 것이어서 자신이 결론을 찾아 계속 생각하려는 독자에게는 소크라테스는 둘도 없는 이야기 상대인 것이다.

요컨대 소크라테스는 사람들에게서 따돌림을 받는다는 것을 조금도 괴로워하는 일 없이, 옳다고 믿는 것을 끝까지 밀고 나간 완고하고 심술궂은 듯한, 또 남을 비꼬는 것을 좋아한 노인이었으며, 그러한 인간이었던 까닭에 마침내는 고소라는 비상수단에 의해 사람들에게 복수를 당하게 되었던 것이다.

청년들을 타락시켰는가

그러면 드디어 소크라테스의 고소장을 검토해 보기로 하자. 두 가지의 죄상이 거론되고 있는데, 우선 청년들을 타락시켰다고 하는 점을 들어보자.

소크라테스가 어떻게 청년들을 타락시켰는가에 대해서는 명기되어 있지 않지만, 원래 어느 시대에도 젊은이는 타락되기 쉬운 존재이다. 젊은이의 타락에 노인이 도움을 주었다는 것은 우리들의 상식으로는 쉽게 이해되지 않는 일이다. 만약 소크라테스가 젊은이를 타락시킨 것이 정말이라면, 그것은 어떤 독특한 방법에 의한 것이었을 것이다.

소크라테스의 변명을 들어 보기로 한다.

다시 말해서 내가 돌아다니며 행한 일이란 단지 다음의 사실뿐입니다. 제군들 가운데 젊은이나 나이 든 사람이나 그 누구라도 영혼이 가급적 뛰어난 것이 되도록 대단히 마음을 쓰지 않으면 안되며, 그보다도 먼저 신체나 금전에 마음을 두어서는 안 된다는 것입니다. 그리고 금전을 아무리 쌓아도 거기에서 영혼의 좋음(德)이 태어나는 것은 아니며, 금전을 비롯한 그밖의 물질적인 것들이 인간을 위해 선한 것이 되는 것은 영혼의 좋음(德)에 의해서입니다.

오로지 "영혼의 좋음(德)"을 젊은이에게 이야기해 주었다는 것인데, 소크라테스가 말하는 철학이란 바로 이것을 말한다. 즉 인간의 영혼에 있어서 무엇이 가장 소중한 것인지를 아는 것이 철학인 것이다. 소크라테스가 언제나 같은 철학 이야기를 했다는 것은 플라톤의 대화편이 명백히 뒷받침해 주고 있다. 니키아스는 소크라테스를 이렇게 증언한다.

누구라도 소크라테스와 너무 가까운 곳에서 이야기를 하고 있으면, 처음은 뭔가 다른 것을 말하는 데서 시작했다 하더라도 그의 말에 죽 끌려다니게 되어 마지막에는 반드시 이야기가 그 사람 자신의 일로 바뀌게 되고 현재 어떠한 삶의 태도를 취하고 있는가, 또 이제까지 어떻게 생활해 왔는가를 말하는 처지에 빠집니다. 그런데 일단 그렇게 되면, 그 사람이 말한 것을 하나하나 모조리 정확히 음미해 버릴 때까지 소크라테스는 놓아주지 않을 겁니다.

아무래도 소크라테스는 앞서의 인용에서 본 것처럼 사물을 정의하거나 하는 일은 그다지 중요하게 여기지 않았던 것 같다. 그것보다도 한 사람 한 사람의 인간이 도대체 어떠한 인간인가를 밝히는 것이 그의 목적이었던 것을 알 수 있다. 그것이 '인간에 대한 음미' 이며 "영혼의 좋음(德)"에 대한 조사이다. 소크라테스는 예의 문답법을 통해 상대방을 조사하고 "사실은 자네는 이러한 인간이군."이라는 것을 확인하여 그것을 상대방에게 자각시키려고 한다. 결국은 언제나 "너 자신을 알라."라고 말하고 있는 것이다.

이와 같이 소크라테스가 젊은이를 상대로 행한 일이라고는 각각의 사람에게 자기 자신을 알려준 것에 불과하다.

'자신은 이러한 인간이다.' 라는 것을 깨달은 젊은이가 그 때문에 타락한다면 그것은 이미 젊은이 자신의 책임이지 소크라테스의 죄는 아니다.

'청년들을 타락시켰다.' 라는 죄상에서는 무엇인가 선동가와 같은 이미지가 연상되는데, 소크라테스가 젊은이에게 어떤 위험한 사상을 불어넣었다는 행적은 전혀 없다. 뭔가를 불어넣었다 하더라도 그것은 그 사람이 본래 그러했던 자기 자신의 모습을 자신에게 불어넣은 것에 불과하다. 즉 자기 자신을 자각했다고 하는 데 불과한 것이다 라고 생각하게 하였을 뿐, 무엇 하나 결론을 주려고 하지 않는 선동가 따위는 있을 수 없다. 아테네의 젊은이가 타락한 것이 사실이라고 한다면, 그것은 소크라테스 이외의 요인에 의한 가능성이 높은 것이다.

창녀에게도 가르침을 주다

플라톤과 함께 또 한 사람의 유력한 피고측 증인인 크세노폰은 소크라테스와 젊은이들과의 관계에 대해 플라톤과는 약간 뉘앙스가 다른 증언을 하고 있다. 크세노폰이 묘사한 소크라테스는 젊은이를 가르치는 교사의 모습에 가깝다. 플라톤의 경우는 젊은이에게 질문 공세를 펴서 생각하게 하는 소크라테스인데 반해 크세노폰의 경우는 젊은이의 질문에 적극적 또는 구체적으로 답하는 소크라테스이다.

예를 들면 친구를 얻는 방법이라든가, 뛰어난 장군의 자격이라든가 혹은 신체를 단련하는 방법 등의 사항에 대해서도 질문에 따라 소크라테스는 솔직하고 적절하게 답하고 있다. 또 야심을 품어 위험해 보이는 젊은이를 발견하면 소크라테스 쪽에서 접근해서 여러 가지를 추궁한 끝에 그 야심을 포기하도록 이끌어주기도 한다.

또 한편으로 유능한 자를 발견하면 그 능력을 사회에 유용하게 쓰도록 권하기도 한다. 예를 들면 이런 식이다.

"말해보게나, 카르미데스. 만약 어떤 사내가 월계관을 주는 시합에서 승리를 거두고, 이것으로써 스스로 영예를 얻음과 동시에 조국의 이름을 세계에 울려 퍼지게 할 수 있는데 경기에 출전하지 않는다면 자네는 이 사내를 어떤 인간이라고 생각하겠는가?"
"그것은 명백히 유약한 비겁자라고 생각합니다."
"그렇다면 누군가가 국정(國政)에 종사하여 국가를 더욱 더 융성하게 하고 또한 자신도 그것으로 인해 명성을 얻을 수 있는 능력을 가지고 있으면서도 그것을 행하는 것을 주저하고 있다면 비겁자라고 생각되는 것이 지당하지 않겠는가?"

"지당할 겁니다. 그러나 어째서 그런 것을 저에게 묻는 것입니까?"

"그것은 자네가 그 능력을 가지고 있으면서도 국정에 종사하는 것을 두려워하기 때문이네. 더구나 그것은 시민으로서 자네가 참여할 의무가 있는 일이라네."

이와 같이 소크라테스에게는 유능한 인재를 발굴하려는 적극적인 의지가 있었다는 사실을 엿볼 수 있다. 카르미데스에게 말한 "선한 사람이므로 자넨 자기를 모르고 있어서는 안 되네."라는 말은 유능한 인재발굴자라야 할 수 있는 뇌쇄적(惱殺的)인 문구이다.

그런데 교사 소크라테스는 젊은이뿐만 아니라 창녀에게도 가르침을 준 사실이 크세노폰에 의해 기술되어 있다. 어느 때인가 소크라테스는 테오도테라는 유명한 창녀의 소문을 듣고는 그 아름다움을 견학하러 간 일이 있었다. 그때 그녀에게서 손님을 기쁘게 하려면 어떻게 하면 좋은가라는 질문을 받은 소크라테스는 "가장 좋은 미식(美食)도 먹고 싶지 않을 때 내놓으면 맛이 없어 보이고, 만복일 때에는 기분조차 상하게 된다. 그러나 공복으로 있을 때 내놓으면 변변찮은 음식도 매우 맛있는 것으로 느낀다."라고 가르쳤다고 한다.

이와 같은 교사이며 인재발굴자로서의 소크라테스의 활동을 조사해 보아도 특히 젊은이에게 해악을 끼친 증거는 찾을 수 없다. 영향을 준 것은 확실하지만 나쁜 영향을 주었다고는 생각되지 않는다. 이것에 대해 원고측의 증인으로서 아리스토파네스는 소크라테스를 주인공으로 한 희곡 『구름』속에서, 이제까지 말하여 온 것과는 전혀 다른 피고의 일면에 대해 증언하고 있다. 이 희곡이 초연된 것은 소크라테스의 나이 46세 때인데, 희곡의 주인공이 된 것으로 보아 당시에 이미 소크라테스는 아테네의 유명인이었다는 사실을 알 수 있다.

아리스토파네스의 증언에 의하면, 소크라테스는 돈만 내면 어떠한 논쟁에도 이길 수 있는 방법을 가르쳐 주는 교사였다. 빌린 돈을 떼먹기 위한 방법을 자식에게 가르쳐 달라는 부탁을 받은 소크라테스는 "훌륭한 소피스트로 만들어 돌려보내겠다."라고 보증하고 있다.

아리스토파네스의 증언은 희곡으로 구성되어 있으나, 모두 근거 없는 것이라고 해서 물리칠 수만은 없다. 모두 꾸며낸 것이라면 실제 인물을 일부러 주인공으로 할 필요도 없다. 시사적(時事的)인 인물을 다룬 이 희곡이 당시의 아테네 시민을 들끓게 한 것은, 거기에 실제하는 소크라테스의 모습이 조금이라도 반영되고 있었기 때문일 것이다. 희곡 『구름』을 성립시키는 리얼리티는 무엇인가 생각해 보면, 소크라테스는 논쟁에 이기기 위한 방법을 가르치는 것을 직업으로 하는 소피스트였는지도 모른다는 가능성이 떠오른다.

크세노폰에 의하면 소크라테스는 돈을 받고 사람들에게 무엇인가를 가르치는 것은 상대방의 노예가 되는 것과 같다고 말하고 있는데, 그러나 이것은 그러한 체험에서 나온 실감이라고 추정할 수도 있다. 피고는 『변명』속에서 젊은이들을 가르치고 보수를 받은 사실을 강력히 부인하고 있는데, 그것은 만년의 얘기이고 이전에는 그런 일도 있었지 않았나 하는 생각이 든다.

그러나 소피스트였다고 해서 젊은이를 타락시켰다고 단정할 수는 없다. 당시 아테네에는 외국에서 많은 소피스트들이 찾아와서 젊은이들을 가르치고 있었는데 물의를 일으키거나 처벌을 받은 흔적은 없다.

이와 같이 살펴보면, '청년들을 타락시켰다.' 라는 죄상은 근거가 부족하고, 이 점에서 소크라테스는 무죄였다고 판단하는 것이 타당하다고 생각된다.

갖가지 증언에서 추정할 수 있는 것은 소크라테스는 젊은이를 타락시킨 것이 아니라 젊은이를 '뜨겁게 한' 노인이었다는 사실이다. 광장으로 가는 소크라테스의 둘레에는 항상 지성과 야심에 불타는 젊은이들이 모여들었다는 사실이 무엇보다도 확실한 증거이다. 아테네 사람들에게는 그것이 뭔가 젊은이를 선동하거나 수상한 일을 가르치고 있는 것처럼 비춰졌던 모양이다.

그렇게 젊은이들을 뜨겁게 만든 한 사람의 노인이 존재했다는 사실을 아테네의 분별있는 어른들은 오히려 감사했어야 옳았을지도 모른다. 어느 시대에도 그러한 노인은 귀중하기 때문이다.

다음에 순서가 거꾸로 되었으나 "국가가 인정하는 신들을 인정하지 않고, 다른 신기한 신령(Daimon) 따위를 도입(導入)" 했다는 제1의 죄상에 대해 검토해 보기로 하자.

여기에 우선 언급해 둘 필요가 있는 것은, 고대 그리스에서는 국가가 인정하는 신들을 소홀히 하는 것은 죄악시되고 있었다는 사실이다. 재심도 이 아테네의 법률에 입각해서 진행되었는데 신을 모독했다고 해서 고발된 예는 소크라테스 이외에도 있었다. "이성(Logos)이 세계를 지배한다."고 말한 아낙사고라스는 소크라테스보다 한 세대 전의 철학자인데, 신적인 것을 인정하지 않고 자연현상만을 연구하고 가르쳤다고 해서 재판에 회부된 일이 있었다. 또 "인간은 만물의 척도이다."라고 주장한 소크라테스와 거의 같은 세대인 프로타고라스는 신들이 존재하는지 어떤지에 대해 애매한 견해를 취했기 때문에 아테네에서 추방당했다.

소크라테스의 경우는 국가의 신들을 인정하지 않는다고 하는 죄 이외에 '신기한 신령'을 도입했다고 하는 점이 참으로 신기하고, 사실은 이 점이야말로 소크라테스 재판의 초점이 되었다고 생각된다. '신령(Daimon)'은 귀신이라고도 번역되는데, 소크라테스 자신의 설명에 따르면, 신과 인간의 중간에 존재하며 신의 명령을 인간에게 중개하는 역할을 담당한다고 한다. 소크라테스는 자주 '신령의 신호'를 받았으며, 그것에 충실히 따르고 있었던 사실을 말하고 있다. 당시의 아테네에서는 각자가 각자의 신령을 갖는 것은 일반적인 일이었다. 신령은 말하자면 수호신(守護神)과 같은 것이어서 이것에 따르는 것 자체는 달리 처벌의 대상이 되지 않았다.

그것이 왜 소크라테스의 경우에만 문제가 되었는가 하면, 자신의 신령에게만 귀를 기울인 나머지 국가의 신들을 소홀히 하고 있는 것이 아닌가 하는 혐의를 받았기 때문이다. 이 점에 대해 피고는 이렇게 변명한다. 이것이 또한 소크라테스의 독특한 논법이다.

어떻게 생각하는가, 메르테토. 이 세상에는 인간에게 관계있는 사항은 그 존재를 인정하지만, 인간의 존재는 인정하지 않는다고 말하는 자가 있겠는가. 어떤가, 말(馬)은 인정하지 않지만 말과 관계있는 사항은 인정하겠다는 자가 있겠는가. 또 피리부는 사람의 존재는 인정하지 않으나 피리부는 사람과 관계있는 사항은 인정한다는 자가 있겠는가. 이 세상의 뛰어난 자들이여, 그렇게 말하는 자는 없을 것이다. 그런데 신령에 관계가 있는 사항의 존재는 인정하지만, 신령은 인정하지 않겠다고 하는 자가 있겠는가.

이와 같이 바깥에서부터 하나씩 하나씩 무너뜨려서 핵심에 다가가는 것이 소크라테스의 논법이다. 이야기의 초점이 어디로 향하고 있는가를 알고 있는 사람은 소크라테스뿐이며, 상대방은 어둠 속에서 이끌리듯이 질문에 하나하나 그렇다 내지는 아니다로 답할 수밖에 없다. 그리고 정신을 차렸을 때에는 소크라테스가 바라던 대로 되어 있는 것이다.

여기서 소크라테스가 말하고자 하는 바는 신령은 국가가 인정하는 신들과 관계가 있는 사항의 하나이며, 한쪽을 인정하고 다른 쪽을 인정하지 않는 것은 모순이라는 것이다. 요컨대 국가의 신들을 인정하지 않는 자가 신령을 믿을 리 없고, 또 신령을 믿는 자는 국가의 신들을 믿지 않을 리가 없다는 것이다. 이와 같이 말하는 이유는 죄상 그 자체가 모순된 사실임을 말함으로써 그러한 고소는 무효라고 소크라테스는 말하고자 한 것이다.

과연 그렇게도 생각할 수 있다. 대부분의 대화 상대는 여기서 말문이 막히게 된다. 그러나 재심법정의 재판관에게는 소크라테스의 궤변을 꿰뚫어 볼 만한 능력이 있었다. 소크라테스는 국가의 신들은 신령과 관계있는 사항이라고 하는 암묵적인 전제에서 논쟁을 진행시키고 있는데 이 전제가 무너진다면 어떻게 될 것인가. 처음에 전제를 명백히 말하지 않는 점이 소크라테스의 방법이다. 이 전제가 부정되면 국가의 신들을 인정하지 않는 일과 신령을 인정하는 것은 결코 모순되지 않고, 신령을 인정했다고 해서 국가의 신들을 인정한 것이 되지는 않는다. 그리고 그 위에 '신령의 신호'에 따르는 것이 국가의 신들을 거스르는 행위가 된다고 하는 사태도 있을 수 있다.

확실히 소크라테스는 신의 명령에 따라 행동하고 있다고는 말하고 있지만, 그것이 국가가 인정하는 신들과 같은 것이라고는 말하고 있지는 않다. 문제는 소크라테스가 국가의 신들과 자신의 신령 중 어느 쪽을 우선시하고 있는가 하는 데에 있다.

이 점에 대해서는 친구인 크리톤에게 말한 다음과 같은 말을 증거로 채택하고 싶다.

나라는 인간은 내 자신이 잘 생각해 보고 결론으로 이것이 최상이라는 사실이 명백하게 된 것이 아니면, 다른 어떠한 것도 따르지 않는 인간인데 이러한 결정은 지금 시작된 일은 아니고 항상 그렇다.

이 말은 국가가 인정히는 신들을 따르지 않은 일도 있었다는 가능성을 시사한 것으로 받아들일 수 있다. 또 소크라테스는 '신령의 신호'나 꿈을 통해 보내오는 신의 말씀에는 매우 충실하게 따랐다고 말하고 있는데, 자신의 신에게 따르기 위해서는 국가의 신을 배반하지 않으면 안 되는 일도 틀림없이 있었을 것이다. 피고는 자신의 신령을 너무 중시한 나머지 국가의 신들을 인정하지 않는다고 하는 사태를 초래하게 된 것으로 생각된다. 이것은 '미필적 고의', 즉 의도는 없었으나 범죄 행위를 범하고, 그것을 피할 노력을 하지 않았다는 경우에 해당된다.

소크라테스의 변명 그 자체에 포함되는 궤변에서 이와 같은 추론(推論)이 성립되는 것이어서 피고는 스스로 무덤을 판 것이라고 말해도 될 것이다.

이와 같이 첫 번째 죄상에 대해서는 피고를 유죄로 판단하는 것이 적절하다고 생각된다.

'사회의 이단자'로서 심판 받았다

재심에서도 소크라테스의 유죄는 확인되었다. 아테네 시민의 판단은 옳았던 것이다.

그러나 소크라테스의 진실한 죄상에 대해 아테네 시민은 오판했던 것으로 생각된다. 소크라테스는 신을 모독한 죄로 재판을 받았는데, 이제까지 서술해 온 점에서 생각해 볼 때 국가의 신들을 소홀히 한다는 적극적인 의지는 없었고, 오히려 자신의 독자적인 사고를 갖는다는 '이단(異端)의 죄'가 적합하지 않을까. 이단자라는 것이 범죄로써 문책받는 사회에서는 소크라테스와 같은 인간은 항상 유죄를 선고받게 될 운명에 있다고 말해도 될 것이다.

이단자란 종교나 사상에 대해 대다수의 사람들이 옳다고 생각하는 것과는 전혀 다른, 그리고 독자적인 사고를 가진 인간이며 그 독자적인 사고에 절대적인 자신감을 품고 있는 인간이다. 사회로서는 이단자는 필요없는 자이다. 그런 이단자가 이단자이기 위해서는 사회에서 떠나 존재할 수가 없다. 사회와 관계를 단절한 이단자는 은둔자에 지나지 않는다. 정통성이 있어야만 이단인 것이다. 사회와 불가분의 관계를 유지하면서 사회에 영향을 미친다는 데에 이단자의 역할이 있다. 이단자는 자신의 사회에 남보다 더 강한 관심을 가진 인간인 것이다.

소크라테스는 바로 이와 같은 이단자였다고 생각된다. 그 사실을 그는 다음과 같은 재미난 비유로 말하고 있다.

나는 아무것도 아닙니다. 좀 우스꽝스러운 말투가 되겠지만, 신에 의해 이 폴리스(poli: 고대 그리스의 도시국가)에 부착되어 있는 사람입니다. 그것은 여기에 한 마리의 말이 있다고 가정하고 그것은 혈통이 좋은 몸집이 큰 말이지만 몸집이 크기 때문에 도리어 보통의 말보다 행동이 둔하고, 잠에서 깨어나 있기 위해서는 파리와 같은 것이 필요하다고 하는 그러한 경우에 해당합니다. 즉 신은 나를 마치 그 파리와 같은 것으로서

이 폴리스에 부착시킨 것이 아닐까라고 나는 생각합니다. 다시 말해 나는 당신들을 깨어있게 하기 위해, 각자 한 사람 한 사람에게 어디라도 따라가서 무릎을 맞대고 하루 종일 설득하거나 비난하거나 하는 것을 잠시도 그만두지 않습니다.

이 이단자가 가장 마음에 두고 있었던 것은 사실은 자신의 사회를 어떻게 하면 잠에서 깨어나도록 하는가 하는 일이었다. 이 단자는 바로 애국자였던 것이다. 그리고 애국자가 되면 말의 눈을 뜨게 하는 파리가 아니라 말 그 자체를 잘 다루는 사람이 되고 싶다고 생각하는 것이 자연적일 것이다.

소크라테스에게도 그러한 마음이 없었던 것은 아니었으나, 『변명』속에서 그렇게 한다는 것은 신령에 의해 금지되고 있었던 것을 고백하면서 이렇게 말하고 있다.

아테네 시민 여러분, 만약 내가 훨씬 전에 폴리스의 정치상의 분쟁에 개입하려고 했다면, 나는 벌써 몸을 망치고 당신들을 위해서나 나 자신을 위해서나 아무런 도움도 되지 않았을 것입니다.
그리고 아무쪼록 내가 진실한 것을 말하는데 화를 내지 마십시오. 왜냐하면 여러분이나 혹은 다른 대다수의 사람 나름대로 정직한 마음으로 많은 부정이나 위법이 국가 사회 안에서 행해지는 것을 끝가지 방해하려고 한다면, 인간은 아무도 몸을 온전히 지키지 못할 것이기 때문입니다. 오히려 진실되게 정의를 위해 싸우려고 하는 자는, 그리고 잠시 동안이라도 몸을 온전하게 지키려고 한다면, 야인으로 있는 것이 필요하며, 공인(公人)으로서 행동해서는 안 됩니다.

소크라테스는 정치라는 것의 무서움을 체험을 통해서 알고 있었다. 앞에서 언급한 대로 정부의 요직에 있었던 적도 있으며, 독재정권의 명령을 거역했기 때문에 하마터면 처벌을 받을 뻔한 적도 있었다. 또 잇따라 정권이 교체되고 지배자가 처벌당하는 것을 보았다. 아테네라는 큰 말을 눈뜨게 하기 위해서는 말몰이꾼이 되어 채찍질하기보다도 파리가 되어 쏘는 쪽이 안전하다고 생각한 것이다. 야인으로 있는 것은 자신을 지키는 갑옷이었다.

이렇게 보면, 젊은이를 상대로 한 실없는 이야기와 비슷한 소크라테스의 대화는 정치적인 목적을 가지고 있었다는 사실을 알

수 있다. 소크라테스에게 있어서 정치란 시민을 가능한한 뛰어난 사람으로 만드는 일이어서, 이 점에서는 아테네의 번영을 쌓아올린 테미스토클레스나 페리클레스와 같은 영웅적인 정치가도 낙제이다. 대화편 『고르기아스』 속에서 소크라테스는 "나만이 진정한 정치를 행한다고 생각한다."라고 까지 말하고 있다.

그렇지만 언제까지나 야인으로 머물면서 정치를 행한다는 것은 불가능하다. 소크라테스가 상대하는 것은 항상 한 사람 한 사람의 개인이기는 하지만, 영향력이 늘어남에 따라 차츰 '공인'이 되지 않을 수 없었다. '진정한 정치의 일'을 행하고 있는 소크라테스의 힘을 무시할 수 없다고 느꼈기 때문에 아테네의 정치가는 소크라테스를 고소하기에 이르렀던 것이다. 고소의 중심인물인 아뉴토스라는 정치가에게 소크라테스는 말하자면 '사회의 적'으로 비친 것이다. 소크라테스에 대한 재판은 종교재판임과 동시에 정치재판이었던 것이다.

이와 같은 종교적 및 정치적 이단자인 소크라테스에게는 어떠한 형벌이 적절한 것인가. 아테네의 법정이 선택한 사형은 아무리 생각해도 지나치게 무겁다. 이단자는 사회에서 격리시키는 것이 가장 어울리는 처벌이다. 말에 달라붙은 파리는 때려 죽일 것까지는 없고 쫓아버리는 것만으로 충분하다. 재심법정에서는 국외 추방이 타당하다고 판단하고 싶다.

이상과 같은 소크라테스의 재심은 아테네의 법률에 입각해서 진행된 것이지만 현대의 법률에서는 어떻게 될까. 현대에는 종교나 정치적인 이단자를 처벌하는 법률은 존재하지 않으므로 소크라테스를 심판할 수는 없다. 그러나 소크라테스는 현대에서도 여전히 이단임에는 변함이 없다고 생각된다. 항상 "인간의 음미"나 "영혼의 좋음(德)"만을 말하는 인간은 현대에서는 거의 없기 때문이다. 만약 소크라테스가 현대에 되살아나서 같은 말을 시작한다고 하면 틀림없이 이 이단자를 처벌하기 위한 수단을 생각하는 사람도 나타나게 될 것이다.

철학이란 죽음에 대비하는 것

이와 같이 재심에서도 유죄 판결을 받게 된 소크라테스이지만, 그에게 있어서는 최초의 재판도 재심도 모두 이치에 맞지 않는 재판이었을 것이다. 그로서는 덕이나 정의에 대해 이야기하고 "영혼의 좋음(德)"을 강조한 것에 불과한데 왜 처벌을 받아야 하는가 하는 생각을 틀림없이 가질 것이다. 아무런 죄도 범하지 않았는데 고소를 당하다니 – 이것은 부조리한 재판이며, 부조리 연극이라고 말할 수 있을 것이다. "누군가가 요제프 · K를 비방한 것에 틀림없다. 왜냐하면 아무런 나쁜 짓도 하지 않았는데, 어느 날 아침 체포되었기 때문이다."라는 문장으로 시작하는 카프카의 소설 『심판』이 꼭 그대로 소크라테스에게도 해당된다. 이 소설의 주인공은 마지막에는 '개처럼' 살해당하는데, 소크라테스도 부조리극의 주인공이 될 것을 예감하고 있었던 모양으로 "나는 마치 의사가 요리인에게 고소를 당해 어린 아이들 앞에서 재판받는 것과 마찬가지로 재판받게 될 것이다."라고 말했었다.

현대의 어떤 부조리극도 이 소크라테스의 말에는 당하지 못할 것이다. 이것을 꼭 그대로 사용해서 일막의 부조리극을 만들 수 있을 것 같다. 소크라테스에게는 현대에도 훌륭하게 통용되는 부조리의 감각이 맥박치고 있었던 사실을 알 수 있다. 부조리 감각이야말로 현대를 가장 잘 표현하는 감각이다.

죽음을 목전에 둔 소크라테스는 아내인 크산티페에게 "당신은 부당하게 살해당하는 것입니다."라는 말을 듣고, "그렇다면 당신은 내가 정당하게 살해되는 것을 바라는가."라고 대답하였다고 한다.

그러나 소크라테스에게 이러한 부조리극은 사실은 자신의 죽음을 연출하기 위한 연극이었던 것은 아닐까. 아테네의 재판에서는 유죄판결을 선고받은 피고에게는 형량에 대한 이의를 신청할 수 있었는데, 소크라테스는 본래 같으면 국외 추방 정도로 형량을 줄일 수 있는 것을 쓸데없이 배심원을 화나게 할 만한 말을 해서 사형 선고를 받았던 것이다.

이것은 완곡한 방법에 의한 자살이라고 말해도 좋을 것이다. 소크라테스는 자신의 철학을 역사에 남기기에는 사형이라는 극적 결말이 어울린다고 생각한 모양이다.

죽음에 이르기까지의 소크라테스에 대해서는, 플라톤의 『파이

돈』에 상세히 기술되어 있다.

　사형 판결 후, 소크라테스는 30일 동안 옥중에 있었는데 그 동안 매일 찾아오는 친구나 제자를 상대로 영혼의 불멸이나 사후세계의 존재에 대해 이야기하고, 결코 죽음은 두려워할 것은 아니라고 설명하였다. "육체는 영혼의 무덤이다."라는 것이 소크라테스의 생각이다.

　그에게 있어서 죽음은 영혼을 육체에서 해방시키는 것이며, 오히려 기뻐할 일인 것이다. 다만 사후의 영혼의 해방은 그 영혼이 얼마나 깨끗한가에 따라 결정되고, 아름다운 영혼을 갖는다는 것

은 이 인생에서만이 아니라 사후의 세계를 위해서도 필요하며, 가장 아름다운 영혼을 기른 철학자는 가장 행복한 사후의 세계를 보낼 수 있는 것이라고 소크라테스는 말한다.

그는 선하게 살아야 한다고는 말했지만 결코 오래 살아야 한다고는 말하지 않았다. 오히려 아름답고 짧게 살라고 말하고 있다. 물론 장수하는 일에 아무런 가치도 두지 않는다. 옥중에서 친구들로부터 국외로 도망쳐 살아 남을 것을 권유받았으나, 소크라테스는 단호하게 이 제안을 거절했던 것이다. 은둔자로서 여생을 연장하는 것은 아무런 의미도 없다고 생각했기 때문이다.

결국 소크라테스는 아테네인이 제기한 재판을 자신의 영혼을 육체에서 해방시키는 절호의 기회로 이용한 것이다. 죽음에 임하는 소크라테스의 태연한 태도를 보면 더욱 더 그렇게 생각된다. 울며 슬퍼하는 친구나 제자들이 지켜보는 가운데 소크라테스는 혼자 침착하고 여유있게 형리가 내미는 독배를 마시고 몇 걸음 걸어가서 침대에 몸을 눕히고는 숨을 거둔 것이다.

그 얼마나 훌륭한 인간의 죽음인가. "철학이란 죽음에 대비하는 것을 말한다."라고 소크라테스는 말하였는데, 그는 바로 그것을 달성한 것이다. 그의 이 말은 선하게 살아야만 선하게 죽을 수가 있다고 바꾸어 말할 수 있는데, 이것이야말로 가장 멋진 인생을 보냈다고 자부하는 철학자가 시대를 초월해서 계속 말하고 있는, 지나치게 당연할 만큼 진부한, 그렇지만 실행하기 어려운 메시지인 것이다.

Chapter 2 지성의 데모크라시를 찾아서

René Descartes

데카르트 *René Descartes 1596 ~ 1650*

프랑스의 철학자. 근세철학의 아버지라 불린다.

뚜레느 주(Touraine 州)의 라 아이에서 귀족의 아들로 태어나 예수회 학교에서 스콜라적 교육을 받았다. 1629년 네덜란드에서 철학연구에 몰두, 20여년 간의 네덜란드 체재 중에 주요 저서들을 집필하였다. 1649년 스웨덴 여왕 크리스티나에게 초빙되어 스톡홀름에 갔다가 이듬해 그 곳에서 병사했다.

데카르트는 수학, 자연연구에 흥미를 갖기 시작하면서 주로 수학의 방법에 입각해서 확실하고 명증적인 인식으로서의 학문을 확립하려고 노력했다. 주요 저서로는 『우주론』, 『방법서설』, 『성찰』 등이 있다.

지성의 데모크라시를 찾아서

　세상에는 어려워서 잘 알 수 없는 것이 많이 있다. 일일이 헤아
리자면 끝이 없는데 그 대표적인 것이 철학일 것이다. 철학적으
로 생각한다는 것은 어떻게 보면 사물을 일부러 어렵게 생각한다
는 것이기도 하다. 어렵지 않으면 철학이 아니다라고 생각하는
사람도 많을 것이다. 확실히 수 백년 동안 철학자 및 철학을 연구
한 사람은 철학을 한층 더 어렵게 하는 것에 힘을 기울여 온 느낌
을 준다. 최근에는 뉴아카데미즘 등으로 불리는, 무턱대고 용어
를 어렵게 하고 내용이 공허한 철학이 유행하고 있는 것 같기도
하다.

　그러나 여기에 예외적인 철학자가 한 사람 있다. 프랑스의 철
학자 르네 데카르트(René Descartes 1596~1650)는 누구나 알 수 있는
일상적인 말로 철학을 이야기한 유일한 사람이다. 난해한 칸트니

헤겔을 서너 줄 읽고 철학을 단념한 사람도 데카르트를 만나면 쉽게 이해할 수 있다는 점에 깜짝 놀라게 될 것이다. 그의 책 『방법서설』을 보면 우선 철학용어라는 것이 등장하지 않는다. 따라서 그 성가신 정의에 괴로움을 받는 일도 없고, 용어를 엄밀히 사용하기 위해 번거롭게 돌려 말하는 표현도 없다. 『방법서설』에는 일반적인 철학서는 상상되는 내용이 거의 없다. 일상적인 말로 기술된 그의 철학서는 소설과 마찬가지로 손쉽게 읽을 수 있다. 데카르트 자신도 이 저서의 서문에서, 이 책은 처음에는 소설처럼 대강 한 번 통독해 주기 바란다라고 말하고 있을 정도이다. 실제로 내용을 보면 이해하기 쉬울 뿐만 아니라, 일반소설보다 훨씬 재미있는 내용이기도 하다. 또한 사물을 보는 방법이나 사고방식을 계발(啓發)해 주는 내용이 풍부하게 수록되어 유익한 면도 갖추고 있다.

　이와 같이 재미있고 이해하기 쉽고 더구나 유익한 것이라고 한다면, 이것을 일부러 해설할 필요는 전혀 없을 것처럼 생각된다. 도대체 누가 재미있는 읽을 거리가 있다고 듣고서 그 해설서부터 읽기 시작하겠는가. 데카르트에게 조금이라도 관심을 가진 사람이라면 나는 주저없이 데카르트 본인이 쓴 것을 먼저 읽도록 권하고 싶다. 사실 데카르트에 관해서는 철학을 한층 더 난해하게 하는 철학교수가 나설 데는 거의 없다고 해도 좋을 것이다. 모두가 빠짐없이 데카르트를 읽기 시작한다면 그들은 실직하게 될 것이 틀림없다. 데카르트 이상으로 명석하게 그의 철학을 이야기하거나 요약하거나 하는 일은 누구도 할 수 없기 때문이다.

그러나 여기서 데카르트를 다루고자 하는 이유는, 첫째로 데카르트 철학이 잘못 해석되어 그 참뜻이 올바르게 전해지지 않는다고 생각하기 때문이다. 데카르트도 처음 소설처럼 통독한 후에는 밑줄을 그으면서 주의하여 재독해 달라고 말하고 있다. 틀림없이 알기 쉽게 씌어져 있기는 하지만 읽으면 읽을수록 어려운 것이 데카르트이기도 하다. 내가 읽은 바로는 전문적인 철학 연구자도 데카르트 철학의 메시지가 도대체 무엇인지 간단히 밝히지는 못하고 있다. 이것저것 논하고는 있으나 초점이 정해지지 않는 것이다.

내가 이제부터 시도하려는 것은 데카르트 철학의 초점을 분명히 하는 일이다. 그리고 이 일을 통해서 데카르트 철학을 읽는 새로운 방법을 제공하고자 한다. 데카르트를 '소문'으로만 알고 있는 사람도, 이미 데카르트에 친숙한 사람도 편견과 선입관을 버리고 근대철학의 아버지로 불리는 이 철학자가 도대체 무엇을 지향하고 있었는가를 생각해주기 바란다. 또 동시에 데카르트를 읽음으로써 우리들의 두뇌가 단련되고 사물을 깊이 있게 생각하게 된다는 점도 강조하고 싶다. 이 세상에는 머리가 좋아지는 책이라든가 창조성을 단련하는 책이라든가 하는 부류의 방법서들이 여러 가지 있지만 이 점에서 데카르트보다 우수한 것은 없다고 단언할 수 있다.

'나는 생각한다. 그러므로 나는 존재한다.'에서 입문하면 실패한다.

데카르트라면 대개의 사람들은 "나는 생각한다, 그러므로 나는 존재한다."라는 말을 먼저 떠올릴 것이다. 실제로 이만큼 유명해진 철학의 말도 없다.

이 유명한 말을 데카르트는 자기 철학의 제1원리라고 부르고, 철학 연구자도 이것을 데카르트 철학을 해명하거나 비판하는 최대의 거점으로 삼았다.

그러나 "나는 생각한다, 그러므로 나는 존재한다."에서 데카르트 철학을 시작하면 바로 그때부터 난해해진다. 정신과 신체, 존재론, 술어적 규정 등의 논의 속에서 알기 시작한 데카르트는 멀리 떠나 버리고 만다.

물론 이 철학용어들은 데카르트라는 철학의 숲 속에서는 피할 수 없는 길인 것은 사실이다. 그렇지만 그 길만을 더듬어 가면 미아가 될지도 모른다. 실제로 이 숲 속에서 미아가 된 철학자도 적지 않았던 것 같다. 나는 그렇게 되지 않도록 숲 전체를 조망할 수 있는 장소가 없는지를 생각해 보았다. 그리고 데카르트 철학의 숲 속을 여러 번 왔다갔다 하는 동안에 마침내 그러한 전망대를 발견했다고 생각했다. 이제부터 내가 말하고자 하는 것은 바로 그것이다.

우선 주목하고 싶은 것은 데카르트의 주요한 저서인 『방법서설(方法序說)』의 다음과 같은 머리말이다.

"양식은 이 세상에서 가장 공평하게 배분되어 있는 것이다."

데카르트를 읽은 사람이라면 기억하는 문장일 텐데, 이 '양식(bon sens)' 이라는 말에는 약간의 설명이 필요하나. 보통 양식이라고 하면 사회적인 양식이라는 의미로 쓰이는 경우가 많은데, 여기서는 사물을 올바르게 판별하는 능력이라는 강한 의미를 갖는다. 데카르트는 "잘 판단하여 참(眞)된 것을 거짓(僞)인 것에서 구별할 수 있는 능력"이라고 설명한다. 판단력 혹은 이성과 거의 같은 뜻이다. 또는 지성이라고 말해도 좋다.

모든 인간은 이와 같은 능력을 선천적으로 평등하게 갖추고 있다고 데카르트는 말하고 있는 것이다. 사실은 이것이야말로 데카르트 철학의 출발점이며, 데카르트 철학 전체를 이해하는 거점이라는 것이 나의 생각이다.

데카르트가 말하는 것을 조금 더 상세히 들어보기로 하자.

나는 여러 사람들의 선천적인 재능을 조사해 보고 아무리 조잡하고 두뇌가 둔한 사람이라도 올바르게 인도하기만 한다면 대부분의 사람이 올바른 의견을 이해할 수 있으며, 또한 최고의 지식 일체를 획득할 수 있다는 점을 알게 되었다.

『철학의 원리』 서문 중에서

누구라도 최고의 지식을 자신의 것으로 할 수 있다는 것은 대단히 마음 든든한 일이다. 이만큼 사람에게 용기를 주는 말은 없다. 데카르트는 남은 알 수 있고 자신은 알 수 없는 것이란 없다라고도 말하고 있다. "자신이 남보다 무지하다고 생각하는 일은 없을 것이다." 이것도 데카르트의 말이다. 그리고 더욱 중요한 것은 이러한 사실을 아는 것이야말로 다른 어떠한 사항을 아는 것보다 소중한 것이다라는 사실이다.

인간은 호모 사피언스(homo sapiens: 지성을 가진 인간)라고 일컬어진다. 데카르트는 사피언스란 양식 혹은 이성을 뜻하는 것이며, 이것이 완전한 형태로 인간에게 갖추어져 있다고 생각한다. 양식에는 많다, 적다라는 차이가 없다. 양식에 관해서 모든 인간은 평등하다고 말하고 있다는 사실이다.

이와 같은 데카르트의 주장은 지금부터 300여년 전의 시대에는 대단히 획기적이었을 것이다. 물론 현재와 같은 학교 교육이 보급되지 않았던 시대이다. 고등교육을 받은 사람은 극소수에 지나지 않았고, 학자는 일반 사람들이 알 수 없는 라틴어를 사용하고 있었다. 인쇄술의 발명 초기단계였기 때문에 서적의 대량 생산이 겨우 시작될 무렵이었다. 지식이나 학문은 겨우 일부의 사람에게 독점되어 있었던 시대였다.

이러한 시대에 데카르트는 누구라도 최고의 지식을 이해할 수 있다고 선언하였다. 『방법서설』은 데카르트가 만반의 준비를 하고 공표한 최초의 저서이며, 그 첫머리에서 이렇게 기술하였다. 더구나 이것은 프랑스어로 씌어진 최초의 철학서이기도 하다.

위의 사실들을 고려하면 데카르트의 이 말이 당시의 사람들에게 얼마나 큰 충격을 주었는지 충분히 상상할 수 있다. 이것이야말로 데카르트 철학의 분명한 메시지가 담겨져 있다고 생각할 수 있을 것이다.

내가 말하고자 하는 것은 지식이 극소수의 일부 사람들에게 독점되어 있었던 시대에, 지성에 있어서는 모든 인간이 평등하다는 것, 바꾸어 말하면 모든 지식에 대해 모든 사람은 평등한 능력과 권리를 가지고 있다는 것을 주장한 점에 데카르트의 독특함이 있다는 사실이다. 이러한 지성에 있어서의 인간의 평등성을 나는 '지성의 데모크라시'라고 부르고자 한다.

독재자가 군림하는 시대에 정치에 대한 데모크라시를 주장하는 것은 대단한 용기가 필요하다. 학문이나 지식의 세계에 있어서도 마찬가지로 말할 수 있을 것이다. 그것을 처음으로 행동에 옮긴 사람이 데카르트이다.

진리는 진리로 존재한다

그런데 왜 데카르트는 '지성의 데모크라시'라는 당시의 사람들에게는 친숙하지 않은 혁명적인 사상을 특별히 강조하지 않으면 안 되었을까. 사물을 올바르게 판단하는 힘이 사람들에게 갖추어져 있지 않으면, 철학자가 아무리 진리를 말한들 결코 이해되지 않는다는 사실을 데카르트는 통감하고 있었기 때문이다. 이 점은 이 『방법서설』을 공표하기까지의 과정과 깊은 관계가 있다.

『방법서설』을 발표한 것은 데카르트 나이 41세 때의 일이다. 그때까지의 데카르트의 생애에 대해서는 뒤에 언급하기로 하고 여기서는 이 책을 집필하게 된 직접적인 배경에 대해 기술하고자 한다.

데카르트는 그보다 앞서 큰 저작으로서 『정신 지도의 규칙』과 『우주론』을 집필하고 있었다. 전자는 미완성인 채 중단되었으나 그가 가장 힘을 기울인 것은 후자인 『우주론』이다. 『우주론』은 역학이나 천문학에서 생물학, 심리학에 이르는 광범위한 주제를 다룬 것으로 문자 그대로 이 우주에서 일어나는 모든 현상을 논하는 매우 광범위한 학문인 것이다. 당시의 철학자는 모든 학문에 통달하고 있는 제너럴리스트(generalist)이며, 『우주론』은 제너럴리스트로서의 데카르트의 학문 연구를 집대성한 필생의 연구물이었다.

그런데 이 필생의 연구물은 데카르트가 살아있는 동안에 끝내 공표되지 않았다. 왜냐하면 데카르트는 『우주론』 속에서 지동설을 주장하고 있었는데, 당시 지동설은 이단설(異端說)이라 해서 금지되고 있었기 때문이다.

『우주론』이 완성된 무렵 이탈리아에서는 『천문대화(天文對話)』에서 지동설을 주장한 갈릴레오가 종교재판을 받아 유죄판결을 받고 있었다. 또 데카르트가 태어나기 반세기 전에 지동설을 제창한 코페르니쿠스의 저서는 이미 금서목록에 게재되어 있었고, 이단설을 주장했기 때문에 처형된 사람도 적지 않았다. 학문 연구의 상위에 로마교회의 권위가 군림하고 파리의 최고법원은 파리대학이 인정하지 않는 주장을 옹호하거나 가르치거나 한 자는 사형에 처한다는 내용의 포고령을 공표했다. 진리를 주장하기 위해선 목숨을 걸어야 하는 시대였던 것이다.

그러나 데카르트는 "지동설이 틀리다면 내 철학의 토대도 모두 틀린 것이다."라고 편지에 쓰고 있는 것처럼 지동설을 철회할 수는 없었다. 물론 자신이 가진 사상이 올바르다는 데에는 절대적인 자신을 가지고 있었다.

그 무렵 그는 유럽에서 가장 자유로운 나라로 알려진 네덜란드에 살고 있었으므로 설령 이 이단설을 발표했다 하더라도 체포되는 일은 없었을 것이다. 그럼에도 불구하고『우주론』을 출판하지 않았던 이유는 데카르트가 겁쟁이였기 때문이라는 설도 있다.

확실히 그런 점이 있었는지는 알 수 없다. 그러나 그가 무엇보다도 두려워한 것은 모처럼 완성된 자신의 연구물이 올바르게 이해되지 않을 것이라는 점임에 틀림없다. 단순히 종교에 얽힌 논쟁의 불씨로 불타버리는 것을 걱정한 것이다. 그 당시 상황으로 미루어 보면 충분히 예상할 수 있는 일이었다. 진리를 말한다고 해서 모든 사람들에게 그대로 받아들여지는 것은 아니었다.

그래서 데카르트가 생각한 것은 사람들로부터 진리를 평판받기 위해서는 그 나름대로의 방법이나 전략이 필요하다는 사실이었다. 한쪽의 진리는 다른 쪽의 편견에 대한 자극제에 불과한 것이 많고, 만인이 진리를 쌍수를 들어 환영하는 일은 드물다. 우선 필요한 것은 진리에 귀를 기울이는 상황을 만드는 일이다. 그래서 그는『우주론』안에서 그다지 말썽 없는 부분을 발췌하여『굴절광학(屈折光學)』,『기상학(氣象學)』,『기하학(幾何學)』이라는 세 가지의 논문을 완성시켜 이 논문의 서문으로서『방법서설』을 썼다. 그 정식 타이틀 '이성을 올바르게 지도하고 모든 학문에 있어서 진리를 찾기 위한 방법에 관한 서설'은 어디에서도 트집잡을 수 없는 것이었는데, 거기에는 데카르트의 보통을 넘는 전략이 담겨져 있었다. 올바르게 이끌어진 이성은 반드시 자신의 이론을 인정할 것이라는 자신이 있었던 것이다.

이와 같이 진리를 평판받기 위한 전략은 『방법서설』의 스타일에 잘 나타나 있다. 이 책은 철학상의 내용에서는 『정신 지도의 규칙』과 거의 마찬가지인데, 교과서 스타일의 『정신 지도의 규칙』과는 달리 『방법서설』은 철학이나 과학에 대한 화제를 여기저기에 온통 아로새기면서 전체로서는 자전적 회상론이라고 하는 형태를 취하고 있다. 당시는 물론이고 현대에서도 매우 색다른 철학서라는 평가를 받는다.

왜 이와 같은 스타일을 취하게 되었는가 하면 다른 사람의 추억담이라는 것은 믿게 하기 쉽고, 누구나 흥미롭게 귀를 기울이기 때문이다. 이런 것들을 한데 넣게 되면 난해한 철학이나 과학의 주장도 이해하기 쉽게 된다. 이러한 궁리를 한 후 데카르트는 누구에게도 진리를 잘 음미하고 소화시킬 힘이 갖추어져 있는 사실을 명백히 하고, 그와 같은 지성에 대해 자신감을 갖도록 사람들에게 호소한 것이다. 그리고 사람들은 처음에 말한 것처럼 데카르트를 읽음으로써 두뇌가 단련되고, 사물을 깊이 생각할 수 있게 되었다는 사실을 틀림없이 실감했을 것이다.

알기 위해서는 믿어라

이와 같이 데카르트는 자신이 내세우는 진리를 널리 사람들에게 받아들여지도록 우선 '지성의 데모크라시'를 주장하였던 것이다. 사실은 양식이나 이성이 모든 사람에게 갖추어져 있다는 사실에 사람들이 동의하는 것만으로는 불충분했다. 양식이나 이성이 도대체 무엇인가에 대해서도 의견의 일치가 필요했던 것이다. 왜냐하면 이성의 작용방법이 다르면, 이성이 인식하는 진리도 달라지기 때문이다. 모든 사람이 갖추고 있을 이성의 공통적인 작용을 밝혀야 할 필요성이 있었다.

데카르트가 거기에 이르기까지의 길은 그리 평탄하지 않았다. 54년 동안 생애의 반 이상이 그 때문에 소비되었던 것이다. 데카르트 철학에 대해 이야기가 나온 이상 극히 간단하게나마 그 점에 대해 언급하지 않을 수 없다.

프랑스의 브르타뉴 지방의 소귀족 집안에서 태어난 데카르트는 어릴 때부터 이미 고등법원의 법관을 하고 있었던 아버지로부터 '철학자'로 불렸다. 그리고 일생을 이른바 '재야 철학자'로 생활하게 되었는데, 교육에 관해서는 당시의 지식인이 받을 수 있는 최고의 교육을 받았다. 10세 때부터 8년 동안 공부한 라프레시 학원은 그 자신의 말에 의하면 유럽에서 가장 유명한 학교중의 하나였다. 그 곳을 졸업한 후 푸아티에 대학에서 법학과 의학을 공부했는데 데카르트가 받은 교육은 한마디로 말해서 스콜라 철학의 격식에 따른 것이었다.

스콜라 철학의 '스콜라(schola)'란 학교라는 뜻이고, 거기서 가르치는 것이 스콜라 철학이며, 가톨릭 교회가 이것을 지배하고 있었다. 라프레시 학원도 가톨릭 교회 최대의 조직인 예수회에 의하여 설립된 학원이다. '철학은 신학의 시녀'라는 말이 아직 남아 있던 시대여서, 교회가 공인한 학설을 옹호하고 전승하는 것이 스콜라 철학의 목적이었다. '알기 위해서는 믿어라.'는 것이 그 모토이다.

그런데 이와 같은 교육을 받은 데카르트가 얻은 것은 '알기 위해서는 의심하라.'고 하는 교훈이었다. 그리고 '나는 자기 자신을 바탕으로 하여 모든 일을 판단해도 상관없다.'라고 생각하여 책을 통한 학문을 단념하고, '세상이라는 큰 책'을 배우기 위하여 여행길에 올랐다. 마침 유럽에서 30년 전쟁이 시작될 무렵이었다. 그는 네덜란드에서 군대에 들어가 군대와 함께 전유럽을 돌아다녔다. 전쟁을 좋아했다는 것이 아니라 당시는 군대에 들어가는 것이 여행하기 위한 유일한 방법이었다. 데카르트는 군대를 떠나 혼자서도 여행을 하였는데 그 발자취를 더듬어 보면, 네덜란드를 시작으로 헝가리, 폴란드, 오스트리아, 이탈리아 등 거의 유럽 전역을 여행했다. '프랑스는 데카르트의 나라'라고 불리고 있지만 데카르트는 생애의 반 이상을 국외에서 보냈다.

이 점에서 데카르트는 태어난 고향에서 한 걸음도 나간 일 없이 생애를 마친 독일의 철학자 칸트와는 대조적이다. 확실히 이 두 사람의 철학자는 여러 면에서 대조적이었다. 칸트는 산책하면서, 데카르트는 잠자리에서 주로 사색했다고 전해진다. 유명한 데카르트 좌표를 생각해 낸 것도 잠자리에서였다고 한다. 머리

위를 날아다니는 파리를 보면서 벽으로부터의 거리를 따라 그 위치를 수학적으로 나타낼 수 있다는 사실을 생각해 낸 것이다. 또 매일 아침 5시에 기상하는 칸트에 비해 데카르트가 잠자리에서 일어나는 것은 한낮이 다 되어서였다.

잠자리에서 쉽게 일어나지 못했던 것은 선천적인 신병에 그 이유가 있었는데, 잠자리에서 사색했다고 해서 언제나 관념의 세계에만 있었던 것은 아니었다.

대여행가가 관념의 세계에만 만족할 리가 없었다. 이탈리아로 가는 도중 알프스산을 넘을 때에는 산의 높이를 측정하는 방법을 궁리해 보기도 하고 무지개에 대한 실증적인 연구도 행하였다. 렌즈 연마의 전문가이기도 했으며 또 어떤 귀족에게서 장서를 보여달라는 청을 받고는 장서 대신 해부하려고 준비하고 있었던 송아지를 보여주는 실험가이기도 했다. 또 항상 뜰에는 여러 가지의 화초를 심어 식물학 연구도 하고 있었다. 이 점에서도 모든 것을 서적에서 배운 칸트와는 대조적이라 할 수 있다.

그건 그렇다 하더라도 책을 버리고 거리에 나온 데카르트가 배운 것은 세상이라는 것에서도 역시 '확실한 인식'은 얻을 수 없다는 사실이었다. 나라에 따라 사회에 따라 각각의 인간이 생각하고 있는 일은 서로 모순되고, 모든 사람을 납득시킬 만한 것은 무엇하나 발견할 수 없었다. 말하자면 인식의 무정부 상태를 체험한 것에 지나지 않았다.

꿈의 충격

이리하여 서적에 의한 학문에서도, 세상이라는 것에서도 아무 것도 배울 수 없다는 것을 알게 된 데카르트가 결국 닿은 곳은 아무리 먼 곳까지 가더라도 반드시 따라오는 길동무 즉, 자기 자신이라는 항구였다. 그리하여 그는 어느 날 자기 자신을 연구하려고 결심했다. 자기 자신의 생각을 개혁하고 사물의 진리를 발견할 수 있도록 자신의 정신을 지도하기 위함이었다. 구체적으로 어떻게 해서 자기 자신을 연구할 것인지 확실치는 않지만 23세가 된 어느 날 데카르트는 충격적인 꿈을 꾸게 되었다.

데카르트가 남긴 수기에 의하면 그는 잇달아 세 가지의 꿈을 꾸었다고 한다. 그 내용을 상세히 기록하고 분석까지 하고 있는데, 다른 사람이 꾸었다는 꿈이라는 것은 믿을 수는 있어도 실감할 수는 없는 법이다. 돌풍이 불거나, 천둥소리가 울려 실내 가득히 불꽃이 일어나거나, 시집이나 사전이 나타난다고 생각하니 과일인 멜론이 나타나거나 하는 상태여서 꿈 해석의 전문가인 프로이트 박사도 이 꿈을 어떻게 해석하면 좋을지 판단을 내리지 못하고 있었다. 중요한 것은 꿈의 내용 그 자체보다 데카르트가 그것에서 대단히 강한 충격을 받았다고 하는 사실이다. 특히 흥미로운 것은 모든 것을 합리적으로 이야기하는 것을 취지로 하는 데카르트에게 있어 인생을 좌우할 만한 결정적인 사건이 꿈이라는 비합리적인 형태로 일어났다는 사실이다.

『방법서설』을 보면 데카르트는 이 충격적 체험에 대한 일을 비치면서도 특히 꿈의 내용을 인용하지 않았다. 그것은 다른 사람에게 자신의 꿈에 대한 일이 쉽게 이해되지 못할 것이라고 생각했기 때문일 것이다.

도대체 데카르트는 어떠한 충격적 체험을 한 것인가. 수기에서는 "놀라울 만한 학문의 기초를 발견하였다."라고 기록되어 있는데, 그것이 꿈의 내용과 어떻게 관련되어 있는지 데카르트 본인이 외에는 아무도 알 수 없다. 어쨌든 데카르트가 꿈 속에서 대발견을 한 것은 틀림없다.

그 내용은 다음과 같은 네 가지의 규칙으로 정리되어 있다.

첫째, 자신이 참(眞)이라고 명백히 인정한 것만을 판단의 근거로 할 것.
둘째, 문제를 가능한한 작은 부분으로 나누어 생각할 것.
셋째, 단순한 것에서 복잡한 것으로 순서있게 진행시켜 생각할 것.
넷째, 무엇이라도 빠뜨리는 일 없이 관련되는 사항을 하나하나 완전히 열거할 것.

이와 같은 규칙이 위력을 발휘하는 것은 사실은 수학의 세계에서이다. 데카르트는 이 규칙에 따라 겨우 2, 3개월만에 수학의 모든 문제를 풀 수 있었다고 말하고 있다. 그렇지만 이것은 진리의 인식을 위한 연습문제에 지나지 않았다. 철학에 있어서는 아직 아무런 것도 확실한 것을 발견하지 못하고 있었다. 저 유명한 "나는 생각한다, 그러므로 나는 존재한다."고 하는 철학의 원리를 발견하는 데는 그로부터 9년이라는 긴 세월이 필요했다.

그동안 데카르트는 무엇을 하고 있었는가. 그는 때때로 프랑스에 돌아간 적도 있었지만, 대부분은 이국의 하늘 밑에서 자유로운 나그네 생활을 하고 있었다. 여러 번 취직하려고 한 일도 있었는데 생활을 위해서는 그렇게 할 필요가 없었다. 왜냐하면 데카르트는 상당한 유산을 상속받아서 그 이자만으로도 경제적으로 풍요했기 때문이다.

　이러한 혜택받은 생활 속에서도 일단 꿈의 충격으로 인한 강렬한 사명감을 느끼게 된 데카르트는 진리에의 탐구를 그만두려고 하지 않았다. 인식의 무정부상태를 체험한 데카르트는 모든 것을 계속 의심하였다. 그는 누구라도 일생에 한 번은 철저하게 사물을 의심해 보도록 권하고 있는데 그 결과 다음과 같은 결론에 도달하였다.

나는 자신의 정신 속에 들어온 모든 사항을, 꿈 속의 환상과 마찬가지로 진실하지 않은 것으로 가정하려고 결심했다. 그러나 그렇게 하면 즉각 나는 다음의 사실을 깨닫게 되었다. 이와 같이 모든 것은 허위라고 생각하고 있는 동안에도 그렇게 생각하고 있는 나는 아무래도 무엇인가가 아니면 안 된다는 사실이다. 그리고 '나는 생각한다, 그러므로 나는 존재한다'라고 하는 이 진리는 회의론자의 어떠한 터무니없는 가정으로도 동요시킬 수 없을 만큼 견고하고도 확실한 것이라는 사실을 확인하였으므로 나는 이것을 자신이 찾고 있었던 철학의 제1원리로서 안심하고 받아들일 수 있다고 판단했다.

『방법서설』 제4부 중에서

　이것이 저 유명한 말이 나오기까지의 경위이다. 이것이야말로 데카르트가 자기 자신을 연구하여 마침내 도달한 최후의 결론이었다. 그러나 "나는 생각한다, 그러므로 나는 존재한다."라는 이 원리는 데카르트가 처음으로 발견한 것은 아니었다. 그는 이 원리는 모든 시대에 알려져 있으며, 모든 사람에 의하여 진리로 받아들여지고 있었다고까지 말하고 있다.

　철학자는 새로운 진리를 발견하면 곧 골동품상처럼 그 오래됨과 정통성을 주장하고 싶어하는데, 중요한 것은 '감정가'로서의 독창성은 이 원리를 발견한 사실이 아니고 이것을 철학의 제1원리로서 가장 중요시한 사실에 있다. 그리고 더 나아가 이것이야말로 모든 인간의 이성의 작용에서 공통적으로 볼 수 있는 근본적인 현상이라는 것을 확인한 사실이 중요하다. 데카르트는 결국 이성의 원점을 찾아낸 것이다. 모든 사람은 이 공통적인 원점에서 인식의 여행길로 출발할 수 있는 것이다.

　이 철학의 제1원리는 동시에 내가 말하는 '지성의 데모크라시'의 제1원리이기도 하다. 누구든지 동의할 수 있는 것에서 출발하는 것이 데모크라시이므로 "나는 생각한다, 그러므로 나는 존재한다."는 '지성의 데모크라시'의 헌법 제1조에 해당될 것이다.

지혜를 구하는 철학

데카르트는 철학의 목적에 대해서 이렇게 말하고 있다.

> 생활을 지도하기 위해서 건강을 유지하고, 갖가지 기술을 개발하는데 있어서 인간이 얻을 수 있는 모든 사항에 관한 완전한 지식, 요컨대 지혜를 연구하는 것이 철학이다.
>
> 『철학의 원리』중에서

　이제까지 보아온 것처럼 모든 사람은 공평하게 배분된 이성의 힘에 의해 완전한 지식을 알 수 있었을 것이다. 그렇지만 사물은 그렇게 간단하지는 않다고 생각된다. 쉽게 이해할 수 있는 지식도 있을 것이고, 보통의 두뇌로는 좀처럼 소화할 수 없는 복잡하고 난해한 지식도 있다. 과연 모든 지식은 누구에게나 이해될 수 있는 것일까 하는 의문이 남는다.

데카르트가 지금도 여전히 혁명적이라고 생각되는 것은 이 점에 관한 사고방식이다. 그는 앞에서 말한 철학의 제1원리에서 다음과 같은 일반적 규칙을 도출해 내었다.

"우리들이 극히 명석하게, 그리고 판명하게 이해하는 바의 것은 모두 진리이다." (『방법서설』 제4부)

그리고 이 말을 역으로 해석한 진리란 명석하고 판명한 것이다라는 것도 옳다고 데카르트는 말했다.

이 '명석판명(clair et distinct)'이라는 말을 똑똑히 머릿속에 넣어 두면 데카르트 철학의 요점은 거의 알 수 있다고 해도 지장이 없을 만큼 중요한 용어이다. 그렇지만 데카르트는 이 말을 달리 특수한 의미로 사용하고 있지는 않다. 그 말은 본래의 일상적인 의미로 사용하고 있는 데 지나지 않는다. 칸트나 헤겔 등의 독일 철학이나 혹은 최근의 프랑스 철학처럼 철학자가 부여한 개념을 그때마다 생각해 내지 않으면 그 말의 뜻을 알 수 없을 것 같은 일은 데카르트의 경우에는 결코 일어나지 않는다. 굳이 설명한다면 '명석(clair)'이란 프랑스어의 본래의 의미대로 사물이 밝게 잘 보인다는 뜻이며, '판명(distinct)'이란 윤곽이 뚜렷해서 다른 것과 구별되어 있다는 말이다. 이 '명석판명'이라는 용어를 '단순명료'라는 용어로 바꾸어도 상관은 없다. 오히려 '단순명료'가 데카르트의 참뜻(眞意)을 전해주는 것인지도 모른다. 데카르트 자신도 "진리는 단순한 것이다."라고 말하고 있다.

그런데 어떻게 해서 데카르트는 진리가 단순명료하다는 사실을 발견할 수 있었을까. 그것은 모든 것을 의심한 끝에 도달한 진리, 즉 "나는 생각한다, 그러므로 나는 존재한다."고 하는 철학의 제1원리 그 자체가 명석판명, 단순명료 그 자체인 것을 깨달았기 때문이다. 그리고 그밖에 무엇인가 진리라는 것이 있다면, 그것들도 이와 같은 성질을 가지고 있을 것이라고 생각한 것이다. 사물이 진리인지 아닌지를 구별하는 기준은 이것 외에는 없다는 것이다.

전부터 나는 철학자가 흔히 말하는 진리라는 말이 도대체 무엇을 의미하는가 하는 의문을 갖고 있었다. 철학자는 진리를 인용하는데 비해 그 내용에 대해서는 자세히 설명하지 않기 때문에 이 추상명사에서 어떠한 사실을 머리에 떠올리면 좋을지 쉽게 짐작할 수 없었던 것이다. 그러나 데카르트는 이 점에 대하여 다른 어느 철학자보다도 성실하게 더구나 알기 쉽게 이야기해주는 철학자이다. 그는 다른 많은 철학자가 어둠 속에 감추고 있었던 진리를 백일하에 꺼내어 명석판명한 것이 아니면 진리가 아니다라고 선언한 것이다.

이런 데카르트의 견해는 난해함을 자랑으로 생각하고 있었던 스콜라 철학의 시대에는 대단히 혁명적인 것임에 틀림없었을 것이다. 데카르트는 "화폐처럼 모든 사람에게 통용되는 지식"을 찾았던 것이다. 여기서 말하는 지식이란 인간이 정말로 알아야 할 필요가 있는 지식을 말하는 것이며 진리란 바로 그러한 것들이다. 복잡하고 난해한 것은 진리가 아니며 따라서 알 필요는 없다. 이와 같은 데카르트의 주장은 지식 혹은 진리라고 하는 것은 명석판명하다는 점에 관해서는 서로 조금의 차이도 없다라고 바꾸어 말해도 좋을 것이다. 즉 명석판명함에 있어서 모든 지식(진리)은 평등하다고 주장하고 있는 것이다. 이 사실을 나는 '지식의 데모크라시'라고 부르고자 한다.

앞에서 '지성의 데모크라시'에 대해 말했는데, 이것이 '지식의 데모트라시'와 결부되어 비로소 우리들은 사물을 인식하게 된다. 공평하게 배분된 이성이 단순명료한 지식과 결부되어 데카르트가 찾고 있었던 '확실한 인식'이 태어나게 된다.

이 '지식의 데모크라시'와 '지성의 데모크라시'는 인식이라는 동전의 양면과 같아서 나는 양자를 결부시켜 '지(知)의 데모크라시'라고 불렀으면 한다.

'알았다'고 하는 쾌감

그런데 데카르트뿐만 아니고 또 철학에 국한된 일도 아니지만 얼마간의 시간과 노력(努力)을 들여 책을 읽었다면 누구나 자기 나름대로 '알았다'는 느낌을 갖고 싶을 것이다. 이 쾌감이야말로 독서의 최대의 즐거움이다. 그런데 철학서의 경우에는 이 '알았다'고 하는 느낌이 좀처럼 생기지 않는다.

나 자신의 경험에 비추어 보아도 한 권의 철학서를 끝까지 통독하고 나서 도대체 무엇을 알게 되었는지 분명히 말할 수 없는 경우가 많다. 데카르트의 경우는 틀림없이 누구든지 알 수 있도록 씌어져 있는데도 도대체 무엇을 알게 되었는가 라고 새삼스럽게 자문해 보면, 쉽게 답이 나오지 않는 것을 깨닫게 된다. 처음에 언급한 것처럼 데카르트에 대해 씌어진 연구서나 해설서도 이 점이 애매하다.

사실 나도 이렇게 쓰면서 내 나름대로 데카르트에 대해 조금은 알게 되었다는 느낌이 들기도 하지만, 그것은 데카르트의 철학 전체를 이해하게 될지도 모를 핵심어를 찾아냈다고 생각하기 때문이다.

그것이 '지의 데모크라시'이다. 이제까지 보아 온 것처럼 데카르트의 중요한 견해를 하나하나 거론하여 그것들을 결부시키면 거기에는 '지의 데모크라시'라는 사상이 떠오르는 것이다.

'지의 데모크라시'를 데카르트 철학을 푸는 핵심어라고 말했는데, 데카르트의 저작물 어디를 보아도 그러한 말은 나오지 않기 때문에 핵심어라는 표현은 어울리지 않는다. 그래서 이것은 보조선(補助線)이라고 말하는 편이 적절할지도 모른다.

기하학의 문제를 푸는 경우 적당한 곳에 새로운 선 하나를 그어보면, 그때까지 깨닫지 못한 관계가 떠올라 문제가 간단히 풀리는 수가 있다. 가장 간단한 예로 삼각형의 내각의 합이 180도란 것을 증명하는 데는 각각의 꼭지점에서 마주보는 변에 평행하게 선을 그으면 된다고 배운 일이 있다.

이와 같이 새롭게 그려 넣은 선을 보조선이라고 말하는데 기하학의 도형뿐만 아니라 인간이 머릿속에서 생각하는 관념세계의 사항에 대해서도 마찬가지로 상정(想定)할 수 있지 않을까. 그것을 내 표현으로 말하자면 사상에 있어서의 보조선이다. 이것을 찾아야 비로소 철학은 '알았다' 고 생각되는 것이다.

이 '지의 데모크라시' 라는 보조선을 데카르트 철학에 인용해 보면 여러 가지의 일에 대해 잘 설명할 수 있다. 이것을 발견하는 계기가 된 "양식은 모든 사람들에게 공평하게 배분되어 있다."는 데카르트의 말도 새삼스럽게 이 보조선에 비추어 바라보면 더 한

층 그 참뜻이 분명해진다. 데카르트는 데모크라시 정신으로 처음부터 이야기하고 있는 것이다. 또 데모크라시에 대해 자주 말하고 있는 '합리적 정신'도 '지의 데모크라시'를 실현하는 규칙이라고 생각하면 된다.

'합리적'이라는 것은 모든 사람이 동의할 수 있다는 뜻이어서 이것이야말로 데모크라시의 원리이다. "나는 생각한다, 그러므로 나는 존재한다."라는 것이 '지의 데모크라시'의 헌법 제1조라고 한다면, "명석판명한 것만이 진리이다."라는 원칙은 그 제2조라고 할 수 있다.

데카르트는 '지의 데모크라시'의 원리를 저서의 출판에도 실천하고 있다. 『방법서설』의 끝부분에서, 독자에게 반대의견을 가지고 있는 사람은 그것을 출판자에게 써서 보내주면 그것에 대한 답변과 아울러 장차 출판할 예정이다라고 호소하고 있다.

이 시도는 실현되지 않았지만 이것이 단순한 착상이 아니었다는 사실은 후일 『성찰』의 출판에서 이 시도를 본격적으로 실행했다는 사실에서도 잘 알 수 있다.

『성찰』은 신의 존재 및 인간의 정신과 신체의 구별에 대해 기술한 저작물인데, 네덜란드에서 은둔생활 중인 데카르트는 이것을 파리에 사는 메르센느 신부라는 친구에게 보내서 당시의 저명한 철학자들에게 읽혀 『성찰』에 대한 비판을 받도록 의뢰했다. 이 저작물은 약 1년간에 걸쳐 여러 사람들에게 회람(回覽)되어, 본문 외에 반론과 데카르트의 답변을 함께 실어 출판되었다. 미리 반론과 답변이 첨가된 철학서는 아마 예가 없었을 것이다. 이만큼 '사전교섭'이 철저한 철학서, 그리고 독자의 질문에 답변하려고 이토록 애쓴 철학서도 없을 것이다. 이것이야말로 데모크라시의 정신이 아니고 무엇이겠는가.

시대를 앞서간 철학자의 괴로움

『성찰』의 출판 스타일에서 보았듯이 데카르트는 자기 자신의 은신처에서 모습을 보이는 일이 거의 없었으나, 지식에 대해서는 가급적 공개하여 많은 사람들의 비판에 맡길 것을 지향하였다. 그리고 정보의 공개만이 아니라 협동연구도 중시하고 있었던 사실을 다음과 같은 말에서 잘 알 수 있다.

내가 발견한 사실은 아무리 사소한 것일지라도 모두 세상에 공개하고 싶다. 그리고 유능한 사람들이 나보다 더 앞으로 나아갈 수 있도록 각각의 취향과 능력에 따라 필요한 실험에 협력하고, 그 사람들도 또한 스스로 얻은 지식을 모두 세상에 전해 주기를 부탁하고 싶다. 이렇게 하면 뒤에 연구하는 사람은 앞사람이 연구를 끝낸 곳에서부터 시작할 수 있어서 모두가 힘을 합치면 각자 혼자서 행하는 것보다 훨씬 멀리까지 나갈 수가 있을 것이다.

『방법서설』제6부 중에서

지금 읽으면 아무것도 아닌 이 문장도 17세기 전반의 시대에서 보면 대단히 신선한 반응을 일으켰을 것이다. 앞서 언급한 것처럼 당시는 지식의 독점체제가 강했던 시대이며 과학자가 협동연구하는 일은 생각할 수조차 없었다. 데카르트보다 약간 전의 시기의 영국의 철학자인 프란시스 베이컨(Francis Bacon: 1561~1626)은 『뉴 아트란티스(Nova Atlantis)』라는 유토피아 이야기에서 과학자의 협동연구에 대해 묘사하고 있는데, 그것은 문자 그대로 이 세상에 없는 유토피아에 지나지 않았다. 과학자의 협동연구기관으로 과학아카데미가 유럽의 여러 나라에 만들어져 과학 연구의 중심적 역할을 담당하게 된 것은 데카르트가 죽은 후 얼마 지나서였다. '지의 데모크라시'의 일환으로서의 정보공개와 협동연구의 제창은 재빨리 시대를 선취한 뛰어난 아이디어였다.

　그런데 데카르트 자신은 정보공개나 협동연구와는 무관한 생활 스타일을 취하고 있었는데, 고립 무원의 상태는 아니었다. 그는 그 명성을 듣고 찾아오는 사람들에게 성가심을 받지 않기 위해 외부와의 연락을 단지 한 사람에게만 한정했다. 그것이 앞서 언급한 친구인 메르센느 신부이다. 그리고 사실은 이 신부를 중심으로 파리에는 당시의 최고 지식인이 모이는 지적교류의 자리가 만들어져 있었다. 이것은 '메르센느 아카데미'로 불리었는데 당시의 유명한 수학자나 철학자가 출입했고, 『팡세』의 저자 파스칼도 그 단골 손님이었다. 『성찰』에 반론을 기고한 것도 이들이었다.

데카르트는 이 아카데미의 중심 인물인 메르센느 신부와 빈번한 연락을 취했고 데카르트에게서 전해지는 새로운 발견이나 아이디어가 아카데미의 화제가 되거나, 또 메르센느로부터는 당시 유럽의 최신과학이나 철학에 관한 정보가 전해졌다.

사람이 사는 마을에서 멀리 떨어진 은신처에 있으면서도 데카르트는 당시 유럽의 유수한 지적 정보기관을 활용할 수 있었던 것이다. 물론 이것에는 당시의 우편제도 등도 관련되는데, 정보의 생산, 이용, 조작이라는 면에서 데카르트는 현대 정보화 시대의 선구자적인 인물로 볼 수 있다. 무엇보다도 지식이나 정보의 공공성을 강조한 데에 현대와 통하는 데카르트의 새로움이 있었다고 생각된다.

그러나 데카르트는 너무나도 시대를 앞서갔던 모양이다.

『방법서설』은 필생의 저작물인 『우주론』을 발표하기 위한 준비작업으로 구상되어 출판된 사실은 이미 말한대로인데, 이 시도는 실패로 끝나버리고 말았다. 『방법서설』에는 『우주론』의 일부 내용이 소개되어 있는데 그것도 대단히 복잡하게 얽혀 있다. 한쪽에서는 자신이 구상하고 있는 자연학의 기초원리는 모두 간결하고 요령있게 해석되어 증명된 것이며 누구라도 그것을 이해하면 곧 진리라고 믿을 수밖에 없는 것이라고 말하면서, 다른 쪽에서는 이것을 공표한다면 심한 논쟁이 틀림없이 일어날 것이므로 살아있는 동안은 절대로 공표할 생각은 없다고 말했다. 무엇인가 의미있는 듯하면서도 이상하게 말하고 있는 것 같은데, 『우주론』

의 공표에 대한 시비를 여론에 호소하고 마음 속으로 은근히 여론의 호의를 기대하고 있는 듯이 보인다.

그러나 결과는 데카르트가 그렇게도 치밀하게 계획한 '지의 데모크라시'도 사람들의 지지를 얻지 못했을 뿐만 아니라 스콜라 철학자에게도 전혀 통하지 않았던 것이다. 그리고 그는 자신의 연구 성과를 밝히는데 더욱 조심하게 되어 다음 저서인 『성찰』의 출판에 앞서 이미 언급한 것처럼 메르센느 아카데미의 회원들에게 내용을 검토받은 후에 다시 파리대학의 신학부에 내용에 대해 공인을 신청한 것이다. 파리대학의 신학부는 당시 최고의 지적 권위 기관이었다. '여론'에서 충분한 반응을 얻을 수 없었던 데카르트는 이번에는 '체제'로부터 보증을 받으려고 한 것이었다. 그러나 결국 파리대학에서도 공인을 받을 수 없었다.

데카르트의 전략은 또다시 실패로 끝나게 되었는데, 그 자신도 '지의 데모크라시'가 쉽게 통과되리라고는 생각하지 않았다. 데카르트는 메르센느 신부에게 이런 편지를 쓰고 있다.

이 『성찰』은 나의 자연학의 기초에 대한 전체를 함축하고 있습니다. 그러나 이것은 아무에게도 말하지 마십시오. 그렇지 않으면 아리스토텔레스의 신봉자들은 『성찰』을 인정할 마음이 틀림없이 없을 테니 말입니다. 게다가 나는 『성찰』을 읽는 사람들이 자기도 모르는 사이에 나의 여러 원리에 익숙해지고, 그것이 아리스토텔레스의 원리를 사멸시키기를 기대하고 있습니다.

데카르트에게는 이런 편지를 쓰는 일면이 있었던 것이다. 사상의 전략가로서의 데카르트의 모습이 잘 나타나고 있는 문장인데, 이 사실은『성찰』의 내용에서도 엿볼 수 있다. 그는 그 속에서 신의 존재증명에 대해 상세히 기술하고, 세 가지 방법으로 신의 존재를 증명하고 있다. 그러나 세 가지나 되는 방법으로 증명하지 않으면 안 된다는 것 자체가 아무래도 미심쩍다. 과연 데카르트는 신의 존재에 대해 확신하고 있었던 것일까. 칸트처럼 그것은 신앙의 문제라고 명쾌하게 결론짓는 쪽이 합리적이지 않을까. 데카르트는 파리대학의 신학자의 심증을 좋게 하기 위해 일부러 정성들여 신의 존재를 증명해 보인 것이라고 밖에는 생각되지 않는다.

당시의 어떤 동판화에는 아리스토텔레스의 저작물을 짓밟고 있는 데카르트의 모습이 그려져 있는데, 앞서 인용한 편지에서 그가 고백한 것 같은 은밀한 의도는 당시의 사람들에게 어느새 그대로 누설되었던 모양이다. 시간이 지남에 따라 사람들의 지지를 얻기는커녕 오히려 데카르트의 반체제적인 면이 차츰 명백해져 갔던 것이다.

『성찰』을 발표한 후 3년이 지나서 데카르트는『철학의 원리』를 출판하게 되었는데, 이것은 스콜라 철학의 교과서식의 스타일을 취하고 있고 프랑스어가 아닌 라틴어로 씌여 있다.『방법서설』의 스타일과 문체를 비교해 볼 때 대단히 후퇴한 면이 있다. 바야흐로 데카르트는 대중에게 이야기하는 일을 단념하고 '체제'를 향해 호소하려는 것이다.

이처럼 '지의 데모크라시'를 찾아 악전고투하는 데카르트는 은둔생활 중이던 네덜란드에서도 예기치 않은 철학논쟁에 휘말려 결국에는 재판을 받게 되었는데, 성서의 권위를 손상시켰다고 해서 유죄를 선고받게 되었다.

그 과정에서 네덜란드인 가정부에게 아이를 낳게 한 사실이 폭로되어 '데카르트는 가는 곳마다 아이를 낳게 했다.'라든가 마을에서 멀리 떨어져 살고 있는 것은 네덜란드에 있는 애인과의 밀회를 감추기 위한 것이라든가 하는 터무니없는 비난까지 받는 처지가 되었다. 데카르트는 평생을 독신으로 지냈는데 가정부와의 사이에 아이를 둔 것은 사실이며 프랑시느라고 하는 딸은 여섯 살에 세상을 떠나 데카르트를 매우 슬프게 하였다. 또 프랑스에 있을 무렵 결혼 이야기가 한 번 있었는데 그때 상대방 여성에게 "진리보다 더한 아름다움은 없다."고 말해서 거절당했다는 이야기가 전해지고 있다.

이리하여 데카르트가 가장 사랑하는 진리도 좀처럼 사람들에게 인정을 받지 못하고 "선천적인 이성을 순수하게 쓰는 사람 쪽이 낡은 서적을 믿고 있는 사람들보다도 나의 의견을 올바르게 이해해 줄 것이다."라는 데카르트의 기대도 조금씩 줄어드는 것처럼 보였다. 그러나 곤경에 처한 데카르트 앞에 낡은 서적보다도 이성을 믿는 두 사람의 인물이 나타나게 된다.

엘리자베트 왕녀와 크리스티나 여왕

두 사람의 인물이란, 네덜란드에 망명 중인 독일의 선거후(選擧侯)의 영애인 엘리자베트 왕녀와 스웨덴의 크리스티나 여왕을 말한다.

데카르트가 엘리자베트 왕녀와 처음으로 만난 것은 1642년의 일인데 데카르트는 46세, 엘리자베트 왕녀는 24세였을 때이다.

데카르트는 왕녀에 대하여 "화가들이 그린 천사로 오인할 만한 사람"이라며 아름다움을 칭찬하고 있는데 이 아름다운 왕녀는 학문을 매우 좋아한 재원으로 온갖 언어와 학문에 능통하고 있었다고 한다. 데카르트는 왕녀에게서 이런 편지를 받게 되었다.

(귀하의) 저서를 재독삼독(再讀三讀)하게 되면 저는 한 시간으로 저의 이성을 갈고 닦을 수 있습니다. 이만한 이익은 다른 서적에서는 평생을 걸어도 꺼낼 수 없을 것입니다.

두 사람은 데카르트의 죽음 직전까지 빈번한 서신교환을 계속하였는데 데카르트는 서신을 교환하기 시작한 얼마 후, 자신의 저작물을 완전히 이해한 사람은 이 엘리자베트 왕녀 외에는 없다고 확신했다. 그는 진작부터 철학을 논하는 상대로는 인내심이 강하고 순진하며 편견에 사로잡혀 있지 않은 여성 쪽이 어울린다고 생각하고 있었다.

『방법서설』에 대해 데카르트는 "여성들에게도 어느 정도의 것은 이해할 수 있도록 배려하여 썼다."라고 말하고 있는데, 이제 어느 정도가 아닌 완전하게 자신의 철학을 이해해 주는 이상적인 제자가 나타난 것이다.

엘리자베트 왕녀는 철학상의 문제는 물론이고 얼굴의 부스럼이나 몸의 건강 상태가 고르지 않은 것 등에 이르기까지 일일이 데카르트와 의논해서 그의 조언을 청했다. 이것에 대하여 데카르트는 시종일관 질병이나 고통을 극복하는데는 질병이나 고통 그 자체로부터 마음을 벗어나게 하는 것이 가장 효과가 있다고 하는 정신요법(精神療法) 혹은 전심요법(轉心療法)을 가르쳐 주었다. 이것은 왕녀를 위해 즉흥적으로 착상한 한때의 위안이 아니고 데카르트 자신이 젊었을 때부터 실천해 온 방법이었다. 그는 폐결핵으로 죽은 어머니에게서 허약한 체질을 이어받았는데 설령 어떤 일이 일어나더라도 자신에게 가장 상쾌한 것이 될 만한 시각으로 모든 것을 바라보려고 노력한 것에 의해 건강한 몸이 될 수 있었다고 편지에 쓰고 있다. 데카르트는 이와 같은 경험에서 정신이 신체를 완전히 지배해야하며 더구나 그것이 가능하다고 확신하고 있었다. 그러나 병에 시달리는 왕녀는 정신과 신체와의 관계를 데카르트처럼 딱 잘라서 생각할 수가 없었다. 이 점을 둘러싼 왕녀의 질문에 답하기 위해 씌어진 것이 데카르트가 죽기 1년 전에 발표한 『정념론(情念論)』이다. 데카르트에게 한 권의 철학서를 쓰게 한 왕녀는 그로 하여금 다음과 같은 편지도 쓰게 하였다.

무릇 이 세상에서 아무리 황량한 벽촌일지라도 만약 그 곳에 왕녀가 계시고 또한 제가 뭔가 도움이 될 수 있다면 저는 기꺼이 그 곳에 살며 여생을 보낼 것입니다.

데카르트에게는 왕녀의 궁정에 출사할 마음이 충분히 있었던 것인데, 마침 같은 시기에 스웨텐의 크리스티나 여왕으로부터 그를 초빙한다는 편지를 받았다. 여왕은 당시 23세로 젊었으나 이 여성 또한 교양이 넘치는 학문 애호가였고, 이미 당시의 유명한 학자, 예술가 등 여러 사람을 궁정에 초빙하고 있었다. 데카르트는 여왕이 자신의 철학을 잘 이해하고 있으며, 더욱 깊게 배우고 싶다는 마음이 사실이라는 것을 확인한 다음 북쪽 나라로 떠났다. 사실 데카르트는 마지막까지 엘리자베트 왕녀로부터의 초빙을 기대하고 있었지만 결국 초빙은 없었다.

스웨덴에서 데카르트는 여왕을 위해 시극(詩劇)을 만들거나, 새로 설치될 과학아카데미의 현장을 기초하거나 했는데 여왕이 그를 초빙한 것은 스스로 그 철학을 배우는데 목적이 있었다. 일주일에 두 번 아침 5시에 철학강의를 하게 되었는데, 항상 한낮까지 잠자리에 있던 데카르트로서는 일주일에 두 번 아침 5시에 철학강의를 하는 것은 고행이나 다름없었다. 필시 그 때문이었는지 철학자는 스톡홀름으로 간 지 불과 4개월 후에 폐렴에 걸려 세상을 떠나게 되었다.

나는 전부터 데카르트가 왜 스웨덴까지 와서 죽었는지 이상하게 생각하고 있었다. '지의 데모크라시'라는 사상의 보조선에 비추어 생각해 볼 때 데카르트의 행동은 납득이 갈 것 같은 생각이든다. 즉 '지의 데모크라시'를 내건 데카르트도 결국에는 진리의후원자가 되는 권력을 필요로 했다는 사실이다. "지(知)는 힘이다."라는 프란시스 베이컨의 유명한 말처럼 데카르트의 경우도지(知)는 힘을 필요로 한 것이다. 그것을 위한 힘을 그는 여왕에게 기대했고 왕녀에게도 기대했던 것이다.

'지의 병'에서 인간을 구하다

위의 내용을 살펴보면 데카르트는 수완이 보통이 아닌 철학자라는 것을 알 수 있다. 그에게는 여러 가지의 얼굴이 있었다. 전 유럽을 돌아다닌 여행가, 잠자리에서 문제를 푸는 수학자, 모든 것을 철저하게 의심한 철학자, 우주의 구조를 탐구하는 물리학자, 송아지를 해부하는 생물학자, 독특한 치료법을 가르치는 의사, 희노애락의 감정에 대해 분석하는 심리학자, 뜰에 화초를 재배하는 식물학자, 그리고 평생의 생활이 보장된 금리 생활자……

이 제너럴리스트는 도대체 무엇을 지향하고 있었던 것일까. 그는 자신이 생각하는 철학체계를 한 그루의 나무에 비유하고 '지혜의 나무'라고 불렀다.

뿌리는 형이상학이며 줄기는 자연학, 그리고 이 줄기에서는 기계학(기계적 기술)과 의학, 그리고 도덕이라는 세 개의 가지가 뻗어 있다. 가지 끝에 열매가 맺는 것처럼 철학의 효용은 이들 세 개의 가지에 열리는 지혜의 과실이라고 생각했다. 여기서 특히 주목하고 싶은 것은 의학의 역할을 대단히 중시하고 있다는 사실이다.

데카르트는 『방법서설』속에서 "모든 인간을 지금보다 더 한층 현명하게 그리고 유능하게 하는 수단이 무엇인가 있다면 그것은 의학 안에서 찾아야 할 것이다."라고 기술하고 있다. 그리고 자신의 여생을 의학의 연구에 바치고 싶다라고도 말한다.

그는 도대체 어떤 의학을 생각하고 있었던 것일까. 데카르트 자신이 그린 뇌의 해부도를 보면 인간의 두뇌를 개조하려는 의학을 연구하고 있었는지도 모른다는 생각이 든다. 그것은 적어도 폐렴이나 얼굴의 부스럼을 치료하는 의학이 아니었던 것만은 확실하다.

데카르트는 어려운 것일수록 훌륭하고 뛰어나다고 생각하는 것은 인류의 지병과 같은 것이다라고 말하고 있다. 데카르트가 고치려고 한 것은 사실은 이런 병이 아니었을까. 그는 또 진리의 인식이야말로 영혼의 건강이라고도 말하고 있다. 진리의 인식을 방해해 온 인류의 지병이야말로 데카르트가 싸워 온 적이 아닐까. 사람들을 진리로부터 멀게 하는 지성의 병을 고치기 위한 방법을 데카르트는 찾고 있었던 것이다. 그것이 '지의 데모크라시'라는 사상인 것이다.

누구라도 사물을 명석하게 생각할 수 있게 되었을 때의 쾌감을 알고 있을 것이다. 이것이야말로 영혼 건강의 원천이며, 정말로 살아 있어서 좋다고 생각하게 하는 일순간이기도 하다. 인간은 사물을 생각하는 기쁨만으로 살아갈 수도 있다. 이와 반대로 혼란스러운 사고는 지성의 병의 징후이며 항상 자신의 생각을 돌과 같은 딱딱한 말로만 이야기할 수밖에 없는 것은 중병을 앓고 있는 증거이기도 하다. 지성의 병은 인간이 살아가는 데에 가장 중요한 사람간의 대화의 통로를 닫아버리는 장애가 된다. 데카르트는 그와 같은 병에서 인간을 해방시키려고 했던 것이다.

Chapter 3

이성을 일깨운 사람

Immanuel Kant

칸트 *Immanuel Kant 1724~1804*

독일의 철학자.

쾨니히스베르크(Königsberg)의 한 경건한 청교도 상인의 가정에서 태어나 쾨니히스베르크대학에서 수학, 자연과학, 신학, 철학을 공부했다. 그는 평생을 쾨니히스베르크대학의 철학교수로 지냈으며 그 동안에 3대 비판철학서인 『순수이성비판』, 『실천이성비판』, 『판단력비판』과 『종교론』 등의 철학서를 저술하였다. 대륙합리론의 관념론과 영국경험론의 경험론을 비판하고 종합한 칸트는 예전의 인식론의 구조를 완전히 뒤집어 인식론에서의 '코페르니쿠스적 전환'을 이루었다.

이성을 일깨운 사람

　도대체 철학은 무슨 쓸모가 있는 것일까. 우리들은 무엇을 찾아서 철학서를 읽는 것일까.

　"철학은 의문과 함께 시작된다."고 하는 소크라테스의 말을 굳이 인용하지 않더라도 철학에 대해 생각할 때 내가 처음으로 좌절하게 된 것은 바로 위와 같은 의문들 때문이다. 이것에 대해서는 철학에서 무엇인가 효용을 찾는다는 것 자체가 잘못된 것이라는 반론이 있을지도 모른다. 그러나 나는 그렇게 생각하지 않는다. 고대 그리스 시대 이래 2천 수 백년 이상에 걸쳐 철학서가 씌어졌고 이것을 읽는 사람이 끊임없이 있었다는 것은 분명 철학에 무엇인가 '공덕(功德)'이 있었기 때문일 것이다.

　만약 철학이 아무런 쓸모도 없었더라면 철학은 이미 사라져 버려 우리들은 소크라테스나 플라톤이라는 이름도 몰랐을 것이고 인간의 두뇌는 오랫동안 어려운 철학용어나 논리 때문에 괴로움을 받는 일도 없었을 것이다. 그런 편이 인간에게는 행복이었을지도 모른다. 그러나 철학이라고 하는 이 성가신 세계는, 말하자면 인간이 피할 수 없는 숙명인 것이다.

왜냐하면 사물을 생각하지 않는 인간은 없기 때문이다. 일단 사물을 생각하다 보면 보다 빠르게, 보다 깊이 있게 생각하는 것을 지향하게 되어 결국에는 철학과 만나게 된다. 사물을 생각하는 마음의 작용이 없어지지 않는 한 인간이 철학에서 해방되는 일은 없을 것이다.

이와 같이 인간에게 있어 숙명적인 철학의 '공덕'을 이 장에서 조금이라도 밝혀 보고 싶다. 그것도 수많은 철학서 중에서 특히 난해하다고 알려진 칸트의 『순수이성비판』을 통하여 철학의 공덕을 생각해 보고자 하는 것이 이 책을 쓰려는 의도이다.

칸트의 철학을 읽고 얻은 공덕

임마누엘 칸트(Immamuel Kant: 1724~1804)가 세상을 떠난 지 약 190년. 그 동안 많은 사람들이 칸트에 관하여 연구해 왔다. 내가 읽은 것은 그 중 일부에 지나지 않는데, 여러 칸트론을 읽고 마음에 걸리는 것은 대부분의 저자들이 도대체 칸트를 읽고 어떤 감동을 얻게 되었는가에 대한 언급을 전혀 하지 않았다는 점이었다. 일반적으로 어떠한 평론을 쓰는 데는 반드시 무엇인가 감동이 있었을 것이다. 감격이나 감동을 전혀 받지 않는 작품을 상대로 미술론이나 문학론을 펼치는 것이 생각될 수 없는 것처럼, 아무런 감동도 받지 않은 철학에 대하여 끊임없이 이야기한다는 것도 생각할 수 없는 일이다.

철학 이야기를 시작하는데 어째서 감동이라든가 감격이라고 하는 문학적인 관심을 꺼냈는가 하면, 독자를 감동시키는 것이 뛰어난 책이 가져야 할 기본조건이고 철학서도 그 예외는 아니라고 생각하기 때문이다. 칸트가 오늘날에도 끊임없이 읽히는 것은 사람들에게 적잖은 감동을 주었기 때문일 것이다. 이렇게 말하는 나 자신도 칸트를 연구하는 사람도 아니고 철학 교수도 아니지만, 오랫만에 『순수이성비판』을 다시 읽어 보고 사실은 크게 감동한 것이다.

도대체 무엇에 어떻게 감동한 것인가. 나의 감동은 한마디로 말해 무엇인가 새로운 감각이 나 자신의 몸 속에 갖추어졌다라고 말할 수 있을까. 혹은 지금까지 먼지로 꽉 막혀 있던 마음 속 어딘가의 파이프가 깨끗이 청소되어 바람이 지나가는 소리가 울리게 되었다고도 말할 수 있다. 인간의 두뇌 속에 사고라는 공을 던지거나 받거나 하는 손이 있다면, 그러한 손이 하나 더 늘어났다는 느낌이기도 하다. 칸트는 한 사람의 독자를 위해서 새로운 감각기관을 창조하고, 새로운 감각을 열게 한 것이다. 현대 독일의 어떤 철학자는 칸트의 『순수이성비판』을 이해할 수 있다면, 모든 철학은 명쾌하게 된다고 말했는데 그 말을 이해할 수 있을 것 같다. 단순히 사물을 잘 생각하게 되는 것이 아니고 사물에 대하여 이제까지와는 전혀 다른 사고가 가능해졌다고 생각되기 때문이다. '정신적으로 다시 태어났다.' 라고 해도 될는지. 처음부터 결론을 말하자면 이것이 내가 칸트를 읽고 얻은 '공덕' 이다.

이러한 '감동' 은 나 혼자의 것이 아니라는 것을 보여 주기 위해 칸트에 대한 가장 뛰어난 이해자였던 독일의 철학자 쇼펜하우어(Arthur Shopenhauer: 1788~1860)의 말을 소개해 둔다. "칸트의 이론은 그것을 이해한 어떠한 사람의 두뇌 속에서도, 정신적으로 태어났다고 간주해도 좋을 만큼의 커다란 근본적인 변화를 일으킨다." 사람의 체험 가운데서 이만큼 감동적인 것은 없지 않을까. 그것이 칸트에게서 얻을 수 있는 것이다.

철학서를 읽고 감동을 받기 위해서 당연히 전제돼야 할 점은 우선 그것을 이해하지 않으면 안 된다는 것이다. 그런데 철학을 이해한다는 것은 무엇을 뜻하는 것일까. 철학용어의 의미를 안다

고 해서 철학을 알게 되었다고는 말할 수 없다. 철학을 이해한다
는 것은 그 메시지를 파악한다는 것을 뜻한다. 이제까지의 철학
해설서에는 바로 이 점이 결여되어 있다. 칸트를 연구하는 학자
는 칸트의 메시지가 도대체 무엇인가를 분명하게 가르쳐 주지 않
는다. 이것도 결론을 미리 말해 버리는 일이겠으나 나는 『순수이
성비판』의 다음과 같은 말에 주목하고 싶다.

"형이상학이란 인간 이성의 모든 계몽 Kultur의 완성이다!"

　다른 저서에서도 칸트는 "계몽 Kultur만이 인류가 자연에게서
부여받은 최종목적이다."라고 말하면서 똑같은 사실을 강조한
다. 이 점에 대해서는 마지막에 상세히 언급할 생각이지만 여기
서는 칸트 철학을 해독하는 핵심어 및 칸트 철학의 메시지는 "계
몽(Kultur)"이라는 말에 있다는 것, 그리고 이것이 '칸트 체험'에
서 내 나름대로 얻은 '발견'이었다는 사실을 우선 말해 두고자
한다.

철학의 바다로

　칸트는 데카르트(René Descartes: 1596~1650)와 나란히 근대철학의
출발점으로 간주되는데, 칸트의 영향력은 절대석이다.

왜냐하면 칸트는 철학용어와 개념을 독점적으로 만든 공장이어서 칸트 이후의 철학자는 이것을 쓰지 않고서는 철학을 말할 수 없기 때문이다. 18세기 이후 모든 철학은 칸트라고 하는 '수원(水源)'의 흐름을 따르고 칸트의 빛깔에 물들어 있다. 철학자의 최초의 일은 칸트의 복잡한 용어와 체계를 완전히 습득하는 일이며, 칸트에 대립하는 경우 칸트라는 철학의 광장에서 어떤 테마를 발굴할 것인가 하는 것이 그 후의 연구생활을 결정한다. 최근에 유행하고 있는 기호론(記號論)의 창시자도 칸트이다. 그는 철학의 '수원'이라기 보다 오히려 '철학의 바다'라고 불리는 것이 더 마땅할 지도 모른다.

칸트의 영향력을 말하자면 200년의 서양철학 전체에 대해 말하지 않으면 안 된다. 여기서는 칸트가 문학의 영역에 미친 영향에 대해서 약간 언급할까 한다.

괴테(Johann Wolfgang Von Goethe: 1749~1832)는 칸트보다 25세가 아래였으나, 칸트를 읽고 자신의 생애에서 가장 즐거운 시기를 보낼 수 있었다라고 그 감동을 고백하고 있다. 괴테와 친교가 있었던 시인 쉴러도 칸트의 미학이론에 심취하여 스스로 예술론을 썼다.

마찬가지로 시인 횔덜린도 "칸트는 우리 민족의 모세이다."라고 말하고 있다. 난해한 칸트 철학이 우선 독일의 시인들에게 받아들여진 점이 흥미롭다.

독일 이외에도 칸트에게 감동한 문학자는 많이 있었다. 그 대표적인 인물로 러시아의 두 문호인 톨스토이와 도스토예프스키를 들 수 있다. 『전쟁과 평화』를 쓰는데 즈음하여 톨스토이는 독자적인 역사관을 완성시킬 필요가 있었는데, 그때 중요한 참고서가 된 것이 『순수이성비판』이었다. 만년의 톨스토이는 칸트의 두 번째 비판철학서 『실천이성비판』을 애독하고 일기에 자주 감동의 말을 써넣었고 친구들에게 이 책을 읽을 것을 권유했다.

도스토예프스키의 경우는 칸트가 '참고서' 라기보다 오히려 '대결의 책' 이었다. 도스토예프스키는 『순수이성비판』을 시베리아의 유형지에서 읽었다고 하는데 거기에서 구체적으로 어떤 체험을 얻었는지에 대해서 자신이 밝힌 바는 없다. 그러나 『카라마조프의 형제』를 보면 도스토예프스키도 칸트와 거의 같은 문제를 상대하고 있었다는 것을 알 수 있다.

그 문제란 신의 존재와 영혼의 불멸 그리고 자유에 대한 것이다. 이것들은 모두 『순수이성비판』의 주제이며, 『카라마조프의 형제』에는 칸트의 논리를 염두에 두고, 그것에 날카로운 의문을 들이대는 것 같은 장면이 여러 곳에 있다. 도스토예프스키가 칸트를 읽지 않았다면 『카라마조프의 형제』는 오늘날 우리들이 알고 있는 웅장한 사상소설이 되지는 않았을 것이다. 시베리아로 유형당하기 전까지는 대부분 소시민의 애환을 그리고 있었던 그의 소설이 그 이후 갑작스럽게 철학적 함축성을 짙게 띠게 된 것은 한편으로는 '칸트 체험'이 있었기 때문일 것이다.

일본에서 '칸트 체험'을 직접 반영한 작가로는 특이한 철학 소설 『사령』을 40년 동안에 걸쳐 계속 쓰고 있는 우에타니 오다카가 있다. 메이지 초기(明治初期) 일본에 서양철학이 소개되었을 때, 맨 처음 접하게 된 것이 프랑스의 콩트(Auguste Comte)와 독일의 칸트였다. 그리고 메이지 후반기에서 다니쇼 초기(大正初期)에 걸쳐 칸트의 『순수이성비판』은 철학을 배우는 사람뿐만 아니라 교양인의 필독서가 되었다. 제2차 세계대전 이후, 일본에서는 마르크스주의와 실존주의가 유행하여, 칸트 철학은 열세에 빠지지만 그 이전에 있었던 '칸트에 대한 관심'이 아직 일본에서 유행하고 있었던 쇼와 초기(昭和初期), 우에타니 오다카는 칸트의 『순수이성비판』을 옥중에서 읽었다. 본인 말로는 "현기증이 날만큼

전율을 느꼈다."고 한다.

그는 『순수이성비판』을 독일어로 읽는 자신의 모습을 타펠아나토미아를 해독하는 스기다 겐빠크(杉田玄白: 일본 막부 말엽의 양의사)에 비유하고, 칸트를 읽고 정신적으로 다시 태어났다는 의미의 말을 감격에 넘쳐 기록하고 있다.

우에타니 오다카를 특히 감동시킨 것은 뒤에 언급하게 될 '이성의 이율배반' 부분인데, 소설 『사령』은 이러한 '칸트 체험'이 낳은 철학소설이라고 할 수 있다. 괴테에서 우에타니 오다카까지 칸트의 철학이 얼마나 사람들을 즐겁게 하고 감동시키며, 또 깊게 생각하게 하는가를 새삼스레 확인해 두고자 한다.

물리학자 칸트

칸트의 철학 그 자체를 생각하기 전에 언급해야 할 일이 있다. 그것은 일반적으로 말해서 철학자는 철학의 주제를 도대체 어디에서 찾아오는 것일까 하는 문제이다. 철학자 자신에게는 틀림없이 자명한 일이겠지만, 철학을 시작하려는 사람은 먼저 그 점을 파악하지 않고서는 이야기가 잘 진척되지 않는다. 그것이 왜 문제가 되는가. 즉 문제의 문제성을 제대로 이해하기 전에는 문제는 문제화되지 않을 것이며 알고자 하는 쪽의 문제의식도 생기지 않기 때문이다.

『순수이성비판』의 첫 부분에 "순수 이성에 있어 피할 수 없는 과제는 신, 자유 그리고 불사(영혼의 불멸)이다."라고 씌어져 있는데, 이러한 문제 제기는 적어도 나에게 있어서는 대단히 당돌하게 느껴진다. 신과 자유는 어떻게든 이해가 간다고 하더라도 영혼의 불멸이라는 문제가 과연 철학의 대상이 될 수 있는 것일까.

이런 '문제의 문제성' 이 잘 이해되지 않은 채 계속 읽어 가는 동안에 뜻밖의 일들을 알게 된다. 아무래도 칸트는 영혼의 불멸을 믿고, 게다가 다른 천체에 인간과 같은 이성적 존재가 살고 있다는 것을 믿어 의심치 않고 있었던 것 같다.

아버지가 마구(馬具)를 다루는 장인이었던 칸트는 쾨니히스베르크(당시는 프러시아 영토. 현재는 칼리닌그라드)에서 태어나 그 곳 대학을 졸업했다. 그 후 그는 오랫동안 가정교사 생활을 했고, 31세 때 최초의 저서인 『천체의 일반자연사와 이론』을 발표했다. 이 저서는 훗날 '칸트 라플라스의 성운설' 로 알려지게 되는 우주기원설을 기술한 것으로 유명한데, 거기에는 '갖가지 행성에 서식하는 주민을 비교하는 시도' 라는 독립된 한 장(章)이 설정되어 있다. 이것은 현재의 우리들에게는 예상 밖의 주제이다. 당시 태양의 행성은 토성까지 6개밖에 알려지지 않고 있었다(7번째 행성인 천왕성이 발견된 것은 『순수이성비판』 출판과 같은 해인 1781년의 일이다).

이미 망원경에 의한 천체관측이 실시되고 있었는데 18세기의 지식인들은 이들 행성에 사람이 살고 있다고 믿고 있었던 것이다. 칸트 자신은 지구보다도 목성이나 토성 쪽이 더 쾌적한 환경이라고 생각하고 불멸의 인간 영혼이 그러한 행성에 이주할 수 있기를 기대하고 있었다.

　공상적인 칸트에게 있어 영혼 불멸은 대단히 큰 문제였다는 것은 어렵지 않게 상상할 수 있다. 칸트에게 영혼 불멸이 어째서 문제가 되었는가에 대해 우선은 이해가 간다 하더라도, 이 문제가 현재의 우리들에게도 문제가 될 수 있는 것일까. 나는 지금도 이 문제는 크게 문제성을 잃지 않고 있다고 생각한다. 그것은 단순히 해결되어 있지 않아서가 아니라 생명 그 자체의 본연의 상태에도 관계되기 때문이다. 생명이 유구한 과거에 태어난 것이라면 생명이 쌓아올린 개체의 영혼도 간단히 사멸한다고는 생각되지 않기 때문이다.

　그건 그렇고 최초의 저서 제목에서도 알 수 있듯이 칸트는 처음에 물리학자였고, 뉴턴의 역학이론(力學理論)에 근거하여 우주의 기원과 생성이라는 문제를 연구하고 있었다. 대학에서는 철학과 신학 외에 수학과 물리학을 공부했었다.

　이 물리학자 칸트가 어떻게 해서 철학자 칸트로 변모하게 되었는가. 독일의 시인 하이네는 "칸트의 생애와 경력을 쓴다는 것은 어려운 일이다. 칸트에게는 생활도 역사도 없었으므로"라고 썼는데 이것은 대단히 잘못된 견해이다. 칸트에게도 생애의 큰 전환점이 있었고 생활도 그것에 따라 크게 변화했다. 이 사실을 칸트 자신이 다음과 같은 말로 증언하고 있다.

내 자신을 취향으로 말한다면 학자이다. 나는 인식에 대한 대단한 갈망과 인식에 있어 더욱 앞으로 나아가고 싶어하는 탐욕한 불안을 느끼지만, 또 인식을 획득할 때마다 만족을 느낀다. 이것만이 인류의 영광이 되리라고 믿었던 시절이 있었다. 그리고 나는 아무것도 모르는 민중을 경멸하였다. 루소가 그런 나를 바로 잡아 주었다. 나의 잘못된 거만함은 사라지고 나는 인간을 존경하는 것을 배웠다. 그리고 만약 내가 그와 같은 고찰이 다른 모든 사람들에게 인간성의 권리를 회복한다는 가치를 주는 것이라고 믿지 않는다면, 나는 일반적인 노동자보다도 훨씬 쓸모 없는 자일 것이다.

-『미와 숭고의 감정에 관한 각서』 중에서

확실히 여기에는 감동이 있고 발견이 있다. 칸트에게도 감동을 자아낸 한 권의 책이 있었다. 그 책은 루소의 『에밀』이다. 어린이에게 어른으로의 발달 과정을 통해 교육이란 무엇인가, 인간이란 무엇인가를 생각한 이 루소의 저작물에 열중한 나머지 칸트는 정해진 시간에 산책하던 일을 잊을 만큼 탐독했다. 도대체 무엇이 칸트를 열광하게 하였을까. 한마디로 말하면 루소가 문학적으로 풍부하게 묘사한 살아있는 인간의 모습, 인간의 끝없는 가능성과 인간에 대한 신뢰이다. 뉴턴 역학에 몰두하고 있었던 칸트에게 그것은 어둠 속에 쏟아져 들어온 섬광처럼 보였다고 해도 지나치지 않다.

이 '루소 체험'이 있었던 것은 1765년, 즉 칸트의 나이 40세 때의 일이었다. 이 무렵부터 그때까지 왕성했던 저작활동은 차츰 침묵하기 시작했고, 40대 중반을 기해 약 10년 동안은 전혀 저작을 발표하지 않게 되었다. 그리고 오랫동안 침묵 끝에 1781년 『순수이성비판』이 발표되었다. 그때 칸트는 57세였다. 이 저서를 경계로 칸트의 저작활동은 전기 비판기와 후기 비판기로 이분되어 그 후 『실천이성비판』(1788년), 『판단력비판』(1790년)이 이어져 3대 비판철학서가 완결되었다. 바야흐로 천체가 아니고 인간을 상대로 하는 철학자로 변신한 칸트는 '세계 시민적 의미에 있어서의 철학 분야'를 다음 네 가지로 요약하였다.

(1) 나는 무엇을 알 수 있는가.
(2) 나는 무엇을 하여야 하는가.
(3) 나는 무엇을 기대하면 좋은가.
(4) 인간이란 무엇인가.

　제1의 물음에는 형이상학이, 제2의 물음에는 도덕이, 제3의 물음에는 종교가, 그리고 제4의 물음에는 인간학이 답변한다. 칸트는 그러나 근본적으로 모든 물음이 인간학에 관계되고 있다고 선언하였다.

　당시에는 철학이 곧 인간학이라는 주장은 실로 대단히 획기적이었다는 것을 언급해 둘 필요가 있다. 칸트 이전의 철학이 오로지 상대하고 있었던 것은 '신의 존재' 라는 주제였다. 또 '세계 시민적 의미에 있어서의 철학' 이라고 말한 것은 직업적인 철학자를 위한 것은 아니고 교양을 몸에 지닌 일반 시민을 위한 철학이라는 의미이다. 칸트는 계몽된 시민을 위한 철학을 생각하고 있었던 것이다. 그리고 시민을 계몽하기 위한 철학을 생각하고 있었던 것이다. 16세기 말부터 유럽에 일어나기 시작한 계몽주의의 흐름은 18세기말에 그 절정에 이르고, 칸트는 그 완성자가 되었다.

　사교를 좋아한 키 작은 사나이

104

'루소 체험'을 통해 인간에게 눈뜨기 시작한 칸트가 첫째로 착수한 것은 쾨니히스베르크 대학(칸트는 46세 때 이 대학의 정교수로 취임하였다.)에서 '인간학' 강의였다. 또 뒤에 이와 병행하여 '자연지리학' 강의도 하였다. 이와 같이 '루소 체험'을 계기로 칸트의 관심은 단번에 확대되었는데 사생활에서는 어떠했을까. 칸트와 같은 시절에 친하게 지냈던 사람들의 기록에 의하면 칸트는 상당한 사교가였던 모양이다. 선입관만으로 칸트를 알고 있는 사람은 뜻밖이라고 생각하겠지만 그는 거의 매일 친구나 아는 이들을 점심에 초대해 오후 한때를 즐겁게 담소하며 보냈다. 칸트의 집에는 6인분의 식탁과 식기가 준비되어 있어 5명까지 초대할 수 있었다.

　또 칸트 역시 아는 사람이나 친구에게서 초대받는 일도 많았고 그 초대에 쾌히 응했다. "혼자서 식사를 하는 것은 철학하는 사람에게는 건강한 일이 못된다."라고 칸트는 기술하고 있다.

　그는 사교계에도 출입하였는데 그의 난해한 철학서를 통해 음침하고 명상적인 인간으로 칸트를 상상하고 있었던 사람들은, 쾌활하고 농담과 재치있는 대화에 익숙한 사교가를 보고 깜짝 놀랄 정도였다. 이 난해한 비판철학자도 사교계에서는 평이한 통속철학자였다고 동시대의 전기작가는 말하고 있다.

　칸트는 생애를 독신으로 보냈는데 특별히 독신주의를 표방했던 것은 아니고 결혼을 생각한 적도 두 서너 번쯤 있었다. 또한 옷차림이나 유행에 무관심하지 않았고, "유행에 뒤떨어지는 바

보이기보다는 오히려 유행을 좇는 바보가 되라.”는 말을 남겼을 정도이다.

이와 같이 외향적이고 쾌활한 사교가라는 철학자의 이미지는, “키는 5피트가 안 되고 머리는 유난히 큰 데다 가슴은 납짝하고 골격은 극도로 약했으며 근력은 더욱 빈약”이라고 당시의 사람이 기술한 칸트의 모습과는 도저히 어울리지 않는다. 칸트는 쾌활한 사교가로 가장하려고 상당한 노력을 한 것이 아닌가 라고 생각된다. 그래서 깨닫게 되는 것이 당시의 사람들이 전하는 칸트의 모습은 모두 6, 70대 무렵이라는 사실이다.

나는 젊은 시절의 칸트가 쾌활한 사교가였다고는 도저히 생각되지 않는다. 우리들이 소크라테스의 젊은 시절을 알 수 없는 것처럼, 청년 시절에서 장년 시절의 칸트의 개성에 대해서는 거의 아무것도 모른다는 것이다. “칸트를 단순히 그 저작물이나 강의로 밖에 알지 못하는 사람은 칸트를 반밖에는 알지 못한다.”고 일컬어지는데 다시 말하면, 만년의 칸트밖에 모르는 사람은 칸트의 반 밖에는 알지 못한다고 할 수 있다.

칸트는 인간에 대해 눈뜨기 시작함과 동시에 자신의 세계를 바깥을 향해 열려고 했던 것이다. ‘루소 체험’을 한 이후 칸트의 교육 범위가 갑자기 확대된 것도 그것을 입증하는 하나의 증거이다. 내가 말하고 싶은 것은 칸트도 인간과 세계를 향하여 자기 자신을 계몽, 계발하고 새로운 자기를 ‘발견’했다는 사실이다. 이와 같은 개발과 발견 없이는 칸트의 비판철학도 있을 수 없었을 것이다.

이른바 코페르니쿠스적 전환이란?

철학은 의문에서부터 출발한다고 앞에서 말했지만, 철학이 다루는 의문은 보기에는 단순하더라도 막상 진지하게 생각하기 시작하면 쉽게 풀 수 없는 어려운 것들 투성이다. 더구나 그것은 전문적인 철학자뿐만 아니라 모든 사람에게 공통되는 관심사이기도 하다. 예를 들면 '인간이란 무엇인가' 라는 물음이다. 이것은 갓 철들기 시작한 3, 4세의 어린아이 때부터 이미 품고 있는 생애의 큰 문제이다. 이러한 소박하고 중대한 의문에 답하려면 사람들의 눈을 뜨게 할 만한 새로운 발견이 필요하다. 과학의 경우와 마찬가지로 새로운 철학을 만드는 것은 새로운 발견이다.

칸트의 철학도 그와 같은 철학상의 발견에 의하여 만들어져 있다. 칸트 철학에 대해 이야기한다는 것은 칸트의 발견에 대해 이야기하는 것이며 칸트를 읽는다는 것은 칸트의 발견을 독자가 재발견하는 것이다. 『순수이성비판』에 의하여 칸트는 네 가지의 발견을 이룩했다는 것이 나의 견해이다. 각각 인식, 이성, 도덕 그리고 인간에 관한 발견이다.

우선 제1의 발견인데, 앞서 언급한 칸트의 네 가지의 물음을 상기해 주기 바란다. '나는 무엇을 알 수 있는가' 라는 것이 제1의 물음이었는데 그 앞에 또 하나의 물음이 있다. '나는 어떻게 해서 알 수 있는가' 라는 물음이다. 이것이 인식론이라 일컬어지는 것으로 모든 철학의 출발점이다. 철학은 결코 공상의 산물이 아니고 경험의 산물이며, 경험은 사물을 인식하는 것에서 시작하는 것이며, 이 관문을 통과하지 않고는 철학은 한 걸음도 나아가지 못한다.

  칸트 이전의 철학자는 가지각색의 인식론을 생각해냈는데, 그 인식론들은 우리들의 인식은 대상에 따라 일방적으로 규정되는 것으로 요약할 수 있다. 무엇인가를 인식한다는 것은 우리들의 마음에 투영된 대상의 모습을 의식하는 것이고 그러한 인식작용은 대상에 대해 수동적으로 작용한다고 한다.

  이것에 대하여 칸트는 대상과 인식작용과의 관계를 뒤바꾸어 우리들이 무엇을 인식하는가는 대상에 의해서가 아니라 우리들의 인식형식에 따라 결정된다고 생각하여 인식작용을 능동적인 것으로 간주한다. 이것을 약간의 철학용어를 섞어 말하면, 우리들은 우선 감성을 통해 대상에 관한 정보(칸트의 용어에서는 '자료' 라고 말한다.)를 입수한다. 종래의 견해에서 인식은 여기서 거의 완료되지만 칸트는 이 정보를 처리하기 위해 우리들에게는 '오성(悟性)' 이라는 기능이 갖추어져 있다고 생각한다. '오성' 이라는 말은 약간 어려운 용어인데 영어로는 Understanding이라고 번역된다. 이해력이라는 의미이다. 그리고 여기가 중요한 대목인데, 대상에 관한 정보를 이해하는데 있어서 오성은 일정한 범위를 미리 준비하고 있으며 그 범위는 우리가 경험을 하기 이전부터 존재하는 선천적인 것(즉 '순수'한 것)이라고 하였다.

이것이 순수오성개념(純粹悟性槪念) 혹은 범주(範疇, category)로 불리는 것으로 양이나 질, 관계, 양상 등에 관련해서 전부 12개 항목이 있다는 사실을 칸트는 확인했다. 또 칸트는 감성에도 공간과 시간이라는 순수한 형식이 있다는 사실을 발견하였다.

요컨대 사물을 인식한다는 것은, 감성을 통해 얻은 정보를 오성이 범주를 통해 종합함으로써 우리는 대상이 무엇인지 알 수 있다는 것이다. 우리들은 범주 혹은 개념이라는 것을 통하지 않

고 대상을 인식할 수 없으며 또 감성에서 주어지는 정보 없이는 아무것도 생각할 수 없다. 감성과 오성의 종합에서 비로소 인식이 성립되는 것이다.

칸트 이전의 인식론과 칸트의 인식론과의 결정적인 차이는, 칸트의 경우 감성과 오성의 선천적 형식이 인식의 내용(즉, 대상이 무엇인가에 대한 이해)을 결정한다는 데에 있다(이 점에 대해 논의하고 있는 것이 『순수이성비판』 첫 부분의 '선험적 감성론'이다).

이와 같이 인식과 대상과의 관계가 역전하게 되는데 칸트는 이것을 인식의 '코페르니쿠스적 전환'이라고 불렀다. 칸트 이전의 인식론에서 부동한 것은 대상이며 인간은 그 둘레를 돌고 있었으나 칸트 이후는 대상이 인간의 순수한 인식작용이라는 선천적이고 부동한 것의 둘레를 돌게 된 것이다. 이것이 철학사에 있어서의 칸트의 제1의 발견이었다.

그런데 이와 같은 칸트의 인식론에 대해서는 갖가지의 반론이 있다. 시간과 공간이라는 선천적인 감성의 형식이나 카테고리의 존재를 부정하는 학자도 있다. 또 카테고리의 종류는 12개 항목보다도 많다든가 적다든가 하면서 이론을 주장하는 학자도 있다. 그렇지만 이것을 대신할 만한 새로운 이론을 생각하고 있는 사람은 없다. 뉴턴 역학을 대신한 아인슈타인의 이론은 인식론의 세계에서는 아직 발견되지 않고 있다.

칸트의 제2의 발견

칸트가 살았던 18세기는 '이성(理性)의 세기'라고도 불린다. 사물을 사리에 맞게 세우고 합리적, 논리적으로 생각하는 것이 이성의 작용이다. 이것에 의해서 이 세상의 모든 일이 해결될 수 있다는 기대가 고조되고, 이러한 이성신앙(理性信仰)이 절정에 달한 것이 프랑스 혁명이다. 혁명정부는 종교와 같은 이성에 반(反)하는 것을 폐지하고 이성을 바탕으로 한 '합리적인' 달력을 만들기도 했다. 그러나 혁명이 차츰 공포정치로 옮아가는 것을 보고 사람들은 이성에 의문을 품기 시작하였다.

똑같은 일이 칸트에게도 있었다. 당시 스웨덴보르그라는 유명한 신비가(神秘家) 있었다. 그는 멀리서 일어나고 있는 일들을 투시하는 등 초능력의 소유자라고 알려져 있었는데, 칸트는 한때 이 인물에 관심을 가져 여러 가지로 조사한 적이 있었다. 그 결과 스웨덴보르그는 초능력의 소유자라고도, 또한 그렇지 않다는 것도 마찬가지로 논증할 수 있다는 것을 알게 되었다. 이 사실을 칸트는 약간은 자조적(自嘲的)인 심정으로 기술한 바 있는데 합리적인 이성이 어째서 같은 한 가지의 사실에 대하여 정반대의 결론을 도출하는가, 이것이 칸트에게는 큰 의문으로 남았다.

『순수이성비판』을 집필함에 있어 칸트가 우선 첫째로 염두에 두었던 것은 이것이었다. 이성만능주의에 대한 의문이 출발점이었고 이성의 한계를 밝히는 것이 그 목적이었다. 칸트의 제2의 발견은 이 '이성의 한계'에 관한 것인데 그 중심이 되는 것이 '이성의 이율배반'이라고 일컬어지는 것이다.

'이율배반'이란 원래는 법률용어인데 법률의 어떤 조문이 다른 조문과 모순되고 있는 상태를 가리킨다. 그러한 일이 일어나지 않도록 입법자는 세심한 주의를 다하지만 인간의 이성에 있어서 그러한 일이 있을 수 있다는 사실을 칸트는 스웨덴보르그에게서 경험한 바 있다. 칸트는 이 점에 대해 철저히 조사하려고 했다.

칸트가 우선 생각한 것은 어떠한 사항에 대해 '이율배반'이라는 기묘한 현상이 일어나는가 하는 것이었다. 그는 스스로 그것을 찾아내지 않으면 안 되었다. 왜냐하면 이제까지 그러한 일을 생각한 철학자는 한 사람도 없었기 때문이다.

칸트에게 매일의 산책은 귀중한 사색의 시간이기도 했다. 비가 내리더라도 뒤에서 하인에게 우산을 받쳐들게 하고 산책을 나갔다. '이율배반'의 주제를 발견한 것도 산책하는 도중이었다.

마침내 칸트는 네 가지의 명제를 발견했다. 그 명제란 세계의 시간적 · 공간적 무한성, 물질의 구조, 자유의 존재 그리고 신의 존재에 관한 것으로 각각에 대한 정명제(正命題)와 이것과 모순되는 반대명제가 동시에 증명될 수 있다는 것이다. 예를 들면 세계의 무한성에 대한 정명제는 '세계는 공간과 시간에 있어 무한하다.'이다.

누가 생각하더라도 이 두 가지의 명제 중 옳은 것은 한 쪽뿐이다. 그러나 칸트는 어느 쪽도 다 옳다는 것을 증명해 보여준다. 즉 두 가지의 명제는 '이율배반'의 관계에 있다는 것이다. 그리고 더욱 기묘한 것은 이번에는 양자의 명제가 모두 증명 불가능하다는 것을 증명하는 것이다. 모두가 합리적이고 논리적인 이성의 절차에 의해서이다.

'이율배반'을 논한 부분은 칸트의 모든 저서 중에서도 가장 난해한 부분이다. 여기서는 칸트 철학의 용어법과 논리가 총동원되어 독자에게는 큰 절벽을 한 걸음 한 걸음 발판을 확보하면서 기

어올라가는 것 같은 집중력이 요구된다. 이 이성의 절벽을 답파했을 때의 쾌감은 또한 각별하다. 철학서를 읽는 감동과 상쾌감이 여기에 있다.

이와 같은 깊은 사색을 통해 칸트가 발견한 사실은 무한이라든가 자유, 신의 존재라고 하는 사항은 이성의 한계 밖에 있다는 사실이었다. 이성의 세 가지 커다란 문제로서 자유와 신 그리고 불사(不死)를 앞서 거론한 바 있는데 이것은 모두 이성으로 그 존재를 증명하기란 불가능하다는 것을 알게 된 것이다. 그것들은 물자체(物自體)에 속하는 것이어서 인간에게는 인식불가능하다. 이성이 상대하는 것은 '현상'의 세계의 사항으로 한정된다 – 이것이 칸트의 제2의 발견이다.

그러나 도대체 이것이 그 만큼의 대발견일까 하고 의문을 품는 사람도 있을지 모른다. 이성의 한계를 알아낸다는 것은 반대로 말하면 이성이 무엇인가를 밝혀낸 것이나 다름 없기 때문이다. 양 끝을 알아야 비로소 물건의 정확한 길이를 알게 되는 것과 마찬가지 이치다. 이성의 극한을 확인한 것은 칸트가 최초였다. 여기서 비트겐슈타인이 『논리철학논고』의 마지막에서 말하고 있는 "말할 수 없는 것에 대해서는 침묵하지 않으면 안 된다."라고 말을 떠올리는 사람도 있겠지만 이것은 칸트가 발견한 것을 알아듣기 어려운 말로 되풀이한 데 불과한 것이다. 또 플라톤을 읽은 적이 있는 사람은 소크라테스가 사람들에게 스스로의 무지를 자각하게 한 사실을 생각하게 될지도 모른다. 칸트는 이성의 힘이 미치지 못하는 영역이 있다는 사실, 즉 이성의 무력함을 가르친 것이다.

칸트는 이성이란, 인식을 확대하거나 진리를 발견하거나 하는 적극적인 것이 아니고 인식의 한계를 알아내 오류를 방지한다는 소극적인 것으로 생각한다. 그렇지만 칸트의 복잡하고 난해한 논증을 더듬어 온 독자로서는 이것만으로는 무엇인가 부족함을 느끼게 될 것이다. 칸트 자신도 이 점을 충분히 알고 있었는지 이성은 경험의 한계를 넘어 적극적인 역할을 찾아 더욱 큰 대상으로 향하는 것이라는 사실을 이해하고 있었다. 순수이성은 '이성의 실천적 활용이라는 길', 즉 도덕의 세계로 향하게 되는 것이다.

제3의 발견

칸트는 허약한 체질이었지만 위장은 튼튼해서 죽기 몇 달 전까지 한 번도 병을 앓은 일이 없었다. "매일 아침의 배설이 규칙적이기만 하면 내 나름대로의 방식으로, 즉 허약하지만 건강합니다."라고 편지에 씌어져 있는 것처럼 유일한 걱정은 변비였다. 그래서 칸트는 친구의 권유로 설사약을 하루에 한 알씩 복용하기로 했다. 증상에 따라서는 양을 배로 늘려도 좋다는 말을 들었지만 칸트는 완고하게 약의 양을 늘리지는 않았다. 그 이유는 한 알을 두 알로 늘리면 얼마 후에는 세 알로 늘어나고 결국은 끝이 없을 것이라고 말했다. 칸트는 "하루 두 알 이상은 절대로 복용하지 말 것"이라는 격률(수칙)을 만들었다.

밤 10시 취침, 아침 5시 기상이라는 것이 일정 불변한 칸트의 습관이었다. 아침에 일어나면 바로 아침식사를 하였다. 아침식사라고 해야 두 잔의 차와 한 개비의 담배뿐이고 정식 식사는 점심 한 번뿐이었다. 규칙적인 생활과 소식이 80세까지 장수할 수 있었던 비결이었는지도 모른다. 칸트는 아침의 담배 한 개비를 대단히 즐겼는데, 이것에 대해서도 '담배는 하루에 한 개비만'이라는 격률(수칙)을 정하고 있었다. 이유는 변비약의 경우와 마찬가지이다.

칸트는 일상생활의 모든 면에 격률을 만들었는데, 이 '격률'이라는 말은 일반명사로 사용되기도 하지만 칸트 철학에서 중요한 용어이다. 이 용어에 대해서는 『실천이성비판』의 첫머리에서 정의를 내리고 있다. 칸트의 독특한 문체를 음미할 수 있도록 이 부분을 인용하기로 한다.

실천적 원칙이란, 의지의 보편적 규정을 포함하는 명제를 말한다. 그리고 이 보편적 규정에는 약간의 실천적 규칙이 종속되고 있다. 이들 실천적 원칙은 주관이 이와 같은 의지규정의 조건을 주관자 자신의 의지에만 타당하다고 간주하는 경우에는 그것이 주관적 원칙이어서 격률이라고 불린다.

어지간히 의미를 파악하기 어려운 문장인데 번역이 나빠 그런 것이 아니다. 칸트의 독일어 그 자체가 이렇게밖에 번역할 수 없도록 되어 있는 것이다. 법률처럼 사물을 오해하지 않도록 엄밀히 규정하려고 하면 아무래도 이렇게 되어버리는 것이다. 간단히 말하면 '격률이란 자신의 의지를 결정함에 있어서 주관적 규칙이다.' 혹은 더 간단히 하면 '격률이란 자신은 이렇게 하고 싶다는 말이다.'로 된다. 격률은 어디까지나 주관적인 것, 제멋대로의 것이므로 사람에 따라 가지각색이다. 칸트처럼 담배는 하루한 개비라는 격률을 정하는 사람도 있는가 하면, 담배는 피우고 싶은 만큼 피우겠다고 정하는 사람도 있다. 악인에게는 악인 나름대로 선인에게는 선인 나름대로의 격률이 있을 수 있다.

여기서 칸트가 생각한 것은 모든 사람이 따르지 않으면 안 될 객관적이고 보편적인 실천적 법칙은 없을까라는 것이다. 문제는 도덕의 내용이 아니고 도덕률 그 자체의 존재인 것이다. 그 문제에 대해 칸트는 "도덕적 법칙의 객관적 실재성은 이성이 아무리 힘을 다하여도 결코 증명되는 것은 아니다."라는 것을 분명히 한다. 그러나 존재한다는 것을 증명할 수 없다는 것이 곧 부존재가 증명되었다는 것은 아니다. 존재하는지 어떤지 알 수 없다는 것에 지나지 않는다.

그래서 어떻게 되었는가. 칸트는 그것을 발견하기로 한 것이다. 19세기말이라고 하면 독일에서도 칸트가 지금과는 비교되지 않을 만큼 널리 읽히고 있었던 시절인데 그 무렵의 독일 교과서에는 이렇게 씌어져 있었다고 한다.

"임마누엘 칸트가 정언적(正言的) 명령을 발견한 것은 어린아이일지라도 알고 있다."

이것이 제3의 발견이다. '정언적 명령' 도 역시 칸트의 철학 용어인데 그것은 이러한 의미이다. 도덕률은 일반적으로 '거짓말을 해서는 안 된다.' 라고 하는 명령법의 형태를 취하는데 그 명령법에도 '아침에 일찍 일어나고 싶다면 일찍 잠자리에 들어야 한다.' 라는 것처럼 조건이 붙는 것과 '어떠한 경우에도 거짓말을 해선 안 된다.' 라는 식의 무조건적인 것이 있다. 칸트는 전자를 '가언적(假言的) 명령', 후자를 '정언적 명령' 이라고 부르고 '정언적 명령' 만이 객관적인 실천적 법칙, 즉 도덕률이며 그와 같은 도덕률은 존재한다고 생각했다.

우리들은 존재가 증명되어 있지 않는 것이라도 그 존재를 믿는 경우가 있다. 예를 들면 우주인이다. 칸트는 도덕률의 존재를 우주인의 존재를 믿는 것과 마찬가지로 믿고 있었던 사실을 다음과 같은 흥미로운 문장에서 알 수 있다.

우리들에게 보이는 행성 가운데 적어도 어느 하나에는 주민이 살고 있다는 사실에 나는 전재산을 걸고 싶다고까지 생각하고 있다. 즉 내가 말하고 싶은 것은, 지구 이외의 세계에도 거주자가 있다고 하는 것은 단순한 의견이 아니라 확고한 신념이라는 사실이다.

이와 같은 '확고한 신념' 에 의하여 칸트는 '정언적 명령', 즉 도덕률의 존재를 믿었던 것이다. 그리고 더욱 흥미로운 것은 도덕률의 존재를 믿기 때문에 앞서 언급한 순수이성의 세 가지 큰 과제인 신과 불사 그리고 자유의 존재를 믿을 수 있다고 말했다는 점이다. 칸트에게 있어 신이나 불사의 존재는 신앙의 문제였다.

도스토예프스키는 『카라마조프의 형제』에서 "신이 없다면 모두는 용서받는다."라고 말했는데 그에게 있어서 도덕을 떠받치고 있는 것은 신의 존재였다. 이것에 대해 칸트는 신의 존재를 보증하고 있는 것은 우리들 인간의 도덕관이라고 말한다. 여기에서 신 대신에 인간이 최상위에 서게 되어 교회의 권위는 중대한 도전을 받게 된다.

이 때문에 칸트의 철학 강의가 금지된 적도 있다. '정언적 명령'을 발견한 칸트는 다음과 같은 실천적 법칙을 우리들에게 명령한다.

"네 의지의 격률이 네 자신에게뿐만 아니라 항상 동시에 보편적 입법의 원리로서 타당하게끔 행하라."

이것은 "마음이 바라는 바를 따를지라도 도리를 벗어나지 않는다."라는 공자의 말과 거의 같은 이야기이다. 실제로 칸트의 생활은 이 명령대로였다고 동시대의 사람들은 증언하고 있다. 칸트는 철학 그 자체가 되어버린 생활, 생활 그 자체가 되어버린 철학을 실천한 인간이었다.

칸트의 제4의 발견, 즉 '인간이란 무엇인가'라는 물음에 대한 답은 앞서 말한 인간의 계몽 혹은 개발이라고 하는 것과 관계된다. 이제까지 언급해 온 것처럼, 『순수이성비판』은 이성의 한계를 검토한다는 동기에서 출발하여 그 목적을 이룩한 후 이성의 적극적 역할을 찾아 도덕의 세계를 발견했다. 그리고 처음에는 철학의 명제라고 생각되었던 신의 존재와 불사라는 문제는 신앙의 문제라는 것이 확인되었다. 그렇다고 해서 이러한 사실을 확인하는 것만으로 이성의 역할이 끝난 것은 아니다. 이성에는 그 위에 적극적이고 중요한 역할이 있을 것이다. 칸트는 그렇게 기대했다. 그 역할이란 한마디로 말하면 인간을 인도하고 높이는 것을 말한다. 인간을 인도하고 높이는 것은 인간을 '미성년 상태'에서 탈출하게 한다는 말이다. 칸트는 이 점을 여러 번이나 되풀이해서 강조하고 있다.

"인간의 내부에 있어서의 가장 위대한 혁명은 미성년 상태에서 탈출하는 일이다.", "계몽이란 인간이 자신의 미성년 상태에서 빠져나가는 일이다."

이것이야말로 바로 칸트가 말하는 '개발Kultur'의 의미인 것이다. 개발(Kultur)이란, 영어의 Culture와 거의 같은 의미이며, 원래는 '땅을 갈다'라는 말에서 나온 것이다.

인간사회에 열매를 맺는 것이 문화(Kultur)이고, 인간에게 열매를 맺는 것이 교양(Kultur)이며, 그와 같은 열매 맺음을 지향하여 이성을 일깨우는 도구가 철학이다.

칸트 자신은, '인간이란 무엇인가'에 대해 직접 답하지는 않았다. 그의 전저작물 자체가 해답이기도 한데, 내 나름대로 그것을 하나의 메시지로 요약해 보면 다음과 같다.

'인간이란 자기를 계몽, 개발해야 하는 존재이다.'

이 점에 대해서는 이미 앞에서도 언급했지만 나는 『순수이성비판』을 새삼 개관하여 이 사실을 재확인했다. 인류에게 있어 계몽시대는 아직 끝나지 않았다. 아니 영원히 끝나는 일이 없을지도 모른다. 인간은 언제나 계몽시대 한가운데에 있다. 이것이 칸트의 제4의 발견이다.

인간에게는 개발되지 않은 감각이나 능력이 틀림없이 많이 있을 것이다. 이것을 개발하는 일이 인간 삶의 의미이며 목적일지도 모른다.

칸트도 그렇게 생각하고 있었던 사실을 다음과 같은 말에서도 알 수 있다.

무릇 피조물(被造物)에 내재하는 일체의 자연적 소질은, 언젠가는 각각의 목적에 적합하면서 남김 없이 개발되도록 미리 정해져있다. 한 번도 사용되는 일이 없을 것 같은 기관(器官), 그 목적을 이룩할 수 없을 것 같은 체제(體制)는 목적론적 자연론에 있어서는 모순이다.

'목적론적 자연론'은 세 번째의 비판 철학서 『판단력 비판』의 명제인데 여기서 흥미를 끄는 것은 칸트 자신은 과연 어떠했는가 하는 점이다. 제자가 쓴 전기에 따르면 칸트는 음악을 "감관(感官)의 천진한 쾌락"으로 밖에는 보지 않았고, 회화나 조각에도 취미가 없었으며, 방에는 루소의 초상화가 꾸며져 있었을 뿐이었다고 한다. 칸트에게조차 아직 개발될 여지가 남아 있었다는 사실은 얼마나 인간의 계몽, 개발이 무한한 것인가를 잘 말해주고 있다.

여기서 새삼 머리에 떠오르는 것은 도대체 철학이란 무엇인가 하는 소박한 질문이다. 칸트에 따르면 철학이란 "일체의 인식과 인간 이성의 본질적 목적과의 관계에 관한 학문"이며, 철학자는 "인간 이성에 보편적 법칙을 부여하는 입법자"이다.

철학자는 무엇을 입법하는가. 인간을 인도하는 '이념(Idea)'을 만들어 내는 것이다. '이념'은 우리들이 경험하는 사항에 대해 그 본질을 가르쳐 주는 발견적 기능을 가지고 있다고 칸트는 말한다. 그와 같은 '발견적 기능'이 발휘된 뛰어난 예로 나는 '영원한 평화론'을 들고 싶다. 칸트는 『영원한 평화를 위하여』를 비롯한 일련의 논문에서 현대를 내다보는 것 같은 대담하고 획기적인 제안을 하였다. 칸트는 지금으로부터 200년 전에 국제연합의 설립을 제창했고, "이른바 유럽 열강 사이의 힘의 균형에 바탕한 항구적인 평화 따위는 하나의 망상에 불과하다."고 단정하고 있다. 칸트의 이데아리스무스(Idealismus)는 보통 '관념론'이라고 번역되는데, 이것은 오히려 '이념주의' 혹은 '이상주의'로 해석해야 할 경우도 많다.

두뇌를 질풍노도 속에 내걸다

이제까지 『순수이성비판』을 중심으로 칸트의 네 가지 발견에 대해 말해 왔는데, 나는 이 '4'라는 수에 구애받을 생각은 없다. 다시 한 번 읽어보면 다섯 가지를 발견할 지도 모르고 사람에 따라서는 일곱 가지를 발견할 지도 알 수 없다. 이 책을 생애에 15회나 읽었다는 학자도 있는데 그는 아마 더 많은 것을 발견했을 것이다. 어쨌든 이미 언급한 것처럼 철학서를 읽는 의미는 그 철학자가 세계를 향해 어떠한 발견을 하고, 보고를 하고 있는가를 파악하는데 있다. 저자가 발견한 것을 독자가 재발견한다 – 이것이 책을 읽는 것이다.

그러나 철학의 경우 발견 그 자체는 결코 지식이 아니라는 사실을 주의해 두고 싶다. 예를 들면 '이성의 이율배반'은 그 결론만을 한 행의 문장으로 요약할 수도 있다. 그러나 우리들은 한 줄의 요약을 위해 칸트를 읽는 것은 아니다. 칸트가 스스로 문제를 찾아내고 이것을 해결하기 위해 겪었던 사고의 악전고투를 함께 체험하고, 우리들의 두뇌를 사고의 질풍노도 속에 내거는 것에 칸트를 읽는 진정한 의미가 있다.

철학이 상대하는 것은 지식이 아니고 지혜이다. 철학(philosophy)은 지혜를 기르는 일이라는 의미이다. 우리들은 지식은 배울 수 있으나, 지혜를 배울 수는 없다. 지혜는 체험해서 몸에 붙일 수밖에 없다. 칸트는 철학자와 '이성의 기술자'를 구별한다. 수학자나 물리학자, 논리학자는 '이성의 기술자'여서 그들의 학문은 배울 수 있다. 왜냐하면 그것들은 지식이기 때문이다. 그런데 철학은 결코 배울 수 없다. 우리들이 칸트를 읽고 배울 수 있는 것은 철학한다는 것(philosophiren)뿐이다. 철학한다는 것이란 어떤 것인가. 사물을 깊이 생각한다는 것을 말한다. 이 이상 간단하게도 복잡하게도 말할 수 없다. 실로 단순하다면 단순한 것인데 이것이 얼마나 어려운 것인가는 플라톤을 조금이라도 펼쳐 보면 바로 알 수 있다.

테오프라스토스라든가 알키비아데스라든가 하는 혈기와 지성에 넘친 젊은이들도 노련한 소크라테스에 걸리면 무엇 하나 사리에 맞는 말을 못하게 되어 버린다. 아테네의 젊은이들이 심술궂은 소크라테스를 통해 배운 것은 선입관이나 편견으로부터의 해방, 사고를 통한 자기 체험, 그리고 이성에 대한 자각이었다. 이것은 칸트의 독자에게도 그대로 들어맞을 것이다. 칸트를 읽고 난 후에 '공덕'이라는 것이 있다면 이러한 일이야말로 가장 좋은 '공덕'이 될 것임에 틀림없다. 칸트는 절대로 바닥을 드러내는 일이 없는 '철학의 바다'이다. 용감하게 출범하면 반드시 무엇인가를 얻을 수 있을 것이다. 칸트는 이미 모두 읽혀진 것이 아닌가 하는 걱정은 아무 소용없는 일이다. 1803년 칸트가 세상을 떠나기 1년 전에 태어난 미국의 사상가이며 칸트주의자인 에머슨은 다음과 같이 말하고 있다.

예를 들면 유능한 사람이 웨르기리우스를 읽고 있는 것을 보았다고 하자. 책이란 천인천태(千人千態)의 읽는 방법이 있기 마련이다. 시험삼아 그 책을 자네의 양손에 들고 눈이 멀게 될 때까지 읽어 보라. 내가 이해한 것을 자네가 이해하는 일은 절대로 없을 테니.

『에머슨 논문집』중에서

자신의 눈으로 보고, 그리고 모든 것을 철저하게 검토하는 일 – 이것이 칸트의 좌우명이었다.

Chapter 4 이성이 세계를 지배한다

Georg Wilhelm Friedrich Hegel

헤겔 *Georg Wilhelm Friedrich Hegel 1770 ~ 1831*

　　독일의 철학자. 슈투트가르트(Stuttgart) 출생. 튀빙겐대학에서 셸링과 함께 칸트철학 및 루터 신학을 배웠다. 1793년에서 1800년까지 베른과 프랑크푸르트에서 가정교사로 지냈으며, 1801년 예나대학의 강사로 있을 때 『정신현상학』을 완성했다. 1878년 피히테의 후임으로 베를린대학의 철학 강좌를 맡았고, 1821년 법률·도덕·국가의 문제를 체계적으로 다룬 『법철학강요』를 썼다. 1830년 베를린대학 총장으로 취임했고 그 이듬해 논리학 개정판을 집필하던 중 콜레라에 걸려 사망했다. 헤겔철학의 입장은 절대적 관념론이다. 그의 철학은 피히테의 주관적 관념론과 셸링의 객관적 관념론의 모순대립을 매개하여 종합·완성시킨 것이다.

이성이 세계를 지배한다

어느 러시아 귀족이 헤겔 철학을 배우기 위해 하이델베르크까지 찾아간 적이 있었다. 이 귀족은 하이델베르크 대학의 교수를 하고 있었던 헤겔에게 면회를 신청했는데 앞에 나타난 철학자가 시원치 못한 풍채에다 순진하고 말재주가 없는 인물인 것에 우선 놀랐다. 다소 불만족스러웠던 러시아 귀족은 헤겔의 저서를 구입하여 즉시 읽기 시작했다. 그런데 아무리 읽어보아도 전혀 이해할 수가 없었다. 하나의 문장에 대해 몇 시간이나 머리를 짜도 무엇 하나 이해할 수 없다는 것을 발견할 뿐이었다. 그래도 포기하지 않고 헤겔의 강의를 들으려고 출석해서 열심히 노트했으나 자기 자신도 무엇을 쓰고 있는지조차 알 수가 없었다.

보통의 귀족이라면 이쯤에서 러시아로 되돌아갔을 것이다. 그러나 그는 다시 헤겔에게 면회를 신청하여 어떻게 하면 그의 철학을 이해할 수 있는지에 대해 가르쳐 달라고 부탁했다. 헤겔의 지시대로 공부를 계속한 결과 처음에는 수수께끼의 연속으로 밖에는 보이지 않았던 철학을 이해하게 되었고 마침내 헤겔의 최초의 제자 중 한 사람으로 유명하게 되었다.

　이 러시아 귀족의 체험은 현대의 우리들이 처음으로 헤겔을 접할 때 받는 인상과 매우 비슷하다. 나 자신도 처음 헤겔을 읽었을 때 어찌할 바를 모른다는 느낌이란 이런 것인가라는 생각을 자주 했었다. 예를 들면 헤겔은 이런 식으로 글을 쓴다.

순수한 유(有)는 순수한 추상(抽象), 따라서 절대적으로 부정적인 것이며 이것은 마찬가지로 직접적으로 취하면 무(無)이다. 무는 이와 같이 직접적인 것, 자기 자신과 같은 것이므로 반대로 또 유와 같은 것이다. 따라서 유 및 무의 진리는 양자의 통일이며 이 통일이 생성(生成)이다.

　이런 문장을 만나게 되면 대개의 사람은 머리를 감싸쥘 것이다. 그리고 어지간한 향학심과 인내력이 없이는 한 걸음도 앞으로 나아갈 생각이 나지 않을 것이다.

　확실히 서양의 역대 철학자 중에서 가장 난해한 철학자를 들라고 하면 헤겔이 틀림없고, 그 난해함 때문에 헤겔의 이름을 듣는 것만으로 얼굴을 찌푸리는 사람도 많다. 더구나 헤겔에 관한 '나쁜 소문'이 퍼져 있는데 이른바 '어용철학자', '프러시아의 사상적 파수보는 개', '국가 공인철학' 혹은 '나치즘의 선구자'라고 하는 말들이다.

  그러나 아무리 난해하다고 하더라도 인간이 생각한 것을 인간이 이해 못할 리가 없다. 난해함을 참고 견디어 이것을 극복하면 헤겔이 말하고자 하는 바가 뜻밖에 이해하기 쉬운 것이라는 사실을 깨닫게 될 것이다. 또 그에 대한 '나쁜 소문'도 모두 근거 없는 것들이다. 지금에 와서 헤겔 철학은 현대철학에 가장 큰 영향을 주고 있다는 평가가 보편화되고 있으며, 또 헤겔을 무시하고는 철학에 관해 아무런 이야기도 할 수 없다는 것이 오늘날 철학계의 상황인 것 같다. 더욱이 헤겔이 전문적인 철학 연구자만이 다룰 수 있는 문제들만 다룬 것은 아니다. 이 세계가 무엇이며, 인간의 삶에 어떠한 의미가 있는가 하는, 모든 사람에게 있는 관심사를 둘러싸고 이 철학자는 강력한 주장을 하고 있는 것이다.

어떤 철학자도 철학자이기 이전에 우선 현실의 생활을 영위하는 한 사람의 구체적인 인간이다.

헤겔(Georg Wilhelm Friedrich Hegel: 1770~1831)의 경우 그 생활이나 개성 등은 있든 없든 상관없는 부록처럼 간주되어 온 느낌이 있다. 대개의 연구자는 그 생애를 몇 줄의 글로 요약하고 이렇다 할 만한 아무런 사건도 일어나지 않았던 인생인 것처럼 서술한다. 그러나 그와 같은 그들이 말하는 평범한 인생에서 철학이 태어난다고 믿기는 어렵다.

우선 언급해두는 것이 좋겠다고 생각되는 것은 헤겔은 결혼한 철학자라는 사실이다. 결혼한다는 것은 철학자 사이에서는 대단히 드문 일이다. 데카르트, 파스칼, 칸트, 키에르케고르, 니체 등은 모두 독신으로 생애를 마친 사람들이다. 역시 독신으로 생애를 마친 영국의 철학자 프란시스 베이컨은 "가장 좋은 업적은 결혼하지 않는 사람들에게서 태어난다."라고 독신주의를 찬미했다. 이것에 대해 헤겔은 결혼하더라도 훌륭한 일을 할 수 있다는 사실을 입증해보인 예였다.

헤겔은 나이 41세 때 스물 한 살이나 연하인 귀족의 딸과 결혼했는데 그때 "한 사람의 사랑하는 아내를 얻음으로 나의 지상에서의 목표는 달성되었습니다."라고 편지에 썼을 만큼 행복해 하였다. 헤겔은 그 후 두 아이를 얻었고 장남은 역사학자가 되었다.

그런데 사실은 이 외에도 또 한 사람, 결혼하기 4년 전 하숙집 여주인과의 사이에서 태어난 아이가 있었다. 헤겔에게 사생아가 있었다는 사실도 철학자의 인간적 측면을 엿볼 수 있어 흥미롭다. 그 사생아의 이름은 루드비히였는데 후에 헤겔은 그를 데리고 와 배다른 동생들과 함께 키웠다. 헤겔에게 있어서 고민거리였던 그는 곧 남의 집에 보내졌는데 각지를 전전하다가 네덜란드 군대에 들어갔다. 아버지를 원망하는 듯한 편지를 남기고 멀리 인도네시아 땅에서 전사했다.

그런데 결혼한 헤겔이 우선 처음에 시작한 것은 가계부를 기록하는 일이었다. 당시의 유럽에서는 한 집안의 가장이 가계부를 기록하는 것이 극히 당연한 관습이었는지, 그렇지 않으면 드문 일이었는지는 분명치 않지만 어쨌든 가계부를 기록하는 철학자란 약간 예상 밖의 이미지이긴 하다. 죽기 전까지 매일 기입한 가계부는 지금도 남아 있으며 거기에는 집세나 가정부에게 지급한 급료, 매주 아내에게 건네준 금액, 와인(포도주)을 구입한 상황 등이 상세히 기록되어 있다. 그것에 의하면 헤겔은 와인을 꽤나 즐겨 마시고 있었다는 사실, 또 복권을 정기적으로 구입하고 있었던 사실 등도 알 수 있다.

그러나 여기서 헤겔이 가계부를 기록한 사실과 그의 철학과 도대체 어떤 관계가 있는가 라는 질문이 나올지도 모른다.

이 점에 대해 나는 가계부와 철학은 분명 관계가 있다고 대답하고 싶다. 헤겔의 철학에는 뒤에 언급할 예정이지만 가계부를 적는 사나이의 현실주의라는 것이 틀림없이 있었다는 걸 짐작하게 한다.

그것은 그렇다 하고 처음에 말한 러시아 귀족의 이야기에서도 엿볼 수 있듯이 헤겔의 외양은 결코 훌륭하지 않았다. 160㎝가 안 되는 신장에 말재주 없는 까다로운 성격의 대학교수에다 생기 없

는 표정을 짓고 있었다고 말하는, 같은 시절을 함께 보낸 사람의 증언도 있다. 대학 시절의 친구들은 그에게 '노인'이라는 별명을 붙여 주었는데 후일 전 독일에 울려퍼지는 헤겔의 명성을 듣고 누구 한 사람 그가 그렇게 될 것이라고 생각해 본 적이 없었다고 전해지고 있다.

이렇게 보면 이 철학자에 어울리는 빛깔은 무엇보다도 회색이라는 데에 납득이 갈 것이다. 헤겔은 10년을 한결같이 회색 상의와 회색 하의를 몸에 걸치고 거리를 산책하였는데 그 모양은 어딘지 모르게 칸트와 비슷한 점이 있었다.

확실히 헤겔과 칸트는 비슷하다고 생각하기 쉬운데 실제로는 그들의 철학은 물론 일상의 생활도 매우 대조적이다.

예를 들면 음악이나 미술에 거의 관심이 없었던 칸트와는 달리, 헤겔은 모차르트나 롯시니를 듣기 위해서는 여비를 아깝게 생각하지 않을 정도로 열광적인 오페라 팬이었고, 또 언제나 자신이 좋아하는 여배우에게 꽃다발을 보내고 싶어하는 연극 팬이었다. 한 장의 그림을 직접 보기 위해서는 여행 도중에 마을에서 멀리 떨어진 옛 성까지 들르는 미술 애호가이기도 했다. 풍류를 즐겼다고 할 수는 없지만 예상외로 멋스러운 취미를 가졌던 것이다. 또 한 개비의 담배만 피우기로 한 칸트와는 대조적으로 헤겔은 담배를 피우면서 강의를 할 정도로 애연가였다.

이와 같은 사정으로 보자면 앞에서 인용한 수수께끼와 같은 문장을 쓰는 철학자도 결코 괴짜거나 색다른 사람이 아니라 모차르트를 들으면 순진하게 감동하는 보통 인간의 감성을 갖추고 있었다는 사실을 알 수 있다.

정신세계의 대여행

그런데 칸트와의 비교에서 한 가지 중요한 점을 말해 둘 필요가 있다. 칸트는 생애에 걸쳐 고향을 떠난 적이 없는 정주형(定住型)의 인물이었으나 헤겔은 독일의 각지를 전전한 편력의 철학자였다.

그가 편력한 흔적을 더듬어 보면 재무관(財務官)의 장남으로 독일 남부의 슈투트가르트(Stuttgart)에서 태어났고(세 형제 중 장남), 튀빙겐(Tubingen)대학을 졸업한 후 스위스의 베른과 프랑크푸르트에서 가정교사를 했다.

그 후 겨우 예나(Jena)에서 대학교수의 자격을 얻어 사강사(私講師) 자리를 얻을 수 있었는데 이때 이미 그의 나이 30세였다. 앞서 말한 것처럼 하숙집 여주인과의 사이에 아이를 만든 것도 주요 저서인 『정신현상학』을 완성한 것도 또 나폴레옹이 거리를 기마 행진하는 것을 목격하고 "세계의 정신이 간다."라고 말한 것도 이 예나 시절의 일이다.

헤겔의 목표는 대학의 철학교수가 되는 것이었는데, 좀처럼 그 기회는 찾아오지 않았다. 예나에 사생아를 남겨두고 헤겔은 『밤베르거 차이퉁 Bamberger Zeitung』의 편집을 1년 간 맡다가 뉘른베르크의 김나지움(Gymnasium, 독일의 국립중등학교)의 교장이 되어 학생들에게 철학을 가르치게 되었다. 이곳에서 철학자는 결혼하고 이제부터는 처자를 거느리고 편력하게 된다. 여기서 두 번째 주요저서인 『대논리학』을 돈 때문에 서둘러 완성시켜 하이델베르크에서 간신히 소원이던 대학교수로 취임할 수 있었다. 이때 헤겔은 나이 46세가 되어 있었다. 튀빙겐 대학 시절의 동급생인 셸링이 헤겔 나이의 절반인 23세의 젊은 나이로 대학교수가 된 것에 비하면 대단히 늦은 걸음이다.

그러나 여기서부터 헤겔의 경력은 급상승하여 베를린 대학의 철학교수로 초빙되고 그의 명성은 그때까지 울려 퍼지고 있었던 셸링을 압도하게 되었다. 그리고 59세 때 베를린 대학의 총장에 취임했다. 이와 같이 여러 곳을 전전하며 경력을 쌓은 헤겔의 인생은 그의 철학 내용과 깊은 관계가 있다.

헤겔의 주요 저서인『정신현상학』이 동서고금의 철학서 중에서도 특히 난해한 것으로 알려져 있는데 만년에 헤겔은 스스로 이 책에 대해 "자기 발견의 여행"이라고 부르고, 호머의 『오디세이아』와 비교하고 있는 것이 해명의 유력한 실마리가 될 것 같다. 『오디세이아』는 잘 알려진 것처럼 트로이 전쟁에 출전한 그리스의 영웅 오디세우스가 각지를 편력하고, 갖가지의 시련과 이상한 체험을 거쳐 고향에 돌아온다는 이야기이다.

헤겔 자신은 고향에 돌아가는 일은 없었으나 『오디세이아』와 비교해서 말한다면 그가 묘사하고자 한 것은 말하자면 '정신의 고향'에의 귀환이 아니었을까 하는 가상(假想)이 성립된다. 『정신 현상학』의 부제는 '의식 경험의 학'이며 정신세계에 있어서의 대여행에 대해 말하려 한 것이다. 그렇지만 이것은 머뭇거리다가는 미아가 될 것 같은 여행기인데다가 헤겔의 독특한 용어들로 기술되어 있기 때문에 독자는 오리무중의 상태에 놓여 있는 듯한 기분을 자주 맛보게 된다. 이러한 경우 미아가 되지 않기 위해서는 지향하는 목적지를 처음에 단단히 확인해 둘 필요가 있다. 헤겔은 이 점에 대해 그로서는 평이한 문장으로 다음과 같이 말한다.

영혼이 스스로의 본성에 의해 미리 설정되어 있는 역(驛)으로서의 자기의 일련의 형태를 편력(遍歷)하고, 그 결과 자기 자신을 남김없이 완전히 경험함으로써 자기가 본래 자기 자신에 있어 무엇인가 하는 것에 대한 지(知)에 도달해서 정신에까지 순화(純化)되는 행정(行程)이다.

여기에는 역에서 역으로 말을 바꾸어 타고 세계를 뛰어 돌아다니는 여행자의 이미지가 있으며 여행을 좋아했던 헤겔의 면목이 잘 나타나 있다. 어떤 전기작가는 헤겔이 '여행열'에 사로잡혀 유럽의 각지에 발자취를 남기고 있는 사실을 기술하였는데, 여기서 기술되어 있는 것과 같은 정신세계의 편력(遍歷)과 자기경험이야말로 사실은 헤겔에게 있어서는 철학 그 자체였다.

철학의 자리(場)와 내용은 추상적인 것 혹은 비현실적인 것이 아니라, 현실적인 것, 자기 자신을 정립(定立)하는 것, 내적인 생명을 갖는 것이며, 자신의 개념에 있어 현재 존재하는 것을 말한다. 철학의 자리(場)란 자기의 여러 계기(契機)를 만들게 하고, 이것들을 편력하는 과정이며 이와 같은 운동 전체가 긍정적인 것과 진리를 완성시키는 것이다.

여기에는 헤겔의 독특한 용어법(用語法)이 몇 군데 등장하고 있다. "자기 자신을 정립(定立)하는 것"이란 자율적으로 존재하는 것을 말하며 생명이 있는 것과 같은 뜻이라고 생각해도 상관없다. 그런 것이 철학의 대상이며, 철학의 내용이라고 말하고 있는 것이다. 또 "여러 계기"도 헤겔이 즐겨 쓰는 표현인데 사물이 발전하거나 인간이 성장하거나 하는 경우의 갖가지 단계나 상태를 의미하며 앞에서 인용한 문장에서는 "역(驛)"이 이것에 해당된다.

이와 같이 헤겔이 지향하는 목적지를 알고 나서 읽으면 이 "여러 계기(契機, momente)"라는 것이 헤겔 철학의 수수께끼를 푸는 유력한 실마리라는 것을 차츰 알게 된다. 『정신현상학』은 간단히 말하면 인간의 의식이 어떠한 "여러 계기"를 통해서 자기 자신을 알게 되는가 하는 이야기이다.

먼저 의식은 감각이나 지각에서 출발하여 자기 의식을 자각하고 자아(自我)의 존재를 알게 된다. 이 자기 의식은 자신에 대해서는 알고 있지만 바깥세계의 지독함을 모른다. 인간의 성장과정에 비유하면 미성년의 시기에 해당한다. 그리고 자기에게 대립하는 세계의 벽을 느끼고 세계 속에서 살아가지 않으면 안 되는 자신을 자각할 때 이성의 단계에 도달한다. 인간으로서 한 사람 몫을 할 수 있는 단계이다. 헤겔의 말에 따르면 "자기 자신을 자신의 세계로서 또 세계를 자기 자신으로서 의식하는 상태가 이성이며 정신이다." (헤겔은 이성과 정신을 거의 같은 뜻으로 사용한다.)

이와 같은 이성 혹은 정신에도 몇 단계가 있어서 그 최고의 것을 헤겔은 "절대지(絕對知)"라고 말하고 있는데 그 의미는 매우 난해하다. 헤겔은 이렇게 말하고 있다.

절대지란, 스스로 완전하고 남김없는 내용에 자기라는 형식을 부여하고, 이렇게 함으로써 자신의 개념을 실현함과 동시에 이렇게 실현하는 것에 있어서 자신의 개념 속에 머물고 있는 정신이다. 이것은 자기를 정신의 형태에 있어서 아는 정신이며 바꾸어 말하면 개념적으로 파악하는 '지(知)'이다.

완전히 갈피를 잡을 수 없는 문장인데, 그 책임은 헤겔이 제멋대로의 말을 구사하는 데에 있다. 헤겔의 철학을 이해한다는 것은 헤겔의 독특한 용어법에 익숙해지는 일이라고 말해도 좋을 것이다. 이 문장의 포인트는 '개념'이라는 말의 용어법에 있다. 일반적으로 '개념'이라는 용어는 사물의 내용을 의미하는데 헤겔은 이것을 "사물의 본래의 모습"이라는 의미로 사용하고 있다. 이와 같은 용어 사용에 대한 헤겔 자신의 설명이 있는 것도 아니며, 그의 저작물 전체 속에서 대조해야 비로소 의미를 알 수 있는 상태여서 독자에 대해 불친절하기 짝이 없다. 그건 그렇다 하더라도 '개념'을 이렇게 해석하면 헤겔이 말하고자 하는 점도 이해할 수 있을 것이다. 쉬운 문장으로 바꾸자면 절대지(絶對知)란 자신의 본래의 모습을 완전히 알고 그것을 완전히 실현한 상태를 뜻한다. 그것이 앞에서 서술한 '정신의 고향'에 해당된다고 생각하면 된다.

의식의 발달과정인 감각적 의식에서 절대지(絶對知)에 이르는 과정은 사람이 이 세상에 태어나서 성장을 거쳐 자기와 세계를 알게되고, 지혜와 분별을 지니면서 완전한 인간이 되고자 하는 인간의 형성 발전에 대한 단계인 것이다. 헤겔이 『정신현상학』에서 말하고자 한 것은 그러한 인간의 형성 발전(bildung)의 가능성이며, 이것이야말로 모든 인간에게 있어서 인생이라는 여행이 목적이라고 말하고 있는 것이다. 이것이 헤겔이 지금까지도 우리들에게 계속 들려주고 있는 제1의 메시지이다.

프랑스 혁명에 축배를!

여행 이미지에서 시작된 헤겔 철학의 해석에 있어서 흥미를 갖는 것은, 그가 여행 도중에 어떠한 사건이나 인물을 만나 어떠한 영향을 받았는가 하는 사실이다. 그는 철학은 시대의 산물이라고 말하고 있다. 그의 철학도 여행에서 얻은 체험의 산물인 것에 틀림없다.

헤겔이 부딪친 최대의 사건이라면 우선 무엇보다도 1789년의 프랑스 혁명을 들 수 있다. 이 사건에 냉정한 태도를 취했던 영국인들에 비해 독일 지식인들은 열렬한 심정으로 이것을 받아들였다. 당시 튀빙겐 대학의 학생이었던 헤겔도 그 중 한 사람이었고, 프랑스 혁명에 관련된 책을 읽는 비밀 클럽을 만들거나 혁명을 기념하기 위해 '자유의 나무'를 심고 그 밑에서 혁명가를 부르면서 춤을 추었다고 전해지고 있다.

혁명에 심취하는 것은 젊은이에게 흔히 있을 수 있는 일이지만 헤겔이 프랑스 혁명에 보내는 정열은 그의 생애를 통해 식은 적이 없었다. 베를린 대학의 교수로 취임 후에도 매년 7월 14일의 혁명기념일에는 언제나 학생들과 축배를 들었고, 56세 때 처음으로 파리를 여행했을 때에는 프랑스 혁명을 기념할 만한 장소를 찾아서는 감격했으며, 추방당해 러시아 정부의 감시 하에 놓여 있었던 이전 혁명정부의 요인인 라자르 카르노를 일부러 방문하였고, 그 모양을 감동적인 문장으로 아내에게 편지에 적어 보냈을 정도이다.

지금에 와서는 헤겔을 프랑스 혁명의 정신을 이어받은 철학자라고 보는 견해가 유력하다. 헤겔의 프랑스 혁명에 대한 관심은 보통이 아니었는데 만년에 한 역사철학의 강의에서 그는 이런 식으로 말하고 있다.

우리들은 인간이 머리 위에, 즉 사상 위에 서고 사상을 바탕으로 현실세

142

계를 쌓아올리게 되리라고는 꿈에도 예상치 못하였다. 아낙사고라스는 이성이 세계를 지배한다는 것을 주장한 최초의 사람이었다. 그러나 인간은 이제야 비로소 사상이 정신적 현실세계를 지배해야 한다는 것을 인식하는 단계에까지 도달한 것이다. 그런 의미에서 이것은 빛나는 해돋이였다. 사유(思惟)를 가진 모든 사람은 함께 이 신기원을 축하했다. 숭고한 감격이 이 시대를 지배하고 정신의 열광은 마치 신적인 것과 세계와의 실제의 융화가 여기에 비로소 성취된 것처럼 세계를 뒤흔들었던 것이다.

헤겔의 문장은 대체로 무미건조해서 마치 화학실험을 서술하는 것과 같은 것뿐인데, 이것은 드물게도 감격스런 문장이다. 학생 시절에 프랑스 혁명에 열광했을 때의 기분이 그대로 전해지고 있는 듯한 인상을 받게 된다.

그런데 여기에 기술되고 있는 "이성이 세계를 지배한다."는 사상이야말로 사실은 헤겔 철학의 중심이다. 헤겔 철학을 한 문장으로 요약한다면 이것이 가장 어울리는 문장일 것이다. 『역사철학』의 서론에는 "철학이 제공하는 유일한 사상은 이성이 세계를 지배한다는 것, 따라서 세계사에 있어서도 또 일체는 이성적으로 행해져 왔다고 하는 단순한 이성의 사상이다."라고 서술되어 있다. 헤겔은 '단순'이라고 말하고 있지만, 그러나 이성이란 무엇인가에 답하는 것은 대단히 어렵다. 인간의 형성 발전의 한 단계로서의 이성에 대해서는 이미 말했는데, 여기서 말하고 있는 것은 다른 의미이다. 여러 부분에서 '이성이란 무엇인가'를 생각하는 것이 헤겔의 철학이라고 말해도 좋은데 여기서는 다음과 같은 정의가 어울린다.

이성은 실체(實體)이다. 즉 이성은 모든 현실의 존재와 존립의 근거이며 지반(地盤)이다. 요컨대 이성은 무한한 힘이다.

위의 설명대로라면 이성은 전지전능하신 신과 같은 것으로도 생각된다. 헤겔은 어원(語源)에서 이성(vernunft)이란 신의 조화를 알아듣는 것(das vernehmen)이라고도 말한다.

여기서 내가 연상하는 것은 약간 비약적이긴 하지만 신약성서 요한복음서의 첫머리 부분이다. 거기에는 "처음에 로고스가 있었다."라고 기록되어 있다. "로고스"는 보통 '말씀'이라고 번역되고 있는데, 괴테의 『파우스트』에는 이것을 어떻게 번역할 것인가 하고 파우스트가 골몰히 생각하는 장면이 있다. 파우스트는 여러 가지를 생각한 끝에 '행동'이라고 번역했다. 이 요한복음서대로 한다면 필경 헤겔은 이렇게 번역했을 것이다.

"처음에 이성이 있었다."

헤겔 자신이 "로고스"를 이성이라고 번역하려고 생각해 본 적이 있었는지 어떤지는 알 수 없지만 이러한 시각에서 요한복음서의 첫머리를 다시 읽어보면 대단히 흥미로운 사실을 깨닫게 될 것이다. "로고스"를 이성과 바꿔 놓고 보면 다음과 같이 된다.

처음에 이성이 있었다. 이성은 신과 함께 있으며 이성은 신이었다. 이 이성은 처음에 신과 함께 있었으며 만물은 이것에 의해 생성되고 생성된

144

것 어느 하나라도 이것에 의하여 생성되지 않은 것은 없다.

　이것은 놀랍게도 헤겔의 사상 그 자체이다. 오히려 헤겔은 요한복음서의 첫 대목에서 영감을 받아 자신의 철학을 완성했다고 말해도 좋을 정도이다.

　헤겔의 역사철학에는 처음에 이성이 있고 이성이 세계를 지배한다고 하는 그의 중심사상이 가장 잘 나타나 있다. 그는 역사를 자유에 대한 의식의 확대라고 생각했다. 헤겔에 따르면 자유란 이성의 본질이며 프랑스 혁명에 의해 모든 인간에게 자유 해방의 가능성이 생겼다고 한다.

　이러한 역사철학에서 그려지는 헤겔의 세계사는 독특하다. 우선 동양세계는 인류의 유년기에 해당하며 여기서는 자유를 향수하는 것은 전제군주뿐이다. 그리스 세계에 이르러서 인류는 청년기에 이르고 '개성'이 출현하였으며, 로마시대의 성년기에 '인격'이 태어나지만 자유는 아직도 일부 사람의 것에 지나지 않는다. 그리고 게르만 세계(유럽세계)에 와서 인류는 노년기에 이르고 정신이 성숙하여 모든 사람들이 자유로워질 수 있는 조건이 형성되고 프랑스 혁명을 통해 자유는 만인의 것이 될 것이다.

　물론 헤겔은 프랑스 혁명 후에 나폴레옹 독재와 왕정복고가 있었던 사실도 알고 있으면서도 이렇게 말하고 있는 것이다. 이와 같은 도식은 너무 단순하다고 비판할 수도 있다. 그러나 중요한 것은 헤겔이 세계는 이성에 의해 지배되고, 세계사의 걸음은 자유의 실현에 있으며, 이 점에 한해서만이 이 세계는 의미가 있다고 생각한 사실이다. 이것은 헤겔의 전제임과 동시에 결론이며 그의 견해가 과연 옳은 것인지 잘못된 것인지는 헤겔을 비롯한 그 누구도 증명할 수 없다. 원래 사상의 출발점이 되는 아이디어는 증명할 수 없는 것이다. 중요한 것은 그것에 어느 정도 공감할 수 있는가 하는 것이다.

헤겔의 아이디어에 공감할 수 없는 사람은 다른 것을 준비하지 않으면 안 된다. 예를 들면 헤겔의 너무나 이성을 강조한 것에 반발이라도 하는 것처럼 쇼펜하우어는 세계는 무목적(無目的)이고 맹목적인 의지에 의해 지배되고 있다고 생각하였다. 이것도 틀림없이 하나의 아이디어이다. 그러나 이 세계가 무의미하다고 한다면 거기서 삶을 영위하는 것도 공허할 것이며, 그 누구도 그러한 세계를 바라지는 않을 것이다.

이성이 세계를 지배한다는 것은 이성이라는 무엇인가가 끊임없이 세계 속에 '의미'를 부여하고 있다는 것을 말하는 것이 아닐까. '의미'야 말로 모든 인간이 누리는 삶의 영위의 원동력인 것이다.

이러한 점에 입각해서 세계는 이성에 의해 지배되고 있다는 말을 헤겔이 우리들에게 전하는 두 번째 메시지로서 받아들여야 할 것이다.

플라톤 이래 최대의 테마

앞에서 살펴본 것처럼 프랑스 혁명은 헤겔에게 역사와 철학의 근본 원리를 생각하게 하는 계기가 되었고 그가 독일 각지를 전전하며 만난 사람들도 그의 철학에 큰 영향을 주었다. 그들에 대해 살펴보면 대단히 흥미있는 사실이 떠오른다.

맨 먼저 등장하는 사람은 유명한 시인 횔덜린이다. 헤겔과는 튀빙겐 대학 시절의 동급생이며 그의 많지 않은 친구 중 한 사람이었다.

대학 졸업 후 스위스의 베른에서 가정교사를 하고 있었던 헤겔은 횔덜린의 소개로 프랑크푸르트에 새로운 가정교사 자리를 얻어 고겔이라는 프랑크푸르트의 대상인 집에서 4년 동안을 보냈다. 프랑크푸르트에서 예나로 간 헤겔은 프로만이라는 출판업자에게 신세를 진 일이 있었다. 또 예나에서는 괴테의 추천으로 대학의 사강사(私講師)에서 조교수로 승진할 수 있었다.

다소 뜻밖의 열거 방식이기는 하지만 여기에 든 일련의 인물에서 한 가지의 공통점을 확인할 수 있다. 그것은 모두 프리메이슨 (freemason) 회원이라는 사실이다. 이 밖에도 헤겔의 주변에는 프리메이슨 회원이 많았다고 한다.

여기서 특히 의외로 생각되는 것은 일반적으로는 그다지 교류가 없었다고 생각되는 괴테와의 친밀한 관계이다. 앞에서 헤겔에게 사생이가 있었다는 사실을 말했지만 괴테는 사생아인 루드비

히를 위해 짧은 시를 쓰기도 했다. 또 그는 다른 사람을 통해 헤겔에게 경제적 원조도 하고 있었고 "나는 당신을 위해 남모르게 노력을 해왔다."는 말을 편지에 남겼다. 헤겔도 괴테에게 "나는 자신을 당신 아들의 한 사람으로 여겨도 좋을 정도입니다."라고 쓰고 있다.

두 사람 사이에는 무엇인가 비밀스러운 관계가 틀림없이 있었던 것 같고 그것은 프리메이슨이라는 결사인 것으로 짐작된다. 요컨대 헤겔은 가는 곳마다 프리메이슨의 원조와 인도를 받으면서 여행을 계속한 것이 아닌가하고 추정된다.

그런데 프리메이슨이란 무엇인가. '프리(free)'라는 것은 길드(동업조합)의 제약에서 벗어난 자유라는 의미이고 '메이슨(mason)'은 석공(石工)을 말한다. 고대 솔로몬 신전의 건설에서 연유하는 전설에까지 거슬러 올라가는 비밀결사로서 18세기 초 영국에서 결성되자 즉각 유럽에 퍼져 많은 지식인이나 정치가, 예술가들이 이에 참가했다.

프리메이슨이 얼마나 큰 힘을 갖고 있었는지에 대해서는, 프리메이슨의 존재 없이는 18세기에서 19세기에 걸친 유럽의 문화와 정치를 이야기할 수 없다는 사실을 보면 알 수 있다. 프리메이슨의 회원들을 살펴보면 다음과 같다.

프랑스에서는 몽테스키외, 볼테르, 나폴레옹, 미국에서는 초대 대통령 워싱턴, 프랭클린, 독일에서는 앞서 든 괴테와 횔덜린을 비롯한 극작가인 렛싱, 철학자인 피히테, 음악가로는 하이든, 모

148

차르트 등을 들 수 있다.

　헤겔 자신은 어떠했는가. 확실하지는 않지만 프랑스의 헤겔 연구가인 잭 돈트는 『알려지지 않는 헤겔』이라는 책 속에서 헤겔이 프리메이슨의 회원이었을 가능성을 시사하고 있다. 그의 교우 관계 등을 생각하면 충분히 있을 수 있는 일이다. 그리고 헤겔이 프리메이슨 회원이었다는 입장에서 바라보면 그의 철학도 더욱 잘 이해할 수 있다는 것을 깨닫게 된다.

프리메이슨의 목적은 합리적 사회의 건설에 있었다. 18세기 말에 독일에 만들어진 프리메이슨 결사는 인간사회를 '이성이라는 마스터 워크(Master Work)'로 완성시킬 것을 주장하고 인류의 완전한 발전과 완벽한 인간형성을 목표로 내걸었다. 한마디로 말하면 프리메이슨은 이상적인 사회, 즉 유토피아의 건설을 지향하고 있었던 것이다.

이런 유토피아 건설이 실현된 것처럼 보였던 것이 다름 아닌 프랑스 혁명이다. '자유, 평등, 박애'라는 프랑스 혁명의 선언은 프리메이슨의 신조 바로 그것이며 이 혁명 선언 그 자체도 프리메이슨의 지부에서 기초된 것이었다. 그뿐만 아니라 혁명 의회의 대의원 중 3분의 2 이상을 프리메이슨 회원들이 차지하고 있었다. 프랑스 혁명은 프리메이슨에 의한 혁명이었던 것이다.

헤겔이 프랑스 혁명을 계속 찬미한 사실이나 프리메이슨 회원이었을 가능성을 함께 생각해 볼 때 헤겔이 유토피아 사상에 공명(共鳴)하고 있었던 것을 충분히 짐작할 수 있다.

여기서 생각해 두어야 할 것은 철학자의 동기라는 문제이다. 철학과 범죄를 비교하는 것은 약간 엉뚱하지만 보통 동기 없이는 아무런 일도 행해지지 않는다는 점은 철학이나 범죄에서나 마찬가지일 것이다. 범죄가 발생한 경우 예외 없이 동기에 대한 해명을 실행한다. 철학에서도 이와 같은 방식이 적용되어야 할텐데 이제까지 연구자들은 헤겔의 감추어진 동기를 찾는 일은 잊고 있었던 것 같다. 니체가 헤겔에 대해 '본심을 감추는 문제'라고 말하고 있듯이 헤겔 자신도 스스로의 동기를 감추고 있었다라고 할 수 있다.

나의 추정으로는 유토피아 사상이야말로 헤겔의 감추어진 동기가 틀림없다고 생각된다. 그는 학생 시절 "독일에서도 혁명이 일어날 것을 나는 기대합니다."라고 편지에 쓴 적도 있으며, 횔덜린과 함께 고대 그리스의 작가를 애독하고 고대 그리스 세계의 부흥이라는 꿈을 서로 이야기한 적도 있었다. 이와 같은 유토피아에 대한 헤겔의 소망은, 연구자에 따르면 20대 후반기에는 포기하였다고는 하지만 평생에 걸쳐 프랑스 혁명을 찬미했던 사실을 생각하면 도저히 그렇게 생각되지 않는다. 헤겔에게 있어 유토피아에 대한 집념이야말로 철학의 원동력이었음은 두말 할 필요도 없다.

이런 결론을 내리자마자 즉시 깨닫게 되는 것은 사실은 유토피아 사상은 행복론과 함께 플라톤 이래 서양 철학자가 계속 생각해온 최대의 테마였다는 사실이다. 사람들에게 진정으로 호소하는 부분이 철학에 있다고 한다면 그것은 유토피아론과 행복론이다라고 말할 수 있을 것이다.

유토피아는 공상으로부터 태어나지 않는다

그렇다면 헤겔은 어떤 유토피아를 생각하고 있었던 것일까.

유토피아라고 하면 이상적인 사회제도를 머리에 떠올리는 경우가 많은데 그것만으로는 유토피아에 대한 설명이 부족하다. 헤겔이 생각하는 유토피아는 개인이 자기 자신 및 세계에 대해서 어떤 관계를 자각하는가 하는 점에서 출발한다. 유토피아란 무엇보다도 개인의 문제이며 한 사람 한 사람이 먼저 자신의 마음속에 유토피아(이상적인 상태)를 만드는 것이다.

그렇다면 자신의 마음속에 유토피아를 만든다는 것은 무엇을 말하는 것일까. 그것은 자기 자신과 친밀한 관계를 가지며 자기 자신에게 만족하는 것이다. 그러나 헤겔은 자기 의식에 눈뜨기 시작하자 인간은 자신과 서먹서먹한 관계가 된다고 생각하였다. "자기 의식은 자기를 소외하는 한에서만 무엇이 될 수 있으며, 그 한에서만 실재성(實在性)을 갖는다."

'소외'도 헤겔 철학의 중요한 용어인데 자기를 소외한다는 것은 자신을 남처럼 느낀다는 것이다. 이것은 헤겔의 지적을 기다릴 필요도 없이 철이 든 인간이라면 그 누구나 실감하는 점이다. 자신이란 무엇인가라고 생각할 때 우리들은 자신을 타인으로 보고 있는 것이다.

이러한 자기 소외는 인간에게 있어 확실히 피할 수 없는 현상이다. 그러나 자기를 항상 타인으로밖에 느낄 수 없다는 건 이상한 상태여서 그러한 상태가 언제까지나 계속되면 결국은 인격이 분열되고 정신질환에 이르게 된다. 자신이라는 것에 눈뜬 인간에게는 항상 그러한 위험이 있다고 말해도 좋을 것이다.

그렇다면 어떻게 해서 자기 소외로부터 탈출하여 새삼 자신을 자신으로서 실감하느냐 하는 문제가 남는다. 이것이야말로 헤겔 철학의 최대 테마의 하나이며 이 점에 특히 집착한 것이 키에르 케고르를 비롯한 실존주의 철학자들이다. 키에르케고르는 이 테마를 자기 주관의 세계에 깊이 빠져든다는 내향적 방향에서 생각했는데 헤겔은 객관적 세계와 자기와의 관계라는 외향적 방향으로 향했다. 헤겔은 다음과 같이 말한다.

일반적으로 인식의 목적은, 우리들에게 대치하고 있는 객관적 세계에서 그 미지성(未知性)을 벗기고 그 가운데서 자기 자신을 발견하는 데에 있다. 자기를 발견한다는 것은, 즉 객관을 우리들의 가장 내적인 자기라는 개념으로 환원하는 것을 말한다.

헤겔의 용어에 익숙해지면 이것을 일상적인 쉬운 말로 바꾸어 놓는 것도 그다지 어려운 것은 아니다. 여기서 헤겔이 말하고 있는 것은 무엇인가를 안다는 것은 항상 그 속에서 자기 자신을 발견한다는 것이고 동시에 자기 자신 속에서 그 무엇인가를 발견한다는 것을 말한다.

이 사실을 염두에 두면 "자아는 세계를 알고 있을 때 세계 속에서 자기 집처럼 편안히 지낼 수 있다."라는 헤겔의 쉬운 말도 더 한층 잘 이해할 수 있을지도 모른다. 요컨대 객관(남)의 세계를 잘 알고 그것을 통해 자기 자신까지도 잘 앎으로써 인간은 자기 소외에서 벗어날 수 있다고 말하고 있다.

이것은 주관과 객관과의 일체감을 서술한 것이라고 하면 더욱 잘 알 수 있을지도 모른다. 혹은 앞에서 말한 '절대지(絕對知)'를 상기하는 것도 좋다. '절대지'란 세계와 자기에 대해 완전하게 아는 것인데 그것이 가능하게 되면 주관과 객관과의 일체감은 완벽하게 되고, 진정으로 자기 자신은 만족할 수 있을 것이다. 헤겔이 생각하는 마음의 유토피아란 그러한 것을 지향하고 있는 것이다.

그러나 헤겔은 자기 자신에게 만족하는 것만으로는 불충분하다고 생각했다. 헤겔의 말로 표현하면 보편적인 것 속에서 어떻게 해서 개체(個體)가 스스로의 존재 의의를 실감하는가 하는 문제가 있다. 인간은 세계 속에서 편안히 삶을 영위하는 것만으로는 만족하지 않는다. 무엇인가를 성취하고 자신의 의의를 확인하지 않고는 가만히 있지 못한다. 출세가 늦었던 헤겔 자신이 독일 전역을 돌아다니며 끊임없이 걱정하고 있었던 것도 이 점이었을 것이다. 그리고 헤겔뿐만 아니라 모든 사람이 항상 명심하고 있는 것은 무엇인가 뜻있는 일을 하고 싶다는 사실이다. 헤겔식으로 말하자면 "개인은 일에 있어서 보편성이라고 하는 장(場)에 나타난다."는 것이다.

그리고 진정한 일이란 헤겔이 말하는 것처럼 "의욕과 수행(遂行)의 통일", 다시 말해 자신이 하고 싶은 것을 할 수 있다는 것 그리고 그 일의 성과를 자신이 충분히 맛볼 수가 있는 것이다. 그러나 세상에서 행해지는 일 중에 이만큼 실현이 곤란한 일은 없다. 이것을 '노동의 유토피아'라고 이름 짓고 싶지만 이 점에 대해서는 노동의 소외 문제로 헤겔 철학의 최대의 후계자인 마르크스에게 넘어갔다.

이렇게 하여 '마음의 유토피아'에서 '노동의 유토피아'로 생각을 돌린 헤겔이 마지막에 다달은 것은 개인과 국가와의 관계를 둘러싼 문제이다. 그러나 여기에 '마지막'이라고 말한 것은 적당하지 않은 표현이다. 헤겔에게 있어서 국가 본연의 상태를 둘러싼 고찰은 출발점이기도 했으며 종착점이기도 했기 때문이다. 초기의 것으로는 28세 때 쓴 불텐베르크 공국(公國)(그 수도가 헤겔의 출생지 슈투트가르트)의 국회제도에 대한 논고(論考)가 있으며,「영국 선거법 개정안에 대하여」라는 논문은 최후에 정리된 논문이었다.

이러한 과정에서 생각하면 헤겔이 51세 때 개인과 국가와의 관계를 논한 『법의 철학』에 나오는 이상적인 국가의 구상은 본래의 의미에서의 유토피아론을 기대해도 좋을 듯하지만 그 내용은 유토피아론이라고 하기에는 어딘가 부족하다. 보통선거(普通選擧)의 제안은 당시로서는 새로운 것이었으나 특별히 현대에 호소할 만한 획기적인 아이디어는 아니고 플라톤과 마찬가지로 철인정치(哲人政治)를 주장하는데 머물고 있다.

그러나 이렇게도 생각할 수 있다. 헤겔은 『법의 철학』을 정리하면서 개인 차원의 유토피아는 있어도 국가 차원의 유토피아는 있을 수 없다고 생각한 것은 아닐까. 그는 자유의 발전이라는 원리에 따른 역사의 걸음 그 자체에 유토피아의 실현을 기대한 것은 아닐까. 그 사실을 서술한 것이 헤겔의 다음과 같은 유명한 말이라고 나는 해석하고 싶다.

"이성적인 것이야말로 현실적이며, 현실적인 것이야말로 이성적이다."

이것은 당시 프러시아의 정치를 정당화하는 것이라는 해석도 있으나 헤겔이 생각하고 있었던 것은 그 정도로 단순한 것은 아니었다. 여기에도 또 헤겔 특유의 용어법이 등장하는데 그가 말하는 '현실'이란 이성이 구체적인 형태로 실현되는 것을 의미한다. 그리고 이성이 그 모습을 나타낸 것이 아니면 그것은 '현실'이라고 할 수 없다는 것이다.

이와 같이 일상적인 용어법에 도전하는 것이 헤겔의 독특한 방식이며 거기에 헤겔의 난해함이 있는 동시에 헤겔의 메시지가 감추어져 있다. 헤겔의 이 유명한 말이 뜻하는 바는 요컨대 이성과 현실은 일치되어야 한다는 것이다. 이것이야말로 헤겔이 생각한 유토피아의 원리이며 시대를 초월하여 현대에 전하는 세 번째 메시지인 것이다.

헤겔의 변증법

헤겔은 이성을 믿고 유토피아를 모색했으나, 이상을 소박하게 믿어버리는 유형의 인간은 아니었다. 그의 초상화를 보면 잘 알 수 있는데 50대 중반에 그려진 초상화는 뭐라고 표현하기 어려운 무서운 느낌을 주는 어두운 얼굴이다. 이쪽에서 뭔가 멋있는 말을 하려고 해도 걸핏하면 의심에 찬 눈으로 노려볼 것 같은 분위기다. 그러나 눈으로 모든 것을 본 것이 헤겔의 철학이며 그는 유토피아가 그렇게 간단히 실현되는 것이 아니라는 사실을 그 누구보다도 잘 알고 있었을 것이다. 이 사실은 변증법이라는 헤겔의 독특한 사고법을 보면 잘 알 수 있다.

변증법(Dialektik)이란 원래는 대화술(對話術)이나 변론술(辯論術)이라는 의미로 여러 가지의 사고방식을 제시해서 사물을 올바르게 알기 위한 방법으로 소크라테스나 플라톤 역시 이 방법을 구사했다. 플라톤의 대화편에는 소크라테스가 상대방이 생각하지 못한 점을 여러 가지 지적하여 논쟁 상대를 궁지에 몰아넣는 장면이 수없이 묘사되어 있다. 올바른 인식을 얻는다는 목적에서는 소크라테스의 대화법도 헤겔의 변증법과 마찬가지인데, 전자가 일상의 상식적인 사고방식을 따른 것인데 반해 후자는 통상적인 것과는 다른 사고방식을 요구한다.

예를 들면 양지에 한 마리의 고양이가 드러누워 있다고 하자. 그것을 보고 '이런 곳에 고양이가 있다.'라고 생각하는 것이 보통의 사람이다. 그런데 헤겔은 그렇게도 생각하지만 동시에 이렇게도 생각한다.

틀림없이 여기에 고양이가 있다. 그러나 이전에는 여기에 존재하지 않았을 것이며 곧 어딘가로 갈 것이다. 여기에 존재하고 있다는 사실 속에는 여기에 존재하고 있지 않다는 사실도 포함된다. 다시 말해서 여기에 고양이가 있다는 사실은 여기에 고양이가 없다는 사실이기도 하다. 그러한 일이 일어나는 것은 고양이에게는 돌아다니는 습성이 있기 때문이다. 존재와 부재를 통일하는 것이 운동 바로 그것이다.

참으로 복잡한 사고방식의 진행인데 모든 것에 대해 이런 방식으로 생각하는 것이 변증법이다. 그것은 항상 이쪽에서 말하는 것에 반대하는 심술꾸러기와 대화를 하는 것과 비슷하다. 헤겔은 "변증법이란 있는 그대로를 인정함과 동시에 다른 것까지도 인정한다는 것을 의미한다."라고 말하고 있는데, 사실은 '잔디밭 출입금지'라는 간판을 보고, '과연 잔디밭에 들어갈 수도 있겠군.' 하고 생각하기 위해서는 철학자의 두뇌를 필요로 하지는 않는다. 본래 불가능한 일은 금지해도 무의미하다. 가능하기 때문에 금지하는 것이며, 금지함으로써 무엇이 가능하지 분명해진다. 이 간판은 잔디밭 출입금지라고 하는 것과 동시에 잔디밭 안에 들어갈 수도 있다는 것을 말해주고 있는 것이다.

이것을 일반화해서 말하자면, 어떤 것 A를 생각하는 것은 동시에 A가 아닌 B를 생각하는 것이기도 하다. 그리고 A와 B를 결부시키는 관계에 생각이 이르러 비로소 A가 정말 무엇인지를 알수 있다.

헤겔의 변증법에는 "지양(止揚)"이라는 이해하기 어려운 용어가 등장하는데, 그것은 A와 B를 결부시키는 관계를 분명히 밝힘으로써 A와 B를 보다 잘 이해할 수 있다는 것이다. 앞의 고양이 예에서 보자면 고양이의 존재와 부재를 지양함으로써 이곳저곳을 배회하는 고양이의 '본질'을 이해할 수 있게 된다.

이같은 사실을 염두에 두고 그 누구라도 머리를 감싸쥐고 생각하게 하는 문장인 처음에 인용한 "순수한 유(有)는……"의 문장을 다시 읽어보면, 조금은 의미가 통할지도 모른다. 여기서는 『소논리학』에서 비교적 이해하기 쉬운 변증법의 예문을 인용해 보기로 한다.

예를 들면 '우리 인간은 죽어야 하는 것이다.'라고 말하고 죽음을 외부 사정에 기인하는 것으로 생각하는데, 이러한 견해에 따르면 인간에게는 산다고 하는 성질과 또 하나 가사적(可死的)이라는 두 개의 특수한 성질이 있는 것이 된다. 그러나 진실한 견해는 그렇지는 않고, 삶 그 자체가 그 속에 죽음의 싹을 포함하고 있는 것이다. 일반적으로 유한(有限)한 것은 자기 자신 속에서 자기와 모순하고 그것에 의해 자기를 지양하는 것이다.

위의 예문에서 지양됨으로써 명백해지는 것은 삶 속에 죽음이 있고 죽음 속에 삶이 있다는 생명 현상의 모습이다. 또 다른 예를 들어보자.

꽃이 피면 꽃봉오리가 사라지므로 꽃봉오리는 꽃에 의해 부정되었다고 할 수도 있을 것이다. 식물의 형태는 각각 다를 뿐만 아니라 서로 양립하지 않고 서로를 배척하고 있다. 그러나 동시에 여러 가지 행태는 그 유동적인 본성에 의해서 유기적 통일의 여러 계기가 되며, 이 통일에 있어서 그들은 서로 다투지 않을 뿐만 아니라 어느 것이나 다른 것과 마찬가지로 필연적이다. 그리고 이 필연성이 전체로서의 생명을 성립시키고 있는 것이다.

예문에 나오는 "유동적인 전체"를 갖는 것이 헤겔 철학의 대상이다. 사물이 유동하고 생성하는 것은 그 속에 모순을 안고 있기 때문이며, 그 모순에서 무엇이 태어날 것인지를 생각하는 것이 변증법이다. 헤겔은 괴테를 만났을 때 "변증법이란 그 누구의 마음에도 머물고 있는 모순의 정신을 법칙화하고 방법론으로 완성한 것이다."라고 설명했다.

그리고 여기서 다시 이성이 등장한다. 헤겔에 따르면 변증법이란 이성의 원리이며, 이제까지 말해온 것 같은 변증법이라는 생성운동을 통해 이성은 스스로의 모습을 나타낸다고 한다. 요컨대 세계는 모순으로 가득 차 있으며 그 모순을 원동력으로 하는 변증법의 운동에 의해 이성은 실현된다 – 이것이 헤겔의 네 번째 메시지이다.

헤겔이 말하고자 하는 것은 유토피아는 그렇게 간단하게 이룩되지 않을 뿐만 아니라 만약 실현된다 하더라도 곧 스스로 안고 있는 모순에 의해 "부정"되고 새로운 유토피아를 모색하게 될 것이라고 한다. 『법의 철학』에는 "국가는 개체(個體)이며 개체성에는 부정의 작용이 본질적으로 내포되어 있다. 국가라는 개체는 자기의 대립물을 만들어 내고 적을 발생시키는 것이 틀림없다."라는 지적이 있는데 "국가"를 유토피아로 바꾸어 놓고 보면 헤겔의 주장은 더 한층 명확해진다. 이 한 구절은 국가에 있어서 혁명은 피할 수 없다는 것으로 이해할 수도 있다.

"판타 레이(만물은 유전한다.)"란 고대 그리스 철학자 헤라클레이토스의 말인데 이것은 헤겔의 좌우명이기도 하였다. 『법의 철학』에서는 이렇게 쓰고 있다.

바람의 운동이 바다를 부패로부터 막는 것과 마찬가지로 전쟁은 여러 국민의 윤리적 건전함을 유지한다. 지속적인 잔잔함은 바다를 부패시키는 것처럼 영구적 평화는 물론 지속적인 평화조차도 여러 국민을 부패하게 할 것이리라.

　바람이 바닷물의 부패를 막아준다는 표현은 흥미있는 착안이지만 전쟁을 피할 수 없는 것으로 간주한 이 한 구절은 칸트의 영구평화론의 소박함을 비판한 것으로, 이상이 쉽게 실현되지 않는다는 것을 과장해서 말하고 있는 것이다. 이러한 점이 가계부를 적는 사나이의 현실주의라고 하면 약간 비약적이지만 그런 점이 나타나 있다고 말할 수 있지 않을까.

　모든 것에는 의미가 있다

　이리하여 헤겔의 세계를 돌아다닌 여행은 종착역이 다가왔다.
　마지막에 한마디 언급해 두고 싶은 것은 그는 건강한 철학자였다는 사실이다. 역대의 저명한 철학자 가운데에는 생애에 걸쳐 심한 두통에 시달리거나 전신에 통증을 느끼거나 변비에 괴로워하거나 한 예가 많다. 그러나 헤겔은 거의 병고라는 것을 모르고 지냈다.

친구이며 라이벌이기도 했던 셸링은 헤겔에 대해 "어떤 일이 있어도 식욕만은 왕성한 참으로 융통성 없는 인물"이라고 혹평했을 정도이다. 결혼한 철학자의 경우와 마찬가지로 건강한 철학자는 예외에 속한다.

건강하다는 사실이 헤겔의 철학과 어떤 관계가 있는지에 대해서는 뭐라고 말할 수 없으나 여기서 흥미있는 것은 철학자의 죽음의 방식이라는 문제이다. 어떤 식으로 죽음을 맞이하는가는 인간에게 있어서 최후의 중대문제이다. 육체가 건강하다는 것은 행복의 유리한 조건임에 틀림없고, 게다가 고통이 적은 죽음을 맞이할 수 있다면 그 이상 바랄 것이 없다고 할 수 있다. 이 점에서는 헤겔은 혜택받은 인간이었다.

죽기 일주일 전 『대논리학』의 제 2판서문 맨 끝 플라톤이 『국가편』을 7회에 걸쳐 고쳐 썼다는 사실을 예로 들면서 자신은 이것을 77회에 걸쳐 추고할 시간을 갖고 싶었다고 썼다. 그리고 죽기 사흘 전까지 대학에서 강의를 하고 유행 중이던 콜레라에 걸려 황급히 세상을 떠난 것이다. 61년 2개월 반의 생애였다.

헤겔 사후 그의 철학을 둘러싼 평가에는 여러 가지 곡절이 있었으나 지금에 와서는 현대 사상에 결정적인 영향을 준 철학자로 간주되고 있다는 사실은 처음에 말한 대로이다. 그러나 저 러시아의 귀족처럼 고생해 가면서 헤셀을 읽어본들 과연 무슨 쓸모가 있겠는가 하는 의문은 틀림없이 품게 될 것이다. 더구나 사상뿐만 아니라 어떤 일에 있어서도 경박함과 구미에 맞는 것만 환영받는 이 시대에는 헤겔과 같은 '무거운' 철학은 경원(敬遠)당하기 쉽다.

그러나 삶의 모습이 어떻든 모든 사람이 마음에 안고 있는 문제는 그다지 큰 차이는 없을 것이다. 인간이 이렇게 살고 있는 것의 의미와 세계가 이렇게 존재하고 있는 것의 의미야말로 모든 사람의 마음에 걸리는 문제들이 아니겠는가.

약간 이해하기 힘든 독특한 화술로 이것에 답하려고 한 것이 헤겔의 철학이었다. 인간의 형성과 발전에 대한 가능성과 이성의 우위를 믿었던 헤겔은 '모든 것은 의미가 있는 것'이라고 말하면서 우리들을 격려하고 있다.

Chapter 5   행복을 꿈꾸는 이들에게 보내는 메세지

Blaise Pascal

파스칼 *Blaise Pascal 1623~1662*

프랑스의 수학자 · 물리학자 · 종교철학자

끌레르몽(Clemont)에서 태어난 그는 소년 시절부터 천재로 인정받았다. 12세에 기하학을 혼자 힘으로 생각하기 시작했고 16세 때에 『원추곡선론』을 써서 세상을 놀라게 했다. 그는 계산기를 고안, 제작했고 수압기의 원리를 발견하기도 했다. 깊은 종교적 체험으로 평생을 신 앞에 회심하여 가톨릭교 중에서 가장 금욕적인 쟝세니즘파에 귀의하였다. 쟝세니즘의 변론자로서 『프로방시알 서간』을 발표한 바 있고, 기독교 변증론을 단편적으로 저술한 것이 유명한 『팡세』이다.

행복을 꿈꾸는 이들에게 보내는 메시지

파스칼 (Blaise Pascal: 1623~1662)이라는 프랑스 철학자의 이름은 우리들에게 매우 친숙하다. 그의 주요 저서인 『팡세』는 지금도 애독되고 있는 고전 중의 고전이다. 이 책을 읽은 적이 없는 사람이라도 "인간은 생각하는 갈대이다."라는 유명한 말이나 '파스칼의 원리' 등에 대해서는 틀림없이 알고 있을 것이다. 그의 본고장인 프랑스를 제외한다면 일본은 세계에서도 가장 열심히 파스칼 연구가 실행되고 있는 나라이며 수학과 과학의 논문을 포함한 파스칼 전집이 번역 출판되고 있는 유일한 나라라고 한다.

그런데 철학 연구자들이 파스칼에 대해 그렇게 많은 글을 쓰고 있는데도 불구하고 모두가 아쉬움을 떨쳐버리지 못하는 것은 어떤 이유에서일까. 나름대로 조사는 잘 하고 있는데 파스칼의 메시지는 무엇인가 하는 중요한 문제가 결여되어 있는 것이다. 『팡세』가 훌륭한 고전이긴 하지만 중요한 메시지가 해독되지 않는 다면 아무리 소중한 것이라 해도 아무런 쓸모없는 것이 된다. 학자가 연구대상으로만 삼는 고전은 결국 사람들로부터 잊혀지고 보잘 것 없는 것이 되어버린다.

물론 『팡세』가 그렇게 되지는 않겠지만 그렇더라도 다소간의 걱정은 있다. 내가 알고 있는 몇 사람의 『팡세』애독자와 대화를 나눈 결과, 이 명저를 최후까지 강한 관심과 이해를 가지고 완독한 사람이 거의 없다는 사실을 알게 되었다. 『팡세』는 주로 인생의 허무함이나 인간의 위대함에 대해 말한 부분과, 신의 존재나 기적 등 종교적인 테마를 다룬 부분 둘로 크게 나눌 수 있는데 대부분의 사람이 전반의 인간론은 마음 속 깊이 느끼지만 후반의 종교론에서 좌절하는 것 같다. 나 자신도 10대 후반에 처음 읽었을 때 같은 경험을 한 기억이 있다. 프랑스인이라면 어떨지 몰라도 신앙심이 약한 대개의 사람들에게는 이런 사정은 비슷하리라고 생각한다. 절반밖에 읽혀지지 않는 『팡세』는 말하자면 반신불수의 고전이다.

첫머리부터 말이 너무 앞질러 가는 것 같지만 연구자의 조사에 의하면 파스칼은 그리스도교가 얼마나 훌륭하고 진정한 종교인가를 증명하기 위해 『팡세』를 쓴 것이라고 한다. 『팡세』의 별명은 '그리스도교 호교론(護敎論)'이다. 이것에 따르면 파스칼의 메시지도 그리스도교 옹호에 있다고 보아야 할 것이며 그렇다고 한다면 대개의 독자는 빗나간 읽기를 하고 있었다고 할 수 있다. 메시지를 알아차리지 못하는 것도 당연하다. 절반밖에 읽지 않고 더구나 그것이 빗나간 읽기였다면 『팡세』가 독자들이 전혀 이해할 수 없는 고전이 되어버린 것은 당연한 귀결일 것이다.

그러나 나는 이러한 견해에 의문을 느낀다. 확실히 파스칼은 그리스도교를 변호할 생각을 갖고 있었지만 거기에는 더 한층 깊은 목적이 숨겨져 있었던 것은 아닐까. 현대까지 『팡세』가 많은 사람들에게 읽혀지고 큰 감동을 주어온 것은 과연 '그리스도교 호교론'에 있었던 것일까. 아무래도 그렇게는 생각되지 않는다. 종교론이나 인간론을 초월한 무엇인가가 『팡세』의 생명을 지탱하고 있는 것이다.

결론부터 먼저 말하자면 나의 견해는 이렇다 –『팡세』는 '행복론'이며, 거기에야말로 파스칼이 전달하고자 하는 메시지가 있다. 인간론과 종교론을 연결하고 양자에 대한 관심과 이해를 불러일으키는 것 그것이 행복론이다.

이 행복론으로서의 『팡세』를 다시 한 번 읽어 보자는 것이다.

아르키메데스(Archimedes) 이래의 천재소년

『팡세』뿐만 아니라 가지각색의 요소가 한 권에 수록되어 있는 것이 책이다. 인간도 마찬가지이다. 무엇인가를 명석하게 알기 위해서는 한 권의 책이든 인간이든 그것을 전체로 상대할 필요가 있다. 자신의 취향에 맞는 부분이나 이해하기 쉬운 곳만을 상대하는 것은 자기 자신을 그 위에 덧그리는 것과 같고 이래서는 만 권의 책을 읽는다 해도 감동이나 발견은 있을 수 없다.

파스칼은 갖가지 얼굴의 소유자이며 그의 모든 것이 투영돼 있는 것이 『팡세』이다. 그에게는 많은 칭호가 있다. 우선 철학자이며 종교사상가, 수학자, 물리학자, 문학가 그리고 발명가이다. 물론 당시에는 파스칼처럼 많은 칭호를 가진 사람이 드문 것은 아니었다.

하지만 파스칼은 39년이라는 짧은 생애(만년의 4년은 병상에서 보냈으니 실질적으로는 약 35년 동안의 생애) 동안 남들보다 많은 일을 했다고 생각된다.

세 살 위인 누나 질베르트가 파스칼의 짧은 생애의 전기를 썼는데 파스칼은 말을 하기 시작한 어릴 때부터 더듬거리면서도 정확한 대답과 본질에 가까운 날카로운 질문을 해서 주위에 있었던 어른들을 놀라게 했다고 한다. 징세관(徵稅官)의 일을 하는 한편 수학이나 자연과학에도 강한 관심을 가지고 있었던 아버지 에티엔느 파스칼은 블레이즈의 이같은 재치에 주목해서 천재교육을 시작했다. 어머니는 블레이즈가 세 살 때 세상을 떠나 교육은 모두 아버지의 손에 맡겨졌다. 블레이즈는 학교에 다닌 적도 없었고 가정교사에게서 교육받은 일도 없었으며 아버지가 전교과의 선생이었다.

'천재 교육'이라고 해도 특별한 교육을 실시한 것은 아닌 것 같다. "아이의 실력 이상의 공부는 시키지 않는다."는 것을 원칙으로 해서 "이 아이에게 이해될 수 있다고 판단된 모든 것에 대

해 이야기했다."라고 질베르트는 아무렇지도 않은 듯이 쓰고 있는데 사실은 이 짧은 말 속에 교육이라는 것의 모든 것이 요약되어 있다고 말해도 좋을 것이다. 이 이상의 교육법이 있겠는가. 아버지는 아들의 교육에 전념하기 위해 직장을 그만두고 재산을 처분한 후 지방의 소도시에서 파리로 이사를 할 정도로 열심이었다.

파스칼이 신동임을 전해주는 에피소드가 몇 가지 있다.

그는 열한 살 때 우연히 나이프로 접시를 두드렸을 때 나는 소리가 접시를 손으로 누르니 바로 멈추는 것에 주목하여 소리의 울림에 크게 흥미를 가지게 되어, 여러 가지의 실험을 거듭한 끝에 음향에 관한 논문을 완성했다. 또 열두 살 무렵 아버지로부터 기하학의 극히 간단한 원리를 들었을 뿐인데도 혼자의 힘으로 도형의 갖가지 성질을 조사하여 삼각형의 내각(內角)의 합은 180도가 된다는 사실을 발견해서 아버지를 놀라게 하였다.

일단 수학을 가르치면 그것에만 열중해서 다른 공부에 소홀할까 봐 걱정을 한 아버지는 아들이 마룻바닥에 숯으로 여러 가지 도형을 그리고 있는 모습을 목격하고 수학 공부를 하도록 허락했다. 그리고 잘 아는 수학자에게 문의한 결과 아들이 유례없는 수학 재능의 소유자인 것을 확인하고 평소에 출입하던 과학자나 수학자의 모임에 블레이즈를 데리고 가게 되었다.

파리의 유명한 '메르센느 아카데미'에는 프랑스뿐만 아니라 유럽 각국의 저명한 학자들이 모여들었는데 이들 속에 섞여 겨우

10대에 들어선 파스칼도 한 사람 몫 이상의 발언을 할 수 있었다고 한다.

그리고 열여섯 살에 아직도 수학사에 길이 남는 '원추곡선론(圓錐曲線論)'을 발표하여 순식간에 수학자로서의 명성을 확립하였고, 아르키메데스 이래의 천재라는 명성을 얻게 되었다. 또 현대의 컴퓨터 역사의 첫 페이지를 장식하는 계산기를 발명한 것은 열여덟 살 때의 일이었다. 10대 후반에 세상을 떠났더라도 파스칼의 이름은 역사에 길이 새겨져 있었을 것이다.

천재니까 할 수 있었다고 말해버리면 그만이겠으나 그렇다고 하더라도 기하학 공부를 시작한 지 겨우 4년 만에 역사에 남는 논문을 작성했다는 것은 범상한 일은 아니다. 또 계산기도 아버지의 일을 돕기 위해 고안한 것이었는데 당시의 프랑스 화폐체계는 12진법이나 20진법이 짜맞추어진 복잡한 것으로 이것을 톱니바퀴와 비슷한 구조로 계산하고 표시한다는 것은 당시의 기계 기술의 수준 등을 생각하면 대단히 어려운 일이었을 것이다.

이와 같은 파스칼에게서 강한 인상을 받는 것은 극도의 집중력이며 사물을 철저하고 완벽하게 생각하려는 정신이다. 그리고 생각하는 것에 최고의 가치를 주었다.

"사고로써 나는 우주를 에워싼다."
"인간의 모든 존엄은 사고 속에 존재한다."
"생각하는 것이 인간의 위대함을 만든다."

모두 『팡세』에서 볼 수 있는 말들이다. 이와 같이 사물을 철저하고 완벽하게 생각하는 정신 – 그것이 최초로 눈에 비치는 파스칼의 인물상이다.

계산기를 만들어낸 철학자

생각하는 파스칼이라는 이미지는 『팡세』를 읽은 적이 있는 사람에게는 쉽게 상상할 수 있는 일인데 이제부터 말하는 파스칼의 일면은 이것을 의외의 사실로 받아들여지게 할지도 모른다.

파스칼은 과학자였는데, 이 방면에서는 그의 진공(眞空)에 관한 실험 연구가 유명하다. 파스칼의 시대까지는 자연계에는 진공이라는 것은 존재하지 않는다는 것이 통설이었다. 이 통설을 실험을 통해 처음으로 뒤집은 사람은 이탈리아의 토리첼리라는 과학자이다. 그 실험은 한쪽 끝이 막혀 있는 유리관에 수은을 채우고 이것을 다시 수은을 채운 용기 속에 세우면, 수은주(水銀柱)는 낙하하여 관의 상부에 진공이 생기는 것을 확인하는 것이다. 파스칼의 업적은 이 실험을 평지와 산 위에서 각각 실시하여 수은주의 높이는 대기의 압력과 관계가 있다는 사실을 발견한 점에 있다. 물론 이 사실은 파스칼을 이야기할 때는 빼놓을 수 없는 과학상의 일인데 내가 흥미를 갖는 것은 다른 사실에 대해서다.

당시는 유리 제조기술이 미숙해서 가늘고 길다란 유리관을 쉽게 만들 수 없었다. 진공 실험을 실시하는 데는 새끼손가락 정도의 굵기로 길이는 1m 이상의 유리관이 필요했다.

또 실험에 따라서는 복잡한 모양의 유리관도 필요했다. 그래서 파스칼은 각 실험에 필요한 유리관을 구하기 위해 스스로 유리공장에 가서 유리 기술자에게 여러 모양의 유리관을 주문하고 제작하는 일까지 했을 정도였다. 유리공장에서 땀투성이가 되어 장인들과 함께 작업하는 파스칼 – 나의 흥미를 끄는 것은 그런 파스칼의 모습이다.

이 같은 일은 계산기를 제작하는 경우에도 일어났다. 계산기의 원리 그 자체를 고안한 것도 대단한 일이었으나 그것보다도 노력을 필요로 한 것은 설계대로 물건을 만들어내는 일이었다. 계산기를 완성하기까지는 2년이나 걸렸다. 그동안 파스칼은 부지런히 공장을 드나들며 그때까지 누구도 생각한 적 없고 만든 일도 없는 부품의 하나하나를 장인들에게 설명하지 않으면 안 되었던 것이다. 전부 합쳐 50대 정도를 완성했다고 하는데 계산기의 원리를 고안해낸 일보다도 이것을 실제로 만들어냈다는 데에 파스칼의 재능이 있었다고 말해도 좋을 것이다.

그것뿐만이 아니다. 파스칼은 계산기를 팔아 돈벌이를 할 생각도 가지고 있었다. 그 때문에 빈틈없이 특허권을 취득하고 또 "이 기계만 사용하면 아무런 고생없이 산수의 모든 계산이 가능하며……"로 시작되어 그것을 전시하는 장소와 일시까지 기입한 판매선전용 팜플렛까지 만들어 놓았다. 파스칼의 새로운 기계는 순식간에 파리의 사교계에서 화제가 되었다. 네덜란드의 은둔지에서 오랫만에 파리에 나타난 데카르트도 일부러 시간을 내어 계산기를 구경하기 위해 파스칼을 찾아왔을 정도였다. 또 파스칼은 당시 철학자나 과학자의 비호자로서 유명했던 스웨덴의 크리스티나 여왕에게도 계산기를 팔려고 애쓸 정도였다.

그의 노력도 헛되이 제작비가 너무 비싸 계산기를 팔아 돈을 벌 수는 없었다. 그러나 유리관 제작의 경우와 마찬가지로 여기서 강한 인상을 받게 된 것은 실무적인 면에서도 충분히 통용되는 파스칼의 재능이다. 카피라이터나 세일즈맨으로서도 보통이 아닌 역량을 지니고 있었던 것으로 짐작된다.

세일즈맨으로서의 파스칼은 약간 뜻밖이지만 사실은 이것이야말로 파스칼의 커다란 사명이 있었다고 해도 좋을지도 모른다. 그는 단순히 계산기 세일즈맨이었던 것은 아니다.

"나는 인간이 진리를 발견하고 싶다고 생각하도록 만들고 싶다. 인간이 마음의 대비를 하고 정욕(情欲)에서 해방되어 진리를 발견하는 곳까지 진리에 따라가도록 해주고 싶다."라고 『팡세』에서 말하고 있는데, 여기서 말하는 '진리' 란 그리스도교를 가리킨다. 그는 그리스도교의 세일즈맨을 지향하고 있었던 것이다.

그런데 세일즈맨에게 있어서 가장 중요한 것은 상대를 설득하는 일이다. 그는 『설득술에 대해서』라는 논문에서 다음과 같이 말하고 있다.

어떤 일을 설득하는데 있어서도 설득하려고 하는 상대방의 인간에 주의하지 않으면 안 된다. 즉 그 사람의 정신과 심정을 알고 상대방이 어떤 원리를 인정하고 어떠한 것을 사랑하는가를 알아야 한다. 즉 설득술이란 남을 설득하는 기술임과 동시에 또 마음에 들게 하는 기술이기도 하다.

현대의 세일즈맨에게도 충분히 통용되는 마음가짐일 것이다. 이러한 세일즈맨 정신에서 씌어진 것이 『팡세』이며, 이것을 파스칼은 "가장 좋은 서적이란 그것을 읽는 사람이 자신도 쓸 수 있을 것 같다고 생각하는 서적이다."라고 말하고 있다. 『팡세』는 파스칼만이 쓸 수 있었으나 『팡세』가 극히 자연스럽게 우리들의 마음을 사로잡는 것은 틀림없이 세일즈맨으로서의 파스칼의 재능 때문일 것이다.

신에게로 다가선 파스칼

파스칼의 제 3의 인물상은 '외곬으로만 생각하는 마음'이다. 앞서 거론한 두 가지 보다도 오히려 이쪽이 『팡세』 전편의 분위기를 결정하고 있다.

외곬으로만 생각하는 것과 완벽하게 생각한다는 것 - 비슷하지만 그 차이도 크다. 파스칼 자신의 말로 표현하면 전자는 '섬세한 정신', 후자는 '기하학적 정신'이라 할 수 있겠다. 완벽하게 생각한다는 것은 기하학의 경우처럼 몇 가지의 한정된 원리나 사실을 출발점으로 해서 복잡한 현상을 모두 이들로 환원해서 설명하는 것을 말한다.

이와는 반대로 외곬으로만 생각한다는 것은 가지각색인 현상에서 출발하여 이것을 설명하는 원리나 원점(原點)을 찾아내는 것을 말한다. 외곬으로만 생각하는 마음은 『팡세』의 여러 곳에서 볼 수 있는데 예컨대 인간은 왜 기분 전환을 구하는가 하는 다음과 같은 고찰 등도 그 하나의 예이다.

나는 인간이 갖고 있는 갖가지의 동요, 인간이 궁정이나 전쟁에서 몸을 드러내는 위험이나 고생, 거기에서 생기는 수많은 다툼과 정욕(情欲), 대담하며 때로는 사악한 기도 등을 때때로 고찰해 보았는데, 그때 나는 인간의 온갖 불행이 방에 가만히 휴식하고 있을 수가 없다고 하는 이 유일한 사실에서 오는 것을 발견했다.

이와 같이 '유일한 사실'을 찾는 것이 외곬으로만 생각하는 마음의 특징인데 파스칼은 더욱 앞으로 나아가 왜 인간은 방에 틀어박혀 있을 수가 없는가를 생각한다.

나는 거기에 하나의 결정적인 이유가 있는 것을 발견했다. 그것은 약하고 죽어야 할 우리들 인간의 상태, 그것을 정면으로 생각하면 아무것도 우리들의 위안이 되지 않을 만큼 인간은 비참하게 타고난 불행에 처해 있다는 것을 발견한 것이다.

여기에 있는 것은 이미 수학자나 물리학자 혹은 발명가로서의 파스칼은 아니다. 이 '신동'에게 무슨 일이 일어난 것인가.

독신으로 생애를 보낸 파스칼에게 있어 최대의 사건은 두 번에 걸친 '회심(回心)'이다. 그는 신앙심이 두터운 아버지 밑에서 경건한 그리스도 교도로 성장했으나 특별히 내세울 만한 열렬한 신자라고는 할 수 없고 그저 형식적이고 습관적인 신앙에 머물고 있었다.

이와 같은 상태에서 진실로 회개하고 엄격한 신앙생활에 눈뜨는 것을 '회심'이라고 부르는데, 파스칼이 최초의 '회심'을 체험한 것은 23세 때이다.

어떤 기회에 열렬한 신자에게서 신앙 이야기를 듣게 된 것이 동기가 되어 "신 이외에는 눈을 돌리지 않겠다."라는 맹세를 하고 누나인 질베르트와 여동생 쟈클리느까지도 회심시킬 정도의 열의를 보였다. 질베르트는 이미 결혼했으나 회심한 쟈클리느는 마침 진행 중이던 혼담을 거절하고 후에 수도원에 들어가 버린다. 여기에서도 파스칼의 뛰어난 설득력을 엿볼 수 있다. 그러나 파스칼 본인은 세속에 대한 관심을 버리지 못하고 진공실험에 몰두하거나 사교계에 출입하는 생활로 되돌아가고 말았다. 아직은 외곬으로만 생각하는 마음이 부족했던 모양이다.

파스칼이 결정적인 회심을 단행한 것은 31세 때이다. 1654년 11월 23일 밤이라는 그 정확한 날짜도 알려져 있다. 그 체험을 기록한 날짜까지 표기된 메모가 남아 있기 때문인데 이 날 파스칼은 계시와도 비슷한 무엇인가 격심한 것을 체험한 것 같다. 메모의 첫머리에 '불'이라는 글자가 커다랗게 씌어져 있다.

파스칼은 틀림없이 불덩어리나 그 무엇인가를 본 것 같다. 이보다 35년 전 데카르트는 독일의 어느 시골 여인숙에서 그의 생애에 큰 영향을 준 일종의 신비적 체험을 하였는데 그때 데카르트 역시 불꽃이 공중을 날아다니는 것을 보았다고 한다. 계절도 같은 11월이다. 이 대조적인 두 사람의 사상가가 같은 신비적 체험을 하고 있는 점이 흥미롭다.

그건 그렇고 파스칼은 그때의 감격을 "신 이외의 이 세상 및 일체의 것에 대한 망각(忘却)", "사람의 영혼의 위대함" 그리고 "유쾌한 완전한 자기 포기"라는 말로 표현하고 있다.

거기에서는 완전히 신에 귀의한 인간의 고조된 기분을 헤아릴 수 있다. 파스칼은 이러한 내용을 기재한 한 장의 양피지(羊皮紙)를 조끼 안쪽에 꿰매 넣고 죽을 때까지 몸에서 떼지 않고 소중히 지니고 있었던 것이다.

파스칼은 회심한 후 얼마 동안 수도원에 틀어박혀 있었으나 끝내 수도사가 되지는 못했다. 그러나 수도사 못지않게 엄격한 생활을 하려고 노력했다. 모든 시간을 기도와 성경을 읽는데 바치고 일체의 쾌락을 포기하였으며 일체의 낭비를 없앨 것을 결심하고 이것을 실행했다.

그는 요리를 만드는 것 같은 아무래도 하인의 손을 빌리지 않으면 안 될 일을 제외하고는 그 밖의 모든 신변의 일은 자신이 직접 처리했다. 또 쾌락의 포기라는 원칙을 인간의 생존에 있어 가장 기본이 되는 음식에까지 철저하게 적용했다.

주위 사람들은 파스칼이 어떤 요리를 내놓아도 결코 '아, 맛있군.' 이라는 말을 하지 않는 사실을 깨닫고 주의했다. 파스칼은 식욕을 돋구는 음식이나 자신이 좋아하는 요리를 식탁에 올리는 것조차 금했다. 놀랍게도 그는 일체의 음식을 음미하지 않도록 주의를 기울이고 있었던 것이었다. 질베르트는 이렇게 증언하고 있다.

누군가가 우리들 앞에서 음식이 맛있다는 이야기를 하거나 하면 동생(블레이즈)은 참지 못했고, 설령 그 대상이 흔한 것일지라도 그것은 관능에 빠지는 일이라고 말했다. 그것은 미각을 만족시키기 위해서 먹고 있는 증거이며 어디까지나 악이라고 동생은 항상 말하고 있었다.

음식의 맛을 음미하지 않고는 타액이나 위액 등의 분비가 촉진되지 않아 건강을 해칠 것으로 생각되지만 파스칼에게는 논외였던 모양이다. 금욕과 신앙을 높이는 것만이 목적이었다. 그는 가시가 많이 달린 철로 만든 띠를 직접 배에 감고 마음이 꺾일려고 할 때 마다 이 철로 만든 띠를 눌러 자신의 몸에 고통을 주어 깨닫게 하는 일까지 행하고 있었던 것이다.

이미 수녀가 되어 있었던 여동생 쟈클리느도 블레이즈의 너무나도 엄격한 생활양식을 걱정해서 질베르트 앞으로 "……우리가 잘 알고 있는 예의 과격한 성격이므로 극단으로까지 달리지 않을까 걱정하고 있었습니다……"라는 편지를 보냈을 정도이다.

앞서 외곬으로만 생각하는 마음의 특징으로서 유일한 것을 찾는 경향을 들었는데 이것과 나란히 "극단으로 치우침"도 파스칼의 외곬으로만 생각하는 마음의 커다란 특징이다. 다음의 한 구절은 그 좋은 예일 것이다.

도대체 인간은 자연 속에서 어떤 것일까. 무한에 비해서는 허무, 허무에 비해서는 전체, 무와 전체 사이의 중간자. 양극을 파악하는 일에서는 무한히 멀리 떨어져 있으므로 사물의 종극이나 그 시원은 인간에게 있어서는 어차피 깊이를 알 수 없는 신비 속에 감추어져 있다. 그는 자신이 거기에서 꺼내어진 허무도 거기로 삼켜져 버리는 무한도 다 볼 수 없다.

일단 인간에 대해 생각하기 시작하면 무한과 무, 이 외에는 더이상 생각할 수 없는 극단까지 이르게 되는 것이 파스칼의 습관인 것 같다. 『죄인의 회심에 대해서』라는 짧은 글에도 그 사실이 잘 나타나 있다.

그(파스칼 자신을 말한다)는 멸망해야 할 사물을 멸망해 가고 있는 것으로 생각하고 아니 이미 멸망한 것으로까지 생각한다. 그는 사랑하고 있는 모든 것의 절멸(絶滅)을 확실히 보고 이 생각에 깜짝 놀란다. 모든 순간이 그의 행복의 향수를 빼앗아 간다는 사실, 그에게 있어 가장 친애한 것이 끊임없이 흘러가 버리는 사실, 마침내는 그가 희망을 걸고 있었던 일체의 사물에서 떠나지 않으면 안 될 일정한 날이 다가온다는 사실을 그는 보기 때문이다……

정말 비관에 넘친 견해이다. 하나를 듣고 순식간에 무한까지 달려가는 것이 파스칼의 외곬으로만 생각하는 마음인 것이다.

무엇이 그로 하여금 『팡세』를 쓰게 했는가

파스칼이 이렇게까지 외곬으로만 생각하게 된 결정적인 요인은 회심이었으나, 그 신앙심을 더욱더 강하게 하고 『팡세』를 쓰도록 하기까지에는 또 하나의 사건이 있었다.

그것은 '성형(聖荊)의 기적'이라고 불리는 사건이다. 누나인 질베르트에게는 마르그릿트라는 딸이 있었는데 여섯 살이 될 무렵 이 아이의 눈에 이상한 질병이 나타나기 시작하여 차츰 악화되어 갔다. 왼쪽 눈 아래쪽 부위에서 고름이 나오는 병으로 의사는 '누선염(淚腺炎)'이라고 진단했다. 여러 의사에게 치료를 받았지

만 상태는 전혀 호전되지 않았다. 마지막 수단으로 수술을 받아야 할 형편에 이르렀다. 부모의 입장에서 어린 아이에게 수술을 받게 할 결단을 내릴 수가 없어 우선 쟈클리느가 수녀로 있었던 파리의 폴로이야르 수도원에 그 아이를 기숙생으로 맡겨 두었다. 얼마 후 눈가에 큰 종기가 자라나 악취를 풍겼고, 고름은 목 속까지 흘러 들어가 수술을 해도 효과를 기대할 수 없는 불치의 병으로 간주될 정도가 되었다.

그런데 어느 날 마르그릿트가 수도원 안에 진열되어 있던 성유물(聖遺物: 십자가에 못 박혔을 때 예수가 머리에 쓰고 있었다고 하는 가시 면류관 일부)을 눈가의 환부에 갖다대자 순식간에 종기는 사라지고 병이 완전히 치유되었다.

그리고 당시의 관례에 따라 수도원에서는 교회재판소에 의사의 증명서 등을 첨부하여 기적의 공인을 요청하는 절차가 취해졌고 조사 결과 마르그릿트의 몸에 일어난 사실은 기적으로 인정되었다.

병의 초기에서부터 극적인 회복까지를 지켜본 파스칼은 그것이 틀림없는 기적인 것을 확인하고 기적을 확신함으로써 자신의 신앙을 굳건히 하였다. 그리스도교를 믿기 위해서는 성서에 기록된 기적을 믿는 것이 필요한데 기적에 대한 불신 때문에 신앙을 굳건히 하지 못하는 사람들이 많다. 기적은 신앙에 대한 걸림돌이 되기도 하지만 파스칼에게 기적은 신앙에의 도약대가 되었던 것이다.

이리하여 확고한 신앙에 도달한 파스칼이 생각한 것은 이 훌륭한 종교를 향해 모든 사람을 회심시키는 일이었다. 첫 회심 때에 누나와 여동생을 회심시킨 것은 이미 말한 바 있는데, 두 번째의 결정적인 회심 후에도 파스칼은 자신과 가까운 사람을 회심시키는데 성공했다. 얼마 안 되는 친구 가운데 로아네스 공(公)이라는 귀족이 있었는데, 파스칼은 그 저택에 머물렀을 때 자신의 경험을 말하여 그를 회심시켜 버렸다.

파스칼의 설득으로 회심하게 된 로아네스 공은 결정 직전의 결혼을 취소하고 생애를 독신으로 보낼 결심을 하게 되었다. 뿐만 아니라 지금으로 말하면 도지사(道知事)에 해당하는 요직을 팔고 (당시 관리의 지위는 매매의 대상이기도 했다.) 자신의 여동생에게 재산을 물려주었던 것이다. 그런데 평소 로아네스 공에게 기대를 걸고 있었던 어떤 귀족은 무모해 보이는 그의 행동에 분개해서 그를 회심시킨 파스칼을 암살하려고 했다.

위기 직전에 암살을 모면한 파스칼은 로아네스 공의 여동생에게도 감화력을 미치게 되었다. 막대한 재산을 상속한 로아네스 양에게는 구혼자가 밀어 닥쳤다. 결혼을 생각하고 있던 그녀는 어느 날 영감을 받아 모든 것을 버릴 결심을 하게 되었다. 그녀는 파스칼의 적잖은 영향을 통해 마침내 수도원에 몸을 맡겼다. 결국 파스칼은 여동생 쟈클리느를 포함한 세 사람에게 결혼을 단념시켜 두 사람을 수도원으로 보낸 것이었다. 역시 보통이 아닌 설득력의 소유자였던 사실을 잘 알 수 있다.

이리하여 파스칼은 모든 인간의 회심을 소망하는 마음으로 『팡세』를 집필하게 되었다. 거기에는 그리스도교의 신앙을 널리 펼친다는 것을 초월한 한층 깊은 파스칼의 의도가 담겨져 있었던 것으로 생각된다. 그것을 이야기해 주는 것이 다음과 같은 『팡세』의 명쾌한 한 구절이다.

모든 인간은 행복하게 되기를 바라고 있다. 이것에는 예외가 없다. 그러기 위해서 사용하는 수단이 아무리 다르더라도 그들은 모두 이 목적을 향하고 있다. 어떤 사람을 싸움터에 보내는 것도, 다른 사람을 싸움터에 보내지 않는 것도, 이 같은 소망이 어느 쪽에나 있기 때문이며, 단지 그것에 수반되는 견해가 다르다는 것뿐이다. 의지는 이 목적을 향해서가 아니면 한 걸음도 앞으로 나아가지 않는다. 이것은 모든 인간의, 스스로 목을 매달려고 하는 사람들에게 이르기까지의 모든 행위의 동기이다.

나는 파스칼의 이 말을 순수하게 받아들이고 싶다. 그는 『팡세』를 통해서 모든 인간에게 그리고 자기 자신에게도 행복을 기원했던 것이다. 그것이 『팡세』가 행복론이라고 하는 이유이다.

불행의 자각에서 행복론은 시작된다

행복한 인간은 행복을 구하지 않는다. 행복론을 생각하는 데는 얼마간의 불행이 필요하며 불행의 자각에서 행복론은 시작된다.

파스칼의 행복론도 우선 인간이 얼마나 불행한 존재이며 얼마나 비참한 상태에 놓여 있는가를 묘사하는 것에서 출발한다.

인간의 생활은 끊임없는 미망(迷妄)에 불과하다. 사람들은 서로를 속이고 서로에게 아첨한다. 그 누구도 우리들의 면전에서는 우리들에게 험담 같은 것은 말하지 않는다. 인간 상호간의 결합은 이와 같은 서로의 기만을 바탕으로 하고 있는 것에 불과하다. 뒤에서 친구가 험담하는 것을 만약 서로가 알았다면 설령 진심에서 감정을 섞지 않고 말한 것이라고 하더라도 그것을 참을 수 있는 우정은 드물 것이다.
그러므로 인간은 자기 자신에 있어서도 다른 사람에 대해서도 위장, 허위, 위선에 불과하다. 그는 다른 사람에게서 진실을 듣는 것을 원하지 않고 다른 사람에게 진실을 말하는 것을 피한다. 정의와 이성에서 이렇게도 멀리 떨어진 이들 본성은 인간의 마음속에 선천적으로 뿌리내리고 있는 것이다.

파스칼이 고독한 생애를 보냈다고는 하지만 인간을 싫어한 것은 아니다. 파스칼이 강조하는 것은 인간이 얼마나 자기 자신을 속이며 살고 있는가 하는 점이다. 기분 전환을 찾는 인간의 허무함에 대해서는 앞에서 언급했는데 그것은 한편으로는 이와 같은 위선으로 태어난 자기 자신의 모습을 직시하지 않고 끝내기 위한 것이며 다른 한편에서는 자기 자신의 인생의 종말에서 눈을 딴 데로 돌리기 위해서이다.

인간은 죽음, 비참, 무지를 고칠 수 없었으므로 자기를 행복하게 하기 위해 그것들을 굳이 생각하지 않도록 궁리했다.

파스칼은 "이 세상은 허무함이라는 분명한 일이 거의 알려지지 않고 있다."는 것을 여러 번에 걸쳐 한탄한다. 그리고 인간의 위대함은 그러한 인간의 비참함을 자각하는 데에 있다는 점을 강조한다.

이제까지 거론한 몇 가지의 인용에서 짐작할 수 있듯이 파스칼의 가장 큰 테마는 인간의 죽음이다. 그는 유언 속에서 "죽음보다 확실한 것은 없고 죽음의 시기보다 불확실한 것은 없다."라고 기술하고 있는데 인간의 행복론은 이 말에 요약되어 있다고 해도 좋을 것이다. 이 사실을 그는 이런 식으로 묘사한다.

사형이 선고된 많은 사람들이 쇠사슬에 묶여 있는 상태를 상상해 보자. 그 중 몇 사람이 날마다 다른 사람들이 보는 앞에서 교수형에 처해지고 남은 사람은 자신들도 그들과 같은 운명을 맞이하게 될 것임을 알고 있다. 이런 슬픔과 절망 속에서 서로가 얼굴을 마주보면서 자신의 차례가 오는 것을 기다리고 있다. 이것이 인간의 상태이다.

파스칼의 행복론은 이 '자명한 사실'에 어떻게 대처할 것인가를 둘러싼 고찰이다. 데카르트는 죽음이 피할 수 없는 것이라면 죽음을 두려워하지 않으면 된다고 말했다.

이렇게 달관한 데카르트의 태도와는 대조적으로 파스칼은 행복에 대해서 대단히 탐욕스럽다. 이렇게 말한다고 해서 파스칼이 세상의 부나 권력, 명성 따위를 구하고자 했다는 것은 아니다. 파스칼은 죽음의 저편에서까지 행복을 추구하려고 한 것이다. 다음과 같은 절실한 감정이 담긴 한 구절은 파스칼의 비관주의보다는 오히려 그칠 줄 모르는 행복에 대한 추구욕(追求欲)을 말해준 것으로 받아들이고 싶다.

이 세상에서 진정한 만족은 영원히 있을 수 없다는 사실, 우리들 모두의 쾌락은 공허한 것에 불과하다는 사실, 우리들의 절망은 무한하다는 사실, 그리고 마지막에 우리들을 그 순간마다 위협하고 있는 죽음은 머지않아 영원한 불행이라는 무서운 필연성 속에 좋든 싫든 간에 우리들을 던져 넣으리라는 사실, 이러한 일들을 이해하는 데는 그다지 고귀한 영혼을 필요로 하지 않는다.

이처럼 현실적이고 이처럼 두려워한 적이 없다. 얼마든지 강한 체 해보라. 그것이 이 세상에서 가장 아름다운 생애를 맞이할 채비를 하고 기다리고 있는 종말이다. 그것을 잘 반성하고 나서 다음 물음에 답해 주기 바란다. 이 세상에는 내세의 희망밖에는 행복이 없다는 사실, 사람은 그것에 가까워짐에 따라서만 행복하다고 하는 사실, 영원에 대해 완전한 확신을 얻은 자에게 있어서는 이미 불행은 존재하지 않는 것과 마찬가지로 그것에 대해 아무런 빛조차도 가지지 않는 자에게 있어서는 행복은 존재하지 않는다는 사실, 이러한 사실들은 의심할 여지가 없다고 해도 좋지 않겠는가.

　파스칼은 영혼이 불멸인지 어떤지를 아는 것이야말로 전생애에 관련된 큰 문제이며 인간은 행복해지기 위해서는 불사(不死)가

되지 않으면 안 될 것이라고까지 말하고 있다.

불사가 되어 영원한 행복을 구한다는 것은 보기에 따라서는 대단히 욕심을 부리는 것이 아닐까라는 생각이 든다. 파스칼은 그렇게까지 행복을 추구하고 있었던 것이다.

신의 표지를 찾아

파스칼이 추구하는 행복론은 약간 신비적인 영역으로 들어가게 되는데 그의 발상과 문제의식은 처음부터 마지막까지 건전하며 신선함과 솔직함을 잃지 않는다. 그가 호소하는 것은 이성보다도 오히려 심정(心情)이어서 그 사색이 아무리 비약적으로 보일지라도 독자의 마음 사이에 공감대를 형성하는 것을 잊지 않는다. 다음의 한 구절도 그 좋은 예이다.

인간의 맹목(盲目)과 비참함을 바라보고 침묵을 지키는 우주를 바라보고 그리고 아무런 빛도 갖지 못하고 홀로 방치되어 말하자면 우주의 이 한 구석에 길을 잃어 들어온 것처럼 누가 자신을 거기에 놓아둔 것인지, 자신은 무엇을 하려고 여기에 왔는가, 죽게 되면 어떻게 되는지도 알 수 없고, 무릇 어떤 일도 알 수 없는 인간의 상태를 볼 때, 나는 잠들어 있는 동안에 황폐하고 무서운 섬에 끌려 왔고, 잠에서 깨어보니 거기가 어디인지도 알 수 없고, 거기에서 탈출할 수단도 없는 사람과 같은 공포에 사로잡힌다.

    어린 시절에 한번쯤 꾸었을 것 같은 꿈이다. 파스칼도 이런 꿈을 꾸었을 것이다. 이미지는 때로 명석한 논리보다 마음에 와닿는다. 꿈에서 체험한 일이 없는 사람이라도 밤의 고독 속에서 이런 공포를 맛본 적이 틀림없이 있을 것이다. 모든 사람에게 공감을 불러일으키는 이미지에서 출발하는 것이 파스칼의 방법인데 거기에서 그는 독자를 뜻밖의 방향으로 안내한다.

……그렇게 생각하니, 나는 이다지도 비참한 상태에 있으면서도 어떻게 사람들이 절망에 빠지지 않는지 이상한 생각이 든다. 나의 주변에도 그런 사람들이 있다. 나는 그들을 향해 나보다 잘 알고 있는지 어떤지를 물어본다. 그들은 아니라고 답한다. 비참하게 방황하는 이러한 사람들은 자신들의 주위를 둘러보고 무엇인가 재미있는 것을 찾으면 그것에 몰두하고 그것에 집착한다. 하지만 나는 도저히 그것에 집착할 수 없었다. 그리고 내가 보고 있는 것 외에 무엇인가가 존재한다고 생각하는 편이 좋을 것 같은 생각이 들었으므로 나는 신이 자신의 표지를 어딘가에 남겨 놓지 않았나 하고 찾아보았다.

신이 존재하는지 어떤지를 생각하지 않고 우선 신의 표지를 찾는 것이 파스칼의 독특한 점이다. 파스칼에게 있어서 신의 존재는 자명한 것이다. 파스칼은 데카르트와 달리 신의 존재를 증명하려고 하지 않았다.

칸트가 신의 존재는 이성의 한계 밖에 있다는 것을 논한 백수십 년 전에 파스칼은 이성과 신앙은 완전히 다른 것이라고 명쾌하게 결론짓고 있었다. "모든 신앙의 대상인 것은 이성의 대상이 될 수 없다."는 것이 아버지 에티엔느에게서 배워 평생동안 지킨 원칙이었다.

파스칼이 신의 표지를 찾기 시작한 것은 신의 존재를 증명하기 위한 것이 아니고 신을 마음으로 느끼기 위해서였다.

신이 존재한다는 표징(表徵)으로서는 파스칼이 우선 주목한 것은 기적이다. 기적을 어떻게 정의하는가는 꽤 복잡한 문제인데 그는 "기적이란 그것에 사용되는 수단의 자연적 능력을 초월하는 현상이다."라고 정의하고 있다. 여기서 염두에 둔 것은 물론 앞서 언급한 마르그릿트의 기적이다. 그는 가까운 신변에서 일어난 기적의 목격자이며 기적의 존재를 확신하고 있었다.

그러나 문제는 어떤 방법으로 사람들에게 기적을 확신시킬 수 있는가 하는 점이다. 성서를 펼치면 그리스도가 난치병에 고통받는 사람을 고치고 죽은 사람을 되살아나게 하고 또 그리스도 자신이 죽음에서 부활한다고 하는 수많은 기적이 기술되어 있다. 성경에서만이 아니라 현대에 이르기까지 세계의 각지에서 기적의 발생이 보고되어 왔다. 그 가운데는 의심스러운 것도 적지 않을 것이다. 이 점에 대해 파스칼은 진정한 기적이 존재하기 때문에 가짜 기적이 횡행한다는 식으로 말한다. 사기꾼들이 파는 가짜 약이 신용을 받는 것은 진짜 약이 존재하기 때문이다. 진짜가 없다면 가짜는 있을 수 없다는 논리이다.

물론 이러한 수사어(修辭語)로 기적의 존재가 증명되는 것은 아니다. 그러나 파스칼이 기적이 존재한다는 것에 확신을 가질 수 있었던 것은 기적을 목격한 경험이 있기 때문이었다. 수학자로서 출발한 파스칼에게 기적의 존재는 도무지 불합리하기 짝이 없었을 것이다. 그러나 하나의 기적을 목격한 자에게는 천(千)의 기적을 믿는 일도 그리고 무엇보다도 성서에 기술된 모든 기적을 믿는 일도 틀림없이 가능했으리라. 앞에서 기적은 신앙의 장애물이라고 말했는데 파스칼은 스스로의 체험을 통해서 얻은 확고부동한 신념을 가지고 아직 신앙에 이르지 못한 사람을 위해 장애물을 제거하려고 한 것이다. 이 점에 대해 다음과 같은 다짐을 한다.

이성의 마지막 한 걸음은 이성을 초월하는 것이 무한히 있다는 사실을 인정하는 것이다. 그것을 인정하는 데까지 도달하지 못한다면 이성은 약한 것밖에는 아무것도 아니다.

"신이란 이성이 아니라 심정(心情)에 느껴지는 것이며, 신이 심정을 기울인다면 사람은 즉각 믿게 될 것이다."라고도 파스칼은

말하고 있다. 기적이란 숨어 있는 신이 인간에게 이야기하는 것이어서 듣는 귀를 가진 사람에게는 들린다고 파스칼은 생각한 것이다.

기적과 나란히 존재하는 또 하나의 신의 표지는 '예언의 성취'이다. 성서에는 가지각색의 예언을 이야기하고 있으며 그것들이 실현된 사실이 기록되어 있다. 『팡세』에는 그와 같은 예가 많이 수록되어 있는데 수많은 예언 중에서도 파스칼이 가장 주목한 것은 예수 그리스도에 관한 것이다. 구약성서에는 그리스도의 도래에 대해 그 시기나 수난의 개요, 유다의 배신에 이르기까지의 상황이 예언되어 있고, 신약성서에는 그 예언대로 기적이 일어난 사실이 기록되어 있다.

이와 같은 부합이 성립되는 것은 전지전능하신 신의 표지의 발현(發現)에 있다고 파스칼은 생각했다. 그리고 이와 같은 예언 성취의 증언임과 동시에 그 자신 기적의 실행자인 그리스도에게서 파스칼은 신의 표지를 발견하고, 그리스도교야말로 유일하고 진정한 종교인 것을 확인한다.

파스칼은 기적과 예언을 통해 신의 표지를 확인할 수 있었는데 여기서 주의할 점은 파스칼이 강한 신앙을 가지게 된 것은 결코 기적이나 예언에 대한 고찰에 의한 것만은 아니라는 사실이다. 그에게 있어 신앙의 출발점은 이미 말한 대로 어느 가을밤의 극적인 계시의 체험에 있다. 그리스도 교도를 박해하기 위해 다마스커스로 향하는 도중 예수의 목소리를 듣고 회심한 바울을 비롯해서 강렬한 종교적 체험을 거쳐 신앙에 눈뜬 예는 많이 있다. 그러나 파스칼을 포함하여 그 회심의 극적인 체험에 대해 구체적으로 이야기하는 사람은 거의 없다. 대개 단편적인 이미지나 말을 기록할 뿐이다. 틀림없이 언어로서는 표현할 수 없는 체험일 것이다.

여기서 머리에 떠오르는 것은 "신앙이란 기적이다."라는 키에르케고르의 말이다. 그가 어떤 의미에서 이렇게 말한 것인가는 파스칼의 경험에 대해 생각하는 동안에 알게 된 것 같다. 즉 파스칼에게 일어난 저 회심의 체험은 일종의 기적과 같은 것, 아니 기적 그 자체라고 말해도 되지 않을까 하는 것이다. 그리고 회심 체험이라는 기적 없이는 진정한 신앙은 태어나지 않는다고까지 말할 수 있을지도 모른다. 이 기적을 통해 숨어 있었던 신이 파스칼에게 나타나 파스칼의 마음을 신앙으로 기울게 한 것이 아닐까? 파스칼이 좋아하는 "신이 심정을 기울게 한다."라는 말은 체험에서 얻은 실감이 틀림없을 것이다.

그는 확실히 '성령의 기적' 의 목격자이기는 하지만 정말로 말하고 싶은 것은 자신의 몸에 일어난 기적 그 자체인 것이다. 어째서 이토록 강한 신앙심을 가지게 되었는가. 파스칼 자신도 때론 불가사의하게 생각한 적이 틀림없이 있을 것이다. 기적이란 말하자면 신의 말이어서 그 의미하는 점을 이해하는 데는 다소간의 시간을 필요로 한다.

파스칼이 자기 자신에게 일어난 기석을 인간의 말로서 그것도 누구나 알 수 있는 아름다운 말로 이야기하려 한 것이 『팡세』이다. 다만 그는 키에르케고르와는 달리 신앙은 누구에게나 열려 있는 것이며 쉽게 체득할 수 있는 것이라고 생각했다.

'남의 힘을 빌어 이루느냐' 아니면 '자신의 힘으로 이루느냐'

지금에 와서 파스칼은 역사상 유수한 종교사상가로 간주되고 있지만 그 자신에게는 예상 외의 일일 것이다. 그의 주변에는 그보다 훨씬 성서나 신학에 통달한 사람들이 많이 있었다. 그러한 전문가의 인도를 받으면서 종교라는 밀림을 헤치고 들어갔던 것이다. 파스칼은 신학에 관해서는 아마추어로서 출발했다.

그러나 아마추어에게는 아마추어의 강점이라는 것이 있다. 그것을 여지없이 발휘한 것이 '프로방시알 논쟁'으로 불리는 것이다. 당시 프랑스의 종교계에서는 예수(Jesus)회와 쟝세니즘(Jansenism)으로 불리는 두 개의 종파가 논쟁을 벌이고 있었다. 예수회가 쟝세니즘을 이단으로 고발한 데서 시작된 논쟁인데, 쟝세니즘에 귀의하고 있었던 파스칼이 그 반론자로서 기용되었다. 보통 신학 논쟁이라고 하면 일반 사람들에게는 도무지 알 수 없는 난해한 것이 되기 쉽다. 그러나 종교를 초보에서부터 연구한 파스칼은 전문가의 지시에 따라 신학서를 읽고 나서 누구나 알 수 있는 평이한 문장으로 문제점을 밝히면서 논적(論敵)을 완벽하게 몰아세웠다.

그 논쟁 때문에 쓴 『프로방시알 서간』은 논쟁술과 설득술의 모범이라고도 일컬어지며 또 고전 프랑스어를 확립했다고 하는 명문장이기도 하다. 당시의 '태양왕' 루이 14세와 재상 마자랭을 비롯한 전 프랑스의 지식인이 모두 애독했을 정도였다.

이 '프로방시알 논쟁'의 중심이 된 것은 '은총'의 문제인데 『팡세』에서도 여러 곳에서 거론되고 있는 테마이다. 이것은 여러 설이 복잡하게 뒤섞인 신학의 특유하고 난해한 문제인데, 파스칼은 『팡세』를 생각하기 시작한 이상 어떻게든 피할 수 없는 관문이었다.

은총이란 한마디로 말하면 신이 인간에게 주는 은혜라는 뜻이다. 인간을 구제하기 위해 신이 인간에게 미치는 힘이라고 한다면 조금은 이해하기 쉬울 것이다. 불교에서도 구제에 이르는 방법을 둘러싸고 남의 힘을 빌어 이룩한다는 것과, 스스로의 힘으로 이룩한다는 두 가지의 견해가 있는데 은총의 문제도 이것과 비슷하다. 즉 인간이 내세에서 구제 받는가 혹은 벌을 받게 되는가 하는 중요한 결정에 있어 신의 힘과 인간의 힘 가운데 어느 쪽이 강하게 작용하는가 하는 문제이다.

이 신의 힘과 인간의 힘의 강도에 따라 세 가지의 견해가 생긴다. 우선 신의 힘이 모든 것을 결정한다는 견해가 있다. 구제받는 인간은 신에 의해 일방적으로 정해져 있고 인간의 힘이 미칠 여지는 진혀 없나는 입상이다. 칼빈(Calvin)이나 루터(Luther)등의 프로테스탄트는 이 입장에 서있다.

이것과는 대조적으로 인간의 힘이 크게 작용한다는 입장에 가까운 것이 가톨릭의 예수회이다. 파스칼이 지지하는 쟝세니즘은 양자의 중간에 있으며 프로테스탄트에 가깝다. 좀더 정확히 말하면 구제받을 예정인 인간은 미리 신의 의지에 의해서 정해져 있는데 그 예정자가 정말로 구제받는지 어떤지는 각자의 노력에 달렸다고 하는 견해이다.

이렇게 요약해 버리면 어째서 이런 일이 큰 문제가 되는가 하고 의아하게 생각될지도 모른다. 그렇지만 사실 종교에 있어서 은총의 문제는 가장 중요한 점이다. 종교개혁이 일어나고 종교를 둘러싼 전쟁이 시작된 것도 근본을 더듬어 찾아보면 거기에 귀착한다.

왜 은총을 둘러싼 문제가 그토록 중대한가. 그것은 은총문제는 인간의 행복을 둘러싼 논의이기 때문이다. 인간의 구제라는 궁극의 행복을 문제 삼고 있는 은총론은 바로 행복론이기 때문이다. 파스칼은 "신 없는 인간의 비참함"이라는 말을 자주하고 있는데 그것은 신에게서 은총을 받지 못하는 인간의 불행을 말하고 있는 것이다. '프로방시알 논쟁' 은 결국 쟝세니즘에 대한 이단의 선고라는 형태로 일단락되었다. 그러나 중요한 것은 그 종교 사상에 있어서의 의의보다는 오히려 이 논쟁을 통해 파스칼이 종교의 가장 심오한 테마를 다루었다는데 있다.

일반적으로 종교 그 자체가 행복론이라고 말해도 좋을 것이다.

약간은 다루기 힘든 파스칼의 종교론도 이렇게 생각하면 친근하고 친숙하게 될 것이다.

행복을 확신한 그의 죽음

이리하여 행복을 추구한 파스칼 자신은 과연 행복했을까? 세상의 일반적인 기준에서 보면 아무래도 행복한 인생이었다고는 할 수 없을 것 같다. 파스칼의 인생은 병고의 인생이기도 했다. 계산기 개발에 전념하여 정신과 육체를 혹사한 탓으로 건강을 해친 파스칼은 18세 때부터 하루도 고통 없는 날을 보낸 적이 없었다고 한다. 견딜 수 없는 두통, 위통, 다리의 마비, 변비 등에 고통을 받았다는 사실을 누나 질베르트는 전기에 기록하고 있다. 의사는 어떤 일에도 열중하지 말 것 그리고 가급적 두뇌를 쓰는 일은 피하고 기분 전환을 하도록 권했다. 그러나 열중하는 것과 두뇌를 쓰는 것을 제외하면 파스칼에게 무엇이 남겠는가. 그의 삶의 방식은 필연적으로 병을 악화시키도록 짜여져 있었다고밖에는 생각되지 않는다.

질병에 어떻게 대처할 것인가는 인생의 중대한 문제이다. 투병 생활에 전념하는 것만으로 인생을 보내는 사람도 있다. 질병과 싸우는 것이 인생의 귀중한 목적이 될 수도 있다. 질병은 인간을 또 다른 인생의 어려운 문제에서 년세해줄지도 모른다. 파스칼의 경우, 질병을 그리스도 교도의 자연의 상태로 간주하고 이것을 오히려 이용하려고 하였다. 「병의 선용(善用)을 신에게 찾는 기도」 속에서 이렇게 말하고 있다.

당신은 당신에게 봉사하게 하려고 저에게 건강을 주셨는데, 저는 그것을 전적으로 세속적인 일에 썼습니다. 당신은 지금 저를 교정하기 위해 병을 보내셨습니다. 부디 제가 성급하게 이 병을 이용해 당신을 화나게 하는 일이 없도록 해주소서.

확실히 병에는 인생관을 변화시키는 힘이 있다. 파스칼은 여느 때처럼 외곬으로만 생각하고 있었다. 그는 병을 '죽음의 여행'으로 간주하고 있었던 것이다. 파스칼에게 죽음은 영원한 삶에의 입구여서 아무런 두려움도 없었다. 병은 오히려 환영할 만한 것이었다.

그렇다고는 하지만 인간에게 견디기 힘든 것은 병에 따르는 통증이다. 그런데 파스칼은 통증조차도 '선용' 하였다. 죽기 4년 전 어느 날 밤 심한 치통 때문에 잠을 이루지 못하던 파스칼은 전부터 마음에 걸리던 수학문제를 생각하기로 하였다. 그것은 룰렛(Roulette)론 혹은 사이크로이드론으로 불리는 것으로 원이 직선 위를 굴러갈 때 그 원주 위의 한 점이 그리는 궤적을 구하는 문제이다. 하룻밤을 꼬박 새워 이 문제를 풀었을 때 치통은 완전히 사라졌다고 한다.

여기에서 마음에 걸리는 것은 죽기 4년 전이라고 하면 신 이외의 것은 일체 생각하지 않겠다고 맹세한 저 결정적 회심을 한 직후였는데도 불구하고 아직도 세속의 학문인 수학에 대한 관심이 사라지지 않았다는 것이다.

사실은 같은 시기에 이 외에도 몇 가지의 뛰어난 수학논문을 완성했던 것으로 보아 파스칼은 항상 신만을 생각하고 있지는 않았던 것 같다. 자신에게 엄격한 생활을 부과한 파스칼에게도 '기분 전환'이 필요했던 모양이다. 그 '기분 전환'이 수학이었다는 사실은 여전히 철저하게 '생각하는 정신'이 건재하다는 것을 말해주고 있다.

그리고 마지막까지 실무적 능력에 뛰어난 파스칼다움도 사라지지 않았다. 일정한 직업을 갖지 않았던 그에게는 아버지가 물려준 유산이 유일한 생활자금이었는데 이것을 유리하게 운용하기 위해 늪지를 간척하는 회사에 투자하거나 소맥시장에서 가게를 사거나 하는 일을 진행했다. 죽기 수 개월 전에는 파리 시내에 승합마차를 운영할 아이디어를 생각해내고는 개업까지 했다. 이것은 파리의 공공교통기관의 수단임과 동시에 오늘날 우리들이 버스로 대표되는 탈것의 기원이라고도 할 수 있는 것이다. 죽음에 임박해서도 이와 같은 일까지 생각하고 있었다는 것은 오로지 "나는 부를 사랑한다. 부는 비참한 사람들을 돕는 수단을 줌으로"라는 생각에서였다. 그는 승합마차 사업의 이익을 빈민구제기금에 충낭하라는 유언을 남겼다.

파스칼은 죽음 직전까지 병상의 몸에도 불구하고 지팡이에 의지하거나 사람들의 도움을 받아 파리의 전 교회를 방문해서 가난한 아이들의 뒷바라지를 했다. 어떤 때에는 천연두에 걸린 아이를 둔 가난한 집안을 위해 자신의 집을 비워주기도 했는데, 이미 『팡세』를 완성시킬 여력은 남아 있지 않았다. 『팡세』는 9백 남짓한 단장(斷章)으로 정리를 하지 못한 채 남겨진 것이다.

그의 사인은 장결핵 혹은 전신에 전이한 암이라고도 하는데 분명한 것은 알려져 있지 않고 있다. "원하건대 신이여 저를 버리지 마옵소서." 라는 것이 마지막 말이었다. 전해지는 바에 의하면 편안하고 아름다운 임종의 얼굴이었던 것 같다.

니체는 "자멸하고 절망한 파스칼"이라고 말하고 있지만 이제까지 서술해 온 바에서도 짐작할 수 있듯이 파스칼은 결코 절망 따위는 하지 않았다. 그는 그 누구도 따르지 못할 만큼 강하게 계속해서 행복을 추구하고 행복하게 될 것을 확신하면서 죽어갔을 것이다. 새삼스럽게 다시 말하면 파스칼은 끊임없이 행복을 추구하려는 의지로 가득 찬 삶을 살았고 『팡세』는 그 증언이라 할 수 있다.

행복의 추구야말로 종교는 물론 소크라테스 이래의 철학에서 가장 큰 테마였으며 파스칼은 무에서 무한이라고 하는 최대의 진폭 속에서 이것을 완벽하게 생각하고 외곬으로만 생각했다. 그리고 이러한 일을 통해 인간이란 무엇인가에 대해 항상 신선한 감동을 담아 우리들에게 생각하게 한다.

행복에 대한 열렬한 의식을 잃어가고 외곬으로만 생각하는 마음도 사라지고 행복론이라고 하면 안락사(安樂死)정도밖에는 생각하지 않는 현대에도 모든 사람이 행복을 찾고 있는 사실은 옛날과 다르지 않다. 현대의 새로운 행복론을 생각하는 가장 좋은 텍스트는 『팡세』 이외에는 없을 것이다. 파스칼은 이런 식으로 말하고 있다.

다른 일로 상당히 쓸모 없는 일에 소비하는 시간을 조금이라도 이것을 읽기 위해 할애해야 한다. 그것에 대해 어떤 반감을 느낄 지라도 무엇인가에 맞닥뜨릴 것이다.

Chapter 6 메르헨의 철학

Sören Aabye Kierkeggard

키에르케고르 *Sören Aabye Kierkeggard: 1813~1855*

덴마크의 종교사상가 · 철학자.

코펜하겐에서 7남매 중 막내로 태어나 엄격한 기독교적인 금욕주의 교육을 받았다. 아버지 미카엘 키에르케고르가 신을 저주한 사실을 알고 충격을 받아 죄의식을 갖게 됨과 동시에 인생에 대한 견해를 근본적으로 달리하게 되었다. 아버지로부터 전달된 우울과 불안에서 벗어나기 위해 1837년 레기네와 약혼했으나 알 수 없는 이유로 파혼을 했다. 이 체험이 주요 동기가 되어 최후까지 그의 사상의 발전과 저작 활동을 지배하게 된다. 그는 불안의 개념을 중심으로 인간 실존의 문제를 푸는 실존철학을 열었다.

메르헨의 철학

왜 철학이라는 것이 있으며 왜 사람은 철학서를 읽는가 하는 의문은 곰곰이 생각하면 좋은 일이라고 생각된다. 하지만 고생해서 어려운 철학서를 읽는 것이 덧없는 일인지도 모른다는 생각이 때론 들기도 한다. 확실히 철학은 물이나 공기처럼 인간의 생존에 있어 필요 불가결한 것은 아니다. 철학서와 전혀 인연 없이 지나는 인생도 있다. 오히려 그런 쪽이 일반적일 것이다. 철학서를 읽지 않더라도 살아가는 데는 조금의 어려움도 없다.

그러나 철학서와 인연 없는 인생도 스스로 철학적 문제를 의식하지 않을 수 없는 때가 틀림없이 있을 것이다. 철학과 전혀 교차하지 않고 끝나는 인생이란 있을 수 없는 것이 아닐까. 왜냐하면 인간의 삶에 대한 본연의 자세 그 자체를 상대하는 것이 철학이기 때문이다.

이 철학의 중심 테마를 둘러싸고 이제까지 많은 사람이 논하여 왔는데 누구보다도 심각하게 이 문제를 생각한 사람은 실존철학의 창시자로 불리는 키에르케고르(1813~1855)일 것이다. '심각한 생각' 이야말로 철학에 친숙해지는 유력한 동기임에 틀림없다. 키에르케고르에게는 경험은 부족하더라도 사물을 심각하게 고민하는데 있어서 결코 성인들에게 뒤떨어지지 않는 미성년자의 마음을 강하게 끌어당기는 그 무엇이 있다.

나의 경우 키에르케고르를 처음 읽은 것은 17세 때이다. 당시의 책을 꺼내어 보면 여기저기에 밑줄을 긋고 써넣은 것들이 있어 그리운 마음이 생기기도 했다. 생각은 간절했지만 뜻은 미치지 못했다고 할까. 정직하게 말해서 그다지 이해할 수 없었던 것으로 생각된다. 물론 그밖에도 이해하지 못한 철학서가 많이 있었는데 그 중에서도 특히 키에르케고르에 대해 꺼림칙했다.

도대체 키에르케고르는 무엇을 말하고 싶었던 것일까 – 이 사실을 확인하지 않고 내버려 둔 것이 어쩐지 분하기도 했다. 그 후 기회가 있을 때마다 키에르케고르를 펼쳐 보는 동안에 나는 조금씩 이해할 수 있을 것 같았다. 거기서 깨달은 것은 17, 8세의 나이에 키에르케고르를 이해한다는 것은 불가능하며 45, 6세가 되어야 비로소 이해할 수 있는 철학이 아닐까 하는 점이다. 나이를 먹으면 얼마쯤의 지혜가 몸에 붙게 마련이고 적어도 침착하게 사물을 생각할 수 있게 될 것이다. 철학에 접근하는 데는 젊은이의 외곬으로만 생각하는 마음도 필요하지만 이것을 이해하는 데는 중년이 되어 사물에 대한 판단력이 어느 정도 형성되었을 때가 적합하리라고 생각한다. 20대에서 철학을 끝낸다거나 포기하거나 하는 것은 정말 애석한 일이다. 40세가 지나서 접하는 철학이야말로 인생을 풍요롭게 하는 것이 아닐는지…….

아버지에 대한 우울한 추억

　나는 40대의 중반에 키에르케고르를 새삼스럽게 다시 읽었는데 여전히 이해되지 않는 부분이 많다. 예를 들면 그의 대표적 저서로 알려져 있는『죽음에 이르는 병』의 첫머리에는 이렇게 씌어져 있다.

인간은 정신이다. 그렇다면 정신이란 무엇인가. 정신이란 자기이다. 그렇다면 자기란 무엇인가. 자기란 하나의 관계, 그 관계에 관계하는 관계이다. 혹은 그 관계에 있어서 그 관계가 그 자신에게 관계한다는 것을 말한다. 자기란 관계 그 자체는 아니고 관계가 그 자신에게 관계한다는 것을 말한다. 인간은 무한성과 유한성, 시간적인 것과 영원한 것, 자유와 필연의 총합이다.

　키에르케고르 철학의 가장 핵심적인 부분인 것 같은데 솔직히 말해서 나로서는 그 의미하는 바를 잘 알 수 없다. 인간에게는 육체도 있을 텐데 왜 "인간은 정신이다."라고 단정하는 데부터 시작하는 것일까. 이 최초의 몇 줄에서 좌절하는 사람도 적지 않을 것이다.
　나의 경우 무엇인가 석연치 않은 것을 느끼면서도 죽음에 이르는 병이란 절망을 말하는 것이며 이 철학자가 절망이나 불안을 생애의 테마로 하고 있다는 사실만은 알 수 있었다.
　그러나 키에르케고르의 말투는 뭔가 이상한 것을 느끼게 한다.

왜 절망이나 불안에 대해 이토록 심각하고 집요하게 생각하는 것일까? 누구라도 절망이나 불안을 벗삼아 살고 있을 터인데 그에게는 무엇인가 특별한 체험이 있는지도 모른다 – 이렇게 생각하고 그의 생애를 조사해보니, 그의 철학과 생애는 동전 한 닢의 안팎이라기보다 오히려 용합(溶合)된 합금처럼 일체되어 있다는 사실을 알게 되었다. 그래서 그의 생애에 대해 내가 알게 된 사실들을 우선 밝힐까 한다. 알게 될수록 키에르케고르의 생애는 특이

한 것이라는 사실을 확인하게 되는데 그에게 결정적인 영향을 준 것은 우선 그의 아버지이다. 자식은 부모로부터 반드시 무엇인가 어떠한 각인(刻印)을 받기 마련이다. 그의 경우는 아무래도 심상치가 않다.

"어떤 인간의 운명을 영원히 결정하는 것, 아버지가 되는 것만큼 이 지상에서 무서운 일은 없다."고 그는 기록하고 있다.

키에르케고르의 아버지 미카엘은 가난한 양치기 소년에서 시작하여 상인으로 성공해서 코펜하겐의 명사들과 교우한 입지전적인 인물이다. 그런데 40세라는 젊은 나이로 사업의 일체를 사촌 동생에게 양도하고 은퇴해 버렸다. 이와 같은 이해할 수 없는 행동을 둘러싸고 연구자들은 여러 가지의 설을 내세우고 있는데 그 중에 이런 설이 있다.

미카엘은 가난한 양치기 소년이었을 무렵 너무나 비참한 생활 때문에 신을 저주한 일이 있었다. 훗날 그는 이 사실을 상기하고 신을 저주한 것은 어떤 이유가 있었더라도 결코 용서받을 수 없는 죄이며, 이 때문에 자신에게는 신의 벌이 내려져 오래 살지 못할 것이라고 확신하였다.

40세를 지날 무렵, 아내가 죽고 그 자신도 중병에 걸렸다. 이리하여 그는 죽음이 눈앞에 다가온 것을 알고 당대에 쌓아올린 사업에서 물러났다.

키에르케고르 자신의 증언 등에서 보더라도 납득할 수 있는 설이라고 생각된다. 여기서 강한 인상을 받게 된 것은 아버지 미카엘의 독실한 신앙심이다. 오로지 눈앞의 죽음에 대비해서 살아온 미카엘의 생애는 사형수의 생애와 비슷하다 하겠는데 그러한 죽음을 기다리는 여생 한가운데에 정확히 말하면 은퇴 후 16년째 되던 해에 이 세상에 나타난 것이 키에르케고르였던 것이다. 그의 눈에 비친 아버지는 언제나 책을 읽고, 기도 드리고, 죄와 벌에 대해 이야기하는 모습이었다. "내가 이제까지 알고 있는 가장 우울한 인간"이라고 그는 아버지에 대해 말하고 있다. 키에르케고르의 친구들도 그 가정의 무거운 분위기에 놀라 두 번 다시 놀러오지 않았다고 한다. 불면증인 미카엘은 잠을 이루지 못하는 밤에는 자식들을 불러 놓고 우수에 넘치는 이야기를 들려 주었다. 키에르케고르는 '비밀에 가득 찬 가족'이라는 소설을 쓰려고 생각했을 정도라고 한다.

신에게 바쳐진 '산 제물'

참으로 우울한 환경에서 자라난 키에르케고르에게 이 '우울'이라는 단어는 그의 생애와 사상을 일관하는 핵심어로 작용한다. 그의 저서는 이 답답하고 괴로운 말로 넘쳐 있다. 덴마크어로는 '우울(tungsind)'은 '무거운 마음'이라는 의미이다. 무엇인가를 계속 생각해서 그것에서 빠져 나오지 못하게 된 무거운 마음 — 그것이 '우울'이다.

미카엘은 자신에게 죽음이 다가온 것을 느끼고 그것에 대비했지만 죽음은 찾아오지 않았다. 그래서 그가 생각한 것은 신의 벌이 자기 대신에 가족들에게 돌려졌다는 것이다. 그것을 증명이나 하듯이 잇달아 자식들이 죽었으니 키에르케고르가 열 살이 될 무렵에는 겨우 2, 3년 동안에 세 사람의 형과 누이 그리고 어머니까지 잇달아 세상을 떠났다. 이리하여 일곱 남매 중 키에르케고르와 여덟 살 위인 형 두 사람만이 남게 되었다.

여기서 미카엘은 또 다시 기묘한 사실을 깨닫게 되었다. 죽어간 자식들 모두 33세가 되기 전에 죽었다는 사실이다. 33세라면 예수그리스도가 죽었다고 하는 나이다. 살아남은 두 아들도 틀림없이 같은 운명을 걷게 될 것이고 나 혼자만 뒤에 남아 영원히 고통을 받게 될 것이라 생각한 미카엘은 자신의 생각을 아들에게 이야기해 주었다. 그 후 아버지 미카엘은 82세까지 장수하였는데, 그건 그렇다 치고 자신의 아들을 앞에 두고 '너희들은 33세 전에 죽을 것이다.' 라고 이야기 해 주었다니, 뭐라고 설명하기 어려운 아버지가 아니겠는가.

키에르케고르 집안에 있어서 아버지는 자식들에게 마치 신과 같은 존재였다. 자식들은 아버지의 말이라면 무엇이든 완전히 믿었던 것이다. 42세까지 살았던 키에르케고르도 그의 34세의 생일 날을 맞이했을 때 자신의 생일 날짜가 틀린 것이 아니냐고 교회에 물어보았을 정도였다. 그러나 이 운명의 나이를 넘어 섰다고 해서 안심할 수는 없었다. "나에게 있어 허용된 시간의 한도는 기껏해야 1년쯤, 다급해졌을 때는 한 달, 아니 단지 하루만을 생각해서 사는 일도 드물지 않았다."고 그는 말하고 있다. 이와 같은 절박감은 선천적으로 몸이 허약했다는 사실과도 관계가 있을지도 모른다. 그는 어렸을 때 나무에서 떨어져 척추를 다쳐 등이 구부러졌는데 보기 흉할 정도로 심한 편은 아니었다. 초상화를 보면 오히려 미남자에 가까운 용모에 특히 어두운 면은 느낄 수 없었다. 그러나 한 평생 그의 마음에는 죽음에 대한 생각이 떠나지 않았다.

어째서 이런 일이 생기게 된 것일까 - 모두 아버지 미카엘의 강렬한 신앙심 때문이라고 생각하고 있었던 키에르케고르는 그 신앙심의 이면에 감추어져 있는 사실을 임종 직전의 아버지에게 비로소 듣게 되었다. 미카엘이 양치기 소년 시절 신을 저주한 것은 이미 언급한 바 있다. 그는 아들에게 가정부와 불륜의 관계를 맺고 있었다는 사실을 고백했다. 전처가 죽은 얼마 후, 그 가정부와 결혼을 했지만 그때 그녀는 임신 4개월의 몸이었다. 그녀는 그 후 키에르케고르 자신을 포함한 일곱 아이를 낳게 된다.

키에르케고르는 아버지의 고백을 '대지진'이라고 부르고 "우리 아버지의 장수는 신의 축복이 아니고 신의 저주였다."고 수기에 기록했다. 그리고 자신을 비롯한 자식들은 아버지의 죄를 보상하기 위한 '산 제물'과 같은 것이라는 사실을 깨닫게 된 것이다.

신앙심이 얕은 사람들의 입장에서 본다면 기묘하게 생각되겠지만, 키에르케고르는 아버지에게 반발하기는커녕 '산 제물'로서의 자신의 숙명을 받아들이려고 생각했다. 나는 여기서 아버지가 자식에 대해 절대적인 힘(키에르케고르는 이것을 '아버지의 권능(權能)'이라고 말하고 있다.)을 가지고 있는 것에 감동마저 느낀다.

그런데 아버지가 자식을 '산 제물'로 바친 예는 구약성서『창세기』에 나오는 아브라함의 이야기가 있다. 아브라함은 신의 명령대로 이삭을 신에게 바치기 위해 산으로 데려 가서 제단을 쌓고 장작을 쌓아 올리고 이삭을 묶어 그 위에 얹었다. 아브라함이 자기 자식 위에 칼을 내리치려는 순간 하나님의 목소리가 들려와 이삭을 살릴 것을 명하고 그 대신 '산 제물'로 한 마리의 숫양이 나타났다.

키에르케고르는 이 이야기를 바탕으로『공포와 전율』을 썼다. 이 책은 키에르케고르의 저서 중에서 내가 가장 애독하는 책인데 거기에는 이렇게 기술되어있다.

아브라함이 행한 것을 윤리적으로 표현하면 이삭을 죽이려고 한 것이며, 종교적으로 표현하면 이삭을 바치려고 한 것이다. 이 모순속에 사람을 잠들지 못하게 하는 불안이 있다.

내가 이 책에 호감을 갖는 것은 이 '불안'을 뭔가 안이하게 설명하거나 교묘히 해결하거나 하지 않기 때문이다. 키에르케고르는 그것을 보다 신변 가까이에 두고 보다 절실히 느껴 이해하려

220

는 데에만 노력했다. "아브라함을 이해한다는 것은 나에게는 불가능하다. 다만 경탄할 뿐이다."라고 그는 말했다. 명백히 아브라함은 아버지 미카엘이며 이삭은 키에르케고르 자신이다. 그는 아브라함을 이해할 수는 없어도 이삭의 불안을 스스로 체험했던 것이다. 키에르케고르는 자기 자신이 이삭의 입장에 놓여 있다는 사실을 확신하고 이삭의 불안이 어떠한 것인가를 계속 생각하여 그것이 그의 생애의 큰 테마가 되었다 – 이것이 나 자신의 '키에르케고르에 대한 이해'의 발단이다.

사랑하기 때문에 파기한 약혼

키에르케고르 사상의 중요한 바탕이 된 것은 아버지에게서 받은 강력한 영향과 '레기네 사건'이라 불리는 것이다.

레기네 올센은 당시 코펜하겐에 사는 관리의 딸로 키에르케고르는 친지 집에서 그녀를 만났고 사랑을 느껴 사랑을 고백하고 약혼을 하였다. 키에르케고르는 26세, 그녀는 17세였다. 그런데 그는 약혼한 다음 날에 레기네와 약혼한 것을 후회했고, 1년 후에는 일방적으로 약혼을 파기하고 교제를 끊었다. 그 후 키에르케고르는 생애를 독신으로 보냈고 한편 레기네는 그로부터 몇 년후 훗날 덴마크령 서인도제도의 총독이 된 인물과 결혼하여 키에르케고르보다 반세기나 더 오래 살았다.

이렇게 몇 줄로 요약되는 이 사건 속에는 키에르케고르의 사상이나 저작활동뿐만 아니라, 20세기의 철학에도 중요한 영향을 주는 사안이 감추어져 있다. 그 이유는 키에르케고르의 거의 모든 저작은 이 '레기네 사건'을 바탕으로 하여 레기네를 위해 씌어져 있기 때문이다. 그가 철학적 혹은 종교적 사색에 잠길 때 항상 염두에 두었던 것은 레기네의 일이었으며 그녀에 대해 취한 자기 자신의 행동은 그 저작의 구석구석에서 엿볼 수 있다. 그는 레기네에 대해 자신의 저작의 '공저자'라고 말하고 "나의 인생은 그대에 대한 신화가 된다."라고 쓰고 있는데 이것은 결코 사랑 고백에서 흔히 볼 수 있는 과장된 표현이 아니다.

키에르케고르의 생애에서 가장 수수께끼로 남아 있는 점은 왜 레기네와의 약혼을 파기하였는가하는 사실이다. 그 자신도 이 수수께끼를 풀 수 있는 사람은 자신의 사상을 풀 수 있다고 뭔가 의미 있는 듯한 말도 하고 있다. 철학연구자들이 가장 주력하여 연구하는 점도 이 부분이다.

연구자의 갖가지 설을 검토해 본 결과 키에르케고르를 약혼 파기로 이끈 것은 역시 예의 '무거운 마음'이었다고 짐작된다. 그것도 아버지에게서 심어진 '무거운 마음' 그대로가 아니라 그 자신의 경험으로 더욱 더 무거워진 '무거운 마음'이다. 그는 약혼을 파기한 무렵을 되돌아보며 일기에 이렇게 썼다.

만약 내가 자신의 내부를 털어놓지 않으면 안 된다고 한다면 나는 그녀에게 정말로 무서운 몇 가지의 사실을 털어놓아야 했을 것이다.

이 '무서운 사실'이 무엇인가는 일기에 기록된 다음과 같은 고백을 통해 추측할 수 있다.

어떤 사람이 청년기 무렵 술에 취한 상태에서 여자가 있는 장소를 찾아가자는 유혹을 받은 적이 있었다. 그에게는 그것에 대한 일체의 기억이 남아 있지 않다. 그리고 지금 그는 결혼하려 하고 있다. 하지만 이때 불안이 싹트기 시작한다. 자신은 벌써 아버지가 되어 있는 것은 아닌가, 세계의 어딘가에 자신에게 책임이 있는 어떤 숙명적인 자식이 있는 것은 아닐까 하는 일로 그는 밤낮으로 괴로움을 받는다…….

이것은 키에르케고르 자신의 실제적인 체험을 말한 것이라고 간주되어 연구자는 그를 유혹한 친구의 이름도 밝혀냈다. 키에르케고르는 술이나 담배를 모두 좋아해 종종 만취했으며 그가 죽었을 때 자택의 지하실에는 30병의 와인이 남겨져 있었다고 하는데, 사실은 여기에 기술된 것 같은 일들이 목사가 되려고 했을 때에도 대단히 마음에 걸렸던 모양이다.

그렇다고는 하지만 청년시절에 흔히 있을 수 있는 이런 사건만으로 결혼을 단념했다고는 생각되지 않는다. 그는 레기네에게 갖가지의 책을 빌려주고 특히 주의해서 읽어야 할 부분을 지시하는 등 장래의 아내를 위해 열심히 '교육'까지 행했었는데 아무래도 교육 효과는 없었던 것 같다. "불행한 것은 그녀가 종교적인 전제를 무엇 하나 가지고 있지 않았다는 점이다. 이 점에서 나는 혼자 설치다가 만 것이다."라는 그의 말은 두 사람이 열대와 한 대처럼 전혀 다른 세계의 주민이었다는 것을 보여주고 있다. 게다가 키에르케고르는 사랑을 새삼스레 어렵게 생각했던 모양이다.

두 사람의 인간이 서로 사랑하고 서로 정해진 상대라고 느낀다면 단절의 용기를 가지는 것이 중요하다. 맺어지는 것에 의하여 일체를 잃게 될 뿐 아무 것도 얻지 못한다.

키에르케고르의 이런 생각이 16, 7세의 처녀에게 이해됐으리라고는 생각되지 않는다. 왜 약혼이 파기되었는지 레기네는 마지막까지 알 수 없었을 것이다.

"어쩌면 나는 너무나 반성적이기 때문에 사랑 따위는 전혀 할 수 없는 것일까."라고도 썼는데 아마 그대로일 것이다. 사물을 지나치게 괴로워하는 것이 좋든 나쁘든 키에르케고르의 특징인 것이다. 이러한 점들을 함께 생각해 보면 키에르케고르가 왜 레기네와의 약혼을 파기했는가 하는 것보다도 어떻게 결혼할 마음이 있었는가 하는 쪽이 오히려 수수께끼처럼 생각되는 것이다.

이것이냐, 저것이냐

코펜하겐은 인구 12만 명 정도의 소도시로 '소문 많은 거리'라고도 불리고 있었다. 당연히 키에르케고르와 레기네와의 사건은 별명에 알맞은 소문거리가 되었을 것이다. 두 사람은 다같이 더 이상 이 도시에 있을 수 없는 상황에 놓여졌을 것이다. 그런데 키에르케고르에게는 부끄러워하는 기색이 조금도 없었다. 그는 약혼 파기로부터 2년 후, 그 기억이 아직 생생할 때에 『이것이냐, 저것이냐』를 발표하여 레기네 사건의 경위를 상세하게 다루었던 것이다. 이것은 가명으로 자비출판 되었는데 내용을 보면 누가 진짜 필자인가는 명백한 것이었다. 『이것이냐, 저것이냐』라고 하는 제목 자체가 레기네와 결혼한 쪽이 좋았는가 그렇지 않으면 하지 않는 쪽이 좋았는가 라고 아직도 갈피를 못 잡고 있는 키에르케고르의 마음을 암시해 준다.

『이것이냐, 저것이냐』속에서 특히 화제가 됐던 것은 "유혹자의 일기"라는 부분이다. 돈 후앙과 파우스트를 합친 것 같은 인물의 일기라는 형태를 취하고 있는데 이것을 읽어보면 여전히 키에르케고르는 열렬하게 레기네를 사랑하고 있다는 사실을 알 수 있다.

사랑을 언제까지나 신선하게 남겨두기 위해 사랑하는 여자와는 결혼하지 않는다는 연애 지상주의 혹은 독신주의의 표명을 통해서 그녀에게 약혼 파기를 변명함과 동시에 변함없는 사랑의 마음을 고백하고 있는 것이다. 그런데 내용의 다른 한편에서는 행복한 결혼생활을 옹위하는 재판관을 등장시켜 결혼이란 것이 얼마나 멋있는 것인가를 말하기도 한다.

『이것이냐, 저것이냐』를 발표한 지 2년만에 씌어진 『인생행로의 제단계』에서도 독신변호론과 결혼예찬론이 논쟁을 하고 있는데, 이것을 읽으면 결혼을 거부하면서 키에르케고르만큼 결혼의 모든 세부사항까지 철저하게 생각하고 그 훌륭함을 이야기 할 수 있었던 사람은 달리 없을 것이라는 느낌이 든다.

예를 들면 결혼은 인간이 시도할 수 있는 가장 중요한 탐험이어서 "오디세이아가 고향에서 아내인 페네로페와 함께 머물고 있었더라면, 고향을 떠나 이국을 방황했을 때만큼 많은 것을 알게 되지는 못했을 것이라고 결코 말할 수 없다."고까지 말한다. 그는 모든 상상력을 동원해서 결혼의 모든 국면을 체험하고 그 이해득실(利害得失), 희노애락(喜怒哀樂)을 모두 짐작하고 있었던 모양이다. 그러나 확실히 키에르케고르의 결혼예찬론은 훌륭하지만 일방적으로 약혼을 파기하고도 그러한 것을 열심히 생각하고 글로 쓴다는 것은 상대방 여성에게는 괴로운 일이었을 것이다.

키에르케고르의 일련의 저서는 말하자면 레기네에게 보낸 공개 서신과 같은 것이었는데 이것을 그녀가 어떻게 읽었는지에 대해서는 일체 알려져 있지 않다. 틀림없이 아무런 반응도 없었을 것이다.

키에르케고르는 레기네가 다른 사람과 결혼한 뒤 얼마 후, 키에르케고르는 "당신은 나의 진정한 연인이었습니다. 유일한 연인이었습니다. 당신을 버리지 않으면 안 되었을 때 나는 당신을 가장 사랑하고 있었던 것입니다."라는 편지를 썼고 이제부터는 남매와 같은 교제를 계속하고 싶다고 간청했다.

그는 이 편지를 다섯 번이나 고쳐 썼다고 하는데 그 노력도 헛되이 개봉도 되지 않은 채 되돌아왔다. 당연한 일일 것이다. 신혼의 남편이 아내의 옛날 연인에게서 온 편지를 건네줄 리가 없다. 연구자는 그러한 키에르케고르의 심리나 행동을 파헤치려고 머리가 아프겠지만 레기네의 마음이나 입장을 전혀 고려하지 않은 키에르케고르의 행동은 파렴치하다고 말할 수 있을 것이다.

여기서부터 키에르케고르의 혼자만의 싸움이 시작되었다. 그는 매일 레기네를 위해 기도를 올리고 때로는 하루에 두 번씩이나 기도하는 일도 있었다고 일기에 기록하고 있다. 그리고 그녀에 관한 수기나 편지 그리고 저서를 넣어두기 위해 자단나무(紫檀木)로 만든 책상을 마련해 놓았다. 레기네가 약혼 중에 "만약 당신 곁에 있을 수만 있다면 설령 조그마한 책장 속이라도 좋으니 거기에 살게 해달라."고 말한 사실을 기억하고 있었기 때문이다. 키에르케고르는 죽은 후 모든 유산과 함께 이 책장을 레기네에게 물려주기로 결심하고 있었는데 그녀는 받을 것을 거부했다.

이와 같은 키에르케고르의 이야기에는 오로지 자신을 괴롭혀 그 괴로움이 깊어지는 것을 즐거워하는 것 같은 어떤 자학적인 면도 느껴진다. 그는 『인생행로의 제단계』 속에서 라인강 기슭을 따라 밧줄로 끄는 배에 타고 어떤 도시까지 가려고 한 양복쟁이의 이야기를 하고 있다. 뱃사공과 뱃삯을 흥정한 결과 함께 강기슭을 걸어 배를 끄는 일을 도와준다면 뱃삯을 반액으로 해주겠다는 말을 듣고 양복쟁이는 기꺼이 그렇게 했다는 것이다.

"아아, 우울한 인간도 바로 이것과 똑같게 되는 것이다."라고 키에르케고르는 말하고 있는데 그 자신이 바로 그러한 인간이었다는 것이 더욱 더 분명해진다.

마법에 걸린 키에르케고르

키에르케고르의 생애와 그의 성격을 살펴볼 때 누구라도 암담한 기분이 되지 않을 수 없을 것이다. 키에르케고르라는 이름부터 교회의 영지(領地) – 즉 묘지라는 의미이다.

이러한 음울한 세계는 상대하고 싶지 않다는 사람도 적지 않을 것이다. 나도 결코 이런 세계를 좋아하지 않는다. 키에르케고르 자신도 『나의 저작활동의 시점』에서 이렇게 증언하고 있다.

나에게 주어진 것이 무엇인가에 대해 나 자신도 잘 알 수 없고, 다른 사람의 경우와 조금도 비슷하지 않은 일에 대한 괴로움을 계속 고민해 온 것이었다. 어린 시절 설령 얼마 동안이라도 다른 사람들처럼 될 수 있다면 일체의 것을 내던지는 것도 개의치 않았을 것이다.

혹은 이렇게도 말하고 있다.

나에게는 오직 한 가지가 결여되어 있다. 단지 하루라도 자유로운 새가 된다는 것, 혹은 다른 힘에 의해 내가 묶여 있는 우울이라는 쇠사슬에서 해방된다는 것이…….

다른 사람과 전혀 닮지 않은 것, 자유로운 새, 쇠사슬에서 해방되는 것 – 여기서 내가 연상하는 것은 마법사가 왕자나 공주에게 주술을 거는 메르헨(märchen, 동화)이다. 그 전형적인 예로 키에르케고르와 동시대의 사람인 안데르센의 『들판의 백조』라는 메르헨이 있다. 12명의 왕자가 마음씨 나쁜 마법사인 왕비에 의헤 백조로 변했다가 엘리사라는 여동생이 고생 끝에 그 주술을 풀어 구출한다는 이야기이다. 또 그림 동화의 『개구리와 임금님』에서 개구리로 변했던 왕자는 아름다운 공주가 '이 보기 흉한 개구리 놈아.'라고 힘껏 내동댕이치는 바람에 마법에서 풀린다.

이와 같은 메르헨과 키에르케고르의 생애와는 어딘가 비슷한 점이 있는 것처럼 생각된다. 말하자면 키에르케고르는 아버지에 의해 마법에 걸려 개구리나 백조로 변해 버렸다고 생각할 수는 없을까. 아버지에게서 너는 젊어서 죽게 된다는 고정관념과 '무거운 마음'이 심어진 키에르케고르는 말하자면 본래의 모습을 잃은 개구리나 백조와 같은 것이다. "다른 사람이 되고 싶다."라든가 "자유로운 새가 되고 싶다."라는 절실한 외침은 그러한 마법에서 도망치고 싶다는 목소리로 생각된다.

키에르케고르에게 주술을 건 것이 아버지라고 한다면 레기네의 역할은 어떤 것인가. 그녀는 왕자에게 걸린 마법을 푸는 엘리사와 같다고 나는 생각하고 싶다. 안데르센은 "엘리사는 신앙심이 깊고 마음이 맑아서 마음씨 나쁜 왕비의 마법도 효력이 없었다."라고 쓰고 있다. 마법이 통하지 않는 인간만이 마법을 풀 수 있다. 이것이 메르헨 세계의 규칙인데 키에르케고르는 레기네에 대해 "순수하고 소박한 여성, 바다처럼 깊지만 내 사랑에 대해서는 꿈에도 모르는 여성"이라고 묘사하고 있다. 바로 마법을 푸는 데 알맞은 여성이다. 레기네는 아버지 미카엘이 키에르케고르에게 건 마법을 풀어야 할 구원자였던 것이다. 그것을 기대하고 그는 레기네와 약혼한 것이다.

키에르케고르는 그녀와 결혼하면 '무거운 마음'에서 해방되리라고 마음속에 그리고 있었을 것이다. 결혼예찬도 그 때문이다. 33세에 죽는다는 것 따위도 잊고 있었을 것이다. 그렇지 않다면 원래 약혼 같은 것은 하지 않았을 것이다. 그런데도 어째서 결혼하지 않았는가에 대해서는 그녀의 힘이 아버지 미카엘의 주술력(呪術力)에 미치지 못했다고 밖에는 할 수 없다. 그만큼 아버지의 힘은 절대적이었던 것이다.

여기서 중요한 것은 키에르케고르는 레기네와의 약혼을 일방적으로 거절했다는 것이다. 앞서 언급한 "내 인생은 그대에 대한 신화가 된다."라는 그의 말이 이런 사실을 말해주고 있는 것으로 생각된다.

그의 왕성한 저작활동은 이 새로운 저주에서 자신을 구출하기 위한 것이었다고 말할 수 있다. 또는 레기네를 통해 자신에게 부과된 저주를 찬찬히 음미하고 즐기기 위한 것이었다고 말하는 쪽이 정확할지도 모른다.

키에르케고르의 특이한 생애는 메르헨의 구조라는 점에서 바라보면 잘 이해할 수 있다고 생각되지만, 동시에 저작 그 자체에도 메르헨과 같은 장치를 마련해 두었다는 사실을 깨달을 수 있다. 『인생행로의 제단계』에 수록되어 있는 「어떤 고뇌의 이야기」는 100년 전에 호수바닥에 가라앉은 것이 우연히 발견되었다는 설정으로 이루어져있다. 또 『이것이냐, 저것이냐』는 낡은 책상의 이중서랍에서 발견되었다고 한다. 그리고 『현대의 비판』속에서는 "모든 화제가 되는 것에 대해서는 마치 50년 전에 일어난 일들처럼 말해야 한다."라는 법률이 공포된다면 수다쟁이는 난처하겠지만 진실로 자신이 말하는 바를 체득하고 있는 사람은 아무런 어려움을 겪지 않을 것이라는 의미의 말을 키에르케고르는 하고 있다. 메르헨이란 시간의 시련에 견디고 아직도 이야기할 가치가 있는 낡은 이야기를 말한다. 바로 그는 아주 옛날에 있었던 메르헨처럼 스스로의 이야기를 하려고 한 것이다.

메르헨의 구조

메르헨의 구조는 키에르케고르의 생애만이 아니라 철학 그 자체에도 해당되는 것은 아닐까 하는 것이 나의 견해이다.

대체로 철학자는 독특한 논법이나 용어법을 구사하는데 그것을 액면 그대로 받아들이는 것만으로 이해했다고 말하기는 어렵다. 상품의 주문서 등을 해독하는 데는 용어에 대한 지식만으로 충분하지만 사상이 기록된 문장을 해설하는 데 필요한 것은 읽는 사람 쪽의 아이디어(발상, 發想)이다. 무엇인가를 알았다고 생각되는 것은 읽는 사람에게 어떤 명확한 아이디어가 머리에 떠올랐을 때이다. 그것은 '이해의 틀' 이라고 할 수 있는 성질의 것이며 칸트는 이것을 "인식의 형식"이라고 말하고 있다.

키에르케고르의 철학을 메르헨이라는 시점에서 본다는 것은 내가 그의 전저작물을 읽고 얻은 아이디어이며 내 나름대로의 인식의 형식이다. 이것에 의해 이제까지 이해할 수 없었던 그의 철학도 잘 설명되리라 생각한다.

예로 '우울'과 함께 키에르케고르 철학의 중요한 핵심어인 '절망'을 들어보자. 『죽음에 이르는 병』에서 '절망'은 다음과 같이 정의되어있다.

"자기가 자기 자신이 아니라는 것이야말로 절망에 다름아니다."

나는 이것을 「어떤 고뇌의 이야기」속의 다음과 같은 고백인 듯한 말과 대비해 보고 싶다.

그렇기 때문에 나의 인생은 불행한 고생 이외의 무엇이겠는가! 나의 존재는 전적으로 쓰라린 고생이다. 나는 나 자신으로 되돌아갈 수 없다. 현세에서 언젠가 자기 자신에게 되돌아갈 수 있을지 어떨지 나는 알 수 없다.

이 고백은 처음에 거론한 절망의 추상적 정의를 구체적으로 이야기한 것이라고 받아들일 수 있다. "자기 자신이 아니다."라는 것은 백조로 변해 버린 왕자의 상태도 마찬가지이다. 키에르케고르가 말하는 '절망'이란 이와 같은 저주의 메르헨 혹은 변신된 메르헨에 나타나는 상황과 똑같은 것이며, 그것은 동시에 그 자신이 철들 무렵부터 놓여져 있었던 상황일 것이다.

여기서 처음에 인용한 『죽음에 이르는 병』의 첫머리 문장을 머리에 떠올리기 바란다. 거기에는 "자기란 하나의 관계 그 자체, 그 자신에 관계되는 관계이다."라는 이해하기 어려운 한 구절이 있다. 그것은 다음과 같이 바꾸어 말할 수 있을 것이다 – 자기가 자기 자신에게 어떻게 관계되고 있는가(다시 말해 자신은 절망하고 있는가 어떤가를 말하는 것)를 여러 각도에서 생각하고 검토하는 것, 그것이 자기이다라고. 이것은 개구리로 변해 버린 왕자가 도대체 자신은 무엇인가를 생각하고 있는 상태이다.

키에르케고르는 이와 같은 '관계'의 본연의 상태에 의해 절망도 가지각색의 종류가 있다는 것을 말한다. 그 자신은 자신이 절망의 소용돌이 속에 있는 것을 알고 있었는데 실은 "자기가 자기 자신이 아니다."라는 사실을 전혀 깨닫지 못하는 경우도 있다. 개구리로 변해 버린 왕자가 원래의 모습을 잊고 자신이 개구리라는 것에 아무런 의문도 품지 않는 것과 같은 경우이다. 이와 같은 상황에 대해 키에르케고르는 "절망하고 있는 것을 의식하지 못하는 것도 절망의 한 형태이다."라고 말한다.

또 안데르센의 메르헨에 등장하는 『미운 오리새끼』와 같은 경우도 있다. 오리새끼는 자신이 본래는 아름다운 백조인 것을 모르기 때문에 절망하고 있다. 이것은 "절망해서 자기 자신이 아니기를 소원하는 경우"에 해당하며, "약함의 절망"이라고 불린다.

이 외에 가능성 속으로 도피해서 자기자신을 잃는다고 하는

'가능성의 절망', 가능성을 잃고 자기 자신에게 절망하는 '필연성의 절망', 절망해서 자기 자신으로 있으려고 하는 '반항의 절망' 등을 키에르케고르는 들고 있다. 이들 여러 가지 절망의 본연의 상태를 바라보면 인간은 어떤 경우에든지 절망할 수밖에 없다는 것을 깨닫게 된다. 왜냐하면 키에르케고르의 말처럼 "자기란 자신에 관계하는 관계"라고 한다면, 자기는 위에서 말한 어느쪽의 형태로밖에 자기 자신과 관계를 가지지 못하기 때문이다.

키에르케고르는 "인격이란 가능성과 필연성과의 총합이다."라고 말하고 있는데 어떠한 가능성이나 필연성과 맞서더라도 인간은 절망을 피할 수 없다는 것이 그의 견해인 것이다.

그렇다면 마치 키에르케고르는 인간을 절망이라는 우리 속에 가두려고 애태우고 있는 듯이 보이지 않는가. 그는 인간에게 절망이라는 주술을 걸려고 한 것으로 나는 생각된다. 다만 메르헨의 경우와 마찬가지로 키에르케고르는 이 주술을 푸는 방법을 미리 완벽하게 준비하고 있었는데 그것에 대해서는 앞으로 언급하고자 한다.

다음은 절망과 함께 키에르케고르 철학의 중요한 핵심어인 '불안'에 대해 생각해보자.

키에르케고르는 '불안의 개념' 속에서 불안이란 '자유의 현기증'이라고 말하고 있다. 그에 따르면 자신 앞에 무한한 가능성이 놓여 있다는 사실(그것이 자유라는 것이다)만큼 인간에게 두려운 것은 없고 그 두려운 기분이 '불안'이라는 것이다.

이 '두려운 기분'은 『창세기』의 아담과 이브에 관한 이야기의 테마이기도 하다. 때묻지 않은 상태의 두 사람은 자신이 자유라는 것 자체를 깨닫지 못한다. 그것이 낙원의 기분이라는 것이다. 그런데 일단 지혜의 사과를 먹었기 때문에 자신들에게는 무한한 가능성이 있다는 것을 깨닫게 되어 '불안'을 느낀다. 그리고 '불안'에서 도망치기 위해 '원죄'를 범한다. 그리스도교에서는 모든 사람은 이와 같은 '원죄'를 선천적으로 짊어지고 있다고 간주되는데, 이것에 대해 키에르케고르는 '원죄'는 아담과 이브의 이야기로 끝난 것이 아니라 각각의 인간 한 사람 한 사람에게 일어나는 것이라고 생각했다. 그는 "각각의 사람을 단독적인 죄인으로 하는 데에서 그리스도교는 시작된다."라고 말한다.

이와 같이 인간을 '단독적인 죄인'으로 한다는 것은 말하자면 메르헨의 발단에서 왕자를 개구리나 백조로 변신시키는 것과 비슷하다. 주술과 함께 메르헨이 시작되는 것처럼 '원죄'와 함께 그리스도교는 시작된다. '원죄'는 그리스도교라는 메르헨을 성립시키는 불가결의 규칙이라고 말해도 좋을지 모른다.

여기서 불안이란 '자유의 현기증'이라는 키에르케고르의 말로 되돌아가 보면 마법에 걸려 개구리나 백조로 변신 당할 때의 기분이라고 말할 수 있지 않을까. 그의 체험에 입각해서 말하면 아버지의 주술에 걸려 자신을 '산 제물'이라고 의식할 때의 마음의 상황이다. 이 사실을 그는 이런 식으로 말하고 있다.

"자유가 자기 자신의 가능성을 엿보고는 그 몸을 지탱하기 위해 유한성에 매달릴 때 현기증이 일어나는 것이다."

이와 같이 약간의 문학적인 표현을 "불안이란 가능성이 현실성으로 이행하는 중간과정이다."라는 철학적 표현에 첨가해 생각하면 그 의미하는 바를 한층 더 잘 이해할 수 있을 것이다. 그리고 인간은 무한한 자유와 가능성을 마음에 품고 있으면서도 유한성이나 현실성 속에서 살아가야 한다는 사실을 생각하면 인간에게 있어 불안은 피할 수 없는 것이라는 사실을 알게 된다. 동물에게는 공포의 감각은 있지만 불안의 감성은 없다는 키에르케고르의 말이 옳다고 생각된다. 불안을 느끼는 것은 인간뿐이며 인간은 이것으로부터 도망칠 수 없다. 다시금 키에르케고르는 인간을 불안이라고 하는 우리 속에 가두려는 것이다.

그런데 이와 같은 절망과 불안과의 관계에 대해서도 잠시 언급할까 한다. 이제까지 서술해온 것을 요약하면 절망이란 자신은 도대체 무엇인가 하는 것에, 불안이란 자신은 도대체 무엇이 될 것인가 하는 것과 관계된다. 철학용어로 말하면 존재와 생성을 뜻하는 것이며 인간이 살아있다는 것은 이 두 개의 것에서 성립한다는 사실을 깨닫게 된다. 그렇다고 하면 인생이란 절망과 불안 바로 그것이라고 키에르케고르는 말하고 있는 것이다.

'불안'에서 출발한 철학

여기서 '왜 철학이라는 것이 있는가' 라는 첫머리에서 거론한 물음으로 되돌아가 보자. 키에르케고르의 경우 철학이란 절망과 불안의 우리에 갇힌 스스로의 특이한 생애의 의미를 파악하기 위한 것이었다. 이 점에서 키에르케고르는 다른 철학자와 대단히 다르며 이 사실은 철학자는 어떻게 해서 철학을 시작하게 되었는가 하는 것을 생각해 보면 잘 알 수 있다.

철학을 시작하는 가장 일반적인 코스는 낡은 철학을 연구하는 방법이다. 키에르케고르도 물론 낡은 철학을 연구했다. 당시는 헤겔 철학의 전성기였다. 키에르케고르는 생애 단 한 번의 외국 여행 때 베를린까지 가서 베를린 대학에서 헤겔 철학에 대한 강의를 듣고 또 그의 서적을 읽는 등 헤겔에게서 큰 영향을 받았다. 그러나 헤겔 철학의 연구에서 키에르케고르 자신의 철학을 완성시킨 것은 아니었다. 이 점이 중요한데 그는 이제까지 말해온 것처럼 극히 특수한 개인적 체험에서 출발한 것이었다. 그의 저서도 처음에는 소설이나 고백 그리고 평론이라고도 할 수 없는 완전히 새롭고 기묘한 형식의 것이어서 도저히 철학이라고 할 수가 없었다. 어쩌면 원래 그에게는 철학자가 될 생각이 없었는지도 모른다. 레기네 사건을 둘러싼 대강의 일을 쓴 다음에는 시골의 목사로 조용히 생활하고 싶다는 것이 그의 소망이었다.

그러나 일련의 저작을 쓰는 동안에 그는 이제까지 누구도 찾지 못했던 철학의 광맥을 발굴하는 데 성공한 것이다. 절망이나 불안이라는 테마가 철학의 주요 테마가 될 수 있다는 것을 입증해 보인 것은 키에르케고르가 최초이다. 그의 이전 유럽에는 데카르트로부터 시작하여 칸트에서 헤겔로 이어지는 철학의 큰 흐름이 있었다. 거기서 전적으로 취급되어온 것은 인간 이성의 작용이나 논리의 구조, 인간이나 세계의 본연의 상태라고 하는 테마였다. 어느 것이나 큰 테마였고 많은 사람들의 공통적인 관심사가 될

수 있는 것뿐이었다. 그렇기 때문에 철학이라는 하나의 학문이
성립되고 있었던 것이다.

키에르케고르가 대상으로 삼은 것은 작은 테마이다. '인간'이
아니라 '개인'을 거론하고 그것도 자기 이외에는 누구도 모르는
'자기 자신'에 대해 생각한 것이다.

이리하여 새롭게 태어난 철학은 실존철학 혹은 실존주의 철학
으로 일컬어졌고 20세기 철학의 주류를 이루었으며 한때는 전세
계 지식인들 사이에서 대유행할 정도가 되었다. 그러나 지식인들
의 연구가 계속되는 동안에 실존철학은 뭔가 굉장히 어려운 것이
되어버렸다. 여러 저명한 철학자가 '실존주의란 무엇인가'라는
테마로 책을 썼는데 그것들을 읽으면 더 더욱 혼란에 빠지는 것
같다.

'실존'이란 무엇인가 하는 것에 대해 키에르케고르는 그다지
어려운 것으로 생각하지 않았던 것 같다. 그의 저서를 읽으면
'실존'이라는 말을 '존재'와 거의 같은 뜻으로 사용하고 있다는
걸 알 수 있다. 물론 그에게는 실존철학이라든가 실존주의라고
하는 적극적인 아이디어도 없었다. 실존이란 요컨대 현재 지금
살아있는 그대로의 인간의 모습이며 그러한 자기 자신을 오로지
상대하여 사물을 생각하는 것이 실존주의이다.

이것에 대해 그런 일은 누구나 일반적으로 행하고 있는 일이어
서 달리 어떻다고 말할 만한 것은 아니다라고 말하는 사람이 있
을지도 모른다. 나도 그렇게 생각한다. 철학은 모든 사람에게 친

숙한 것이다. 철학자와 그렇지 않은 사람과의 차이는 심각함에 있어서의 차이다. 절망이나 불안과 관계없는 사람은 없다고 생각되지만 키에르케고르만큼 이것에 대해 깊이 생각한 사람은 없을 것이다. 그 사실에 의해 키에르케고르는 새로운 유형의 철학자가 되었던 것이다.

진리는 개인으로부터 출발한다

먼 밤하늘의 별이나 알지도 못하는 남으로부터가 아니고 자기 자신에서 시작되는 것이 실존주의 철학이며 키에르케고르는 바로 그것을 실천하였다. 그의 저작 속에서 이 사실에 대해 언급한 철학적인 한 구절을 인용해 본다.

일체의 본질적 인식 행위는 실존에 관계된다. 또는 실존에 대해 본질적인 관계를 갖는 인식 행위만이 본질적 인식 행위이다라고 말해도 좋다. 안으로 향하는 내면성의 내성(內省)이라는 형태로 실존에 관계되는 것이 아니면, 어떠한 인식 행위도 본질적으로는 우연적 영위에 다름 아니다.

'본질', '인식', '우연' 등 하나 하나를 들면 귀찮은 말도 있는데, 키에르케고르가 말하고자 하는 점은 쉽게 추측할 수 있을 것이다. 나는 이 철학적인 문장을 다음과 같은 비철학적인 문장으로 요약할까 한다.

자신에게 있어 정말로 몸에 감동을 주는 것은 보거나, 듣거나, 생각해 본들 아무런 소용이 없다.

　이런 입장에 서면 이른바 객관적인 진리라고 하는 것은 문제가 될 수가 없다. 자신의 관심권 밖에서는 무엇이 옳고 틀리든 그러한 것은 아무래도 좋다는 결과가 된다. '실존에 관련되는 본질적 인식행위'는 각자의 인간에게 고유한 것이다. 키에르케고르는 많은 사상가가 자신의 이름으로 생각하지 않을 것을 비판한다. 그리고 그는 "주체성이야말로 진리이며 진리는 주체성에 있다."고 못박는다.

　여기서 말하는 '진리'가 무엇을 가리키는가는 뒤에 언급하기로 하고, 키에르케고르는 '진리'를 발견하는 원동력으로서 정열이라는 것을 중시한다. 정열이라고 하는 문학적 테마를 거론하고 있는 것도 키에르케고르 사상의 흥미로운 점이라고 나는 생각한다. "모든 실존의 문제는 정열적인 것이다."라는 그의 말에서 체계만을 자랑한 헤겔의 철학과는 전혀 다른 새로운 인간철학의 숨결을 느낄 수 있다. 이 새로운 철학의 주인공을 키에르케고르는 단독자(單獨者)라고 불렀다. 단지 혼자인 사람, 단지 혼자서 살아가는 것에 자신을 가진 사람, 그렇게 하는 것으로 흡족한 자급자족의 인간 - '단독자'이다.

키에르케고르 자신이 문자 그대로 '단독자'였다. 어렸을 때부터 친구를 한 사람도 사귀지 않았고 살아 남은 형과도 불화 상태가 죽을 때까지 계속되었다. 그의 유일한 즐거움은 거리를 산책하는 일이었다. 거리에 나가면 소탈하게 누구와도 이야기를 주고받았다. 오페라를 관람하는 것도 즐거움이었다. 특히 모차르트의 『돈 조반니』를 마음에 들어했다.

그는 '단독자'인 것에 만족하고 있었지만 만년의 7, 8년 동안은 그러한 '단독자'의 생활도 흐트러지게 되었다. 1846년 풍자적인 신문 『해적: Korsar』이 그의 저작에 대한 악평을 하자 평상시에도 이러한 악덕 신문이 미치는 사회적 영향을 염려해 오던 그는 잠자코만 있을 수가 없었다.

1854년에 죽은 민스터(J.P. Mynster)가 '진정한 진리의 증인의 한 사람'이라고 추앙 받게 되자, 그것을 반박하는 논문 「민스터 감독은 진리의 증인이며 진정한 진리의 증인의 한 사람이었는가 – 그것은 진리인가」을 써서 사회적인 논쟁이 되었다.

대중적 주간신문에서는 좌우가 맞지 않는 바지를 입고, 실크모자에 지팡이, 새우등으로 걷는 모습의 풍자만화와 함께 키에르케고르의 비난과 조소가 실렸다. 이제 키에르케고르의 이름은 덴마크뿐만 아니라 북유럽 일대에 알려지게 되었다. 『이것이냐, 저것이냐』가 그의 별명이 되어 거리를 걸으면 어린아이들이 돌을 던지고, 지나가는 사람은 얼굴을 찡그리고, 그 전까지는 '코펜하겐의 소크라테스'로 그를 존경했던 맥주 집의 주인에게서도 멸시

당하는 형편이 되었다.

원래 그는 대중이라는 것에 불신감을 품고 있었는데 이 사건을 계기로 더욱 대중에 대한 불신감은 쌓이고, 진리는 다(多)가 아니라 개(個)에만 있다는 확신을 굳혔다. 이 점에서는 마찬가지로 헤겔에게 영향을 받았고 키에르케고르와 같은 5월 5일에 태어난 동시대의 또 한사람의 유명한 철학자인 칼 마르크스와는 대조적이다. 마르크스는 1848년에 발표한 『공산당 선언』에서 "만국의 노동자여, 단결하라."라고 말했다. 그 다음 해에 출판된 『죽음에 이르는 병』에서 키에르케고르는 "단독자야말로 최고의 것이다."라고 말했다.

키에르케고르와 마르크스가 말하는 이 두 개의 극단적인 것 중 어느 것을 선택할 것인가 – 이것은 진지한 지식인들에게 있어서는 무척이나 괴로운 문제임에 틀림없다. 키에르케고르가 말하는 『이것이냐, 저것이냐』도 결국은 이러한 선택을 강요하고 있는 것이다. 내 자신도 이것을 피할 수는 없으나 어느 길도 그다지 깊이 들어가고 싶지 않다는 생각이다. 어느 쪽인가 하면 키에르케고르 쪽이 더욱 친근한 느낌이 든다고나 할까.

구원의 힘을 가진 신앙

우울, 절망, 불안, 실존, 단독자까지 키에르케고르의 세계를 더

듣어 보면 어쩐지 답답한 느낌에 빠지게 된다. 차츰차츰 갑갑한 밀실로 쫓겨 들어가는 것 같은 기분이다. 이것을 '극한적 상황' 이라고 부르는 철학자도 있는데 키에르케고르의 경우에는 거기에서 탈출하는 비상구가 완벽하게 준비되어 있다. '신앙' 이 그것이다. 키에르케고르가 '진리' 라고 말하는 것은 바로 신앙이고, 인간을 절망이나 불안의 저주에서 구출하는 것도 '신앙' 이다. '절망의 반대가 신앙' 이라고 그는 말하고 있다.

여기서 말하는 '신앙'이란 물론 그리스도교를 말하는데 사실은 이것이 또 보통의 '신앙'이 아니다. 그리스도교를 신봉한다고 말하는 것은 옳지 않다. 신의 아들로서 이 세상에 나타난 그리스도를 믿는 사실만이 '신앙'이다라고 키에르케고르는 생각한다.

키에르케고르의 견해는 대단히 과격하다. 그는 천 수백 년 전의 역사 속에서 쌓아올려진 그리스도 교회 및 그리스도교의 교의를 일체 부정한 것이다. 그가 근거로 삼는 것은 그리스도 자신이다. 실존으로서의 그리스도이다. 지금 거기에 존재하는 그리스도를 따르는 자를 키에르케고르는 '그리스도 신자'라고 부른다.

이 세상의 종말에 이르기까지, 각 시대에 있어 각각의 사람이 그리스도와 같은 시대에 있었던 각각의 사람과 같은 데에서 시작하고, 그리스도와 같은 시점(時點)의 상황에서 수련하는 것으로써 각자가 처음부터 배우지 않으면 안 된다.

『그리스도교의 수련』중에서

즉 그리스도의 수많은 기적을 눈으로 목격하고 그 말을 직접 귀로 들은 당시의 사람들과 같은 입장에 자신을 놓아두지 않는 한 '그리스도 신자'가 될 수는 없다고 한다. "동시성이야말로 신앙의 전제이며 신앙 그 자체이다."

키에르케고르에게 있어서 그리스도는 천 수백 년 전의 인간이 아니다. 지금 함께 존재하는 인간 - 다시 말해 실존인 것이다.

"같은 시대의 사람으로서의 그리스도만이 자신에게 있어서 전부이다."

　이와 같은 강렬한 신앙을 앞에 두고 나는 아무런 할 말을 가지지 못한다. 키에르케고르가 말하고 있는 '그리스도 신자'가 현재에 존재할 수 있는가에 대해서는 의문이다. 키에르케고르는 그리스도와 행동을 함께 한 사람들처럼 그리스도를 믿으라고 말하고 있으나 성서에는 그리스도의 최초의 제자들조차 그리스도를 완전히 믿을 수 없었다는 것이 기록되어 있다. 같은 시대의 사람들이 할 수 없었던 일이 약 2천 년의 시간적인 거리를 둔 현대의 인간에게 가능할 것인가. 다만 키에르케고르의 체험에 비추어 그와 같은 '무거운 마음'에서 해방되기 위해서는 보다 강력한 신앙이 필요했을 것이다. 나도 키에르케고르가 자기 아들 이삭을 신에게 바치려고 한 아브라함에 대해 말한 것처럼 밖에는 말할 수 없다. 키에르케고르의 신앙심을 이해할 수는 없다. 다만 경탄할 뿐이다. 키에르케고르의 시각에서 보면 진정한 '그리스도 신자'는 거의 한 사람도 없는 것으로 될지도 모른다. 하지만 키에르케고르는 그러한 사람이 되고자 한 것이다. 그리고 또 하나 경탄할 만한 것은 키에르케고르가 교회를 비난하고 공격한 대담성에 있다.

그리스도교가 이 세상에 도래했을 때 그 과제는 그리스도교를 있는 그대로 전하는 것이었다. 그러나 '그리스도교 국가'에 있어서는 사정이 다르다. 거기에 있는 것은 그리스도교가 아니고 오히려 터무니없는 착각이며 사람들은 이교도가 아니고 그리스도 교도라고 공상하며 행복하게 살고 있다.

코펜하겐 시민의 사교장이 되었던 국교회(國敎會)와 왕립극장에 대해서 그는 이런 식으로 말하고 있다.

극장과 교회와의 차이는 이러하다. 극장은 있는 그대로를 솔직하고 자랑스럽게 인정하지만 이에 반해서 교회는 있는 그대로를 모든 수단으로써 부정직하게 숨기려고 하는 극장이다.

키에르케고르의 형은 목사가 되었는데 그는 목사에 대해 "최대의 사기꾼"이라든가 "길다란 의복에 싸인 넌센스 덩어리" 혹은 "사람들을 희생물로 해서 살찌는 식인종"이라고까지 부른다. 그가 생각하는 '그리스도 신자'라는 규준에서 보면 목사는 거짓 신앙을 널리 퍼지게 하는 만큼 한층 더 위선적이었을 것이다. 키에르케고르에게 있어서는 그리스도교도 존재하지 않고 따라서 그리스도 교회나 그리스도 교도도 존재하지 않으며 물론 목사도 존재할 수 없다. 한 사람 한 사람이 그리스도와 함께 사는 '그리스도 신자'가 되는 것만이 신을 믿는 길이다.

그리스도 신자가 되는 첫째 전제는 절대적으로 내적인 곳을 향해야 한다. 더구나 내적으로 향한 사람은 누군가 다른 사람과는 이미 무엇 하나 관련이 없어질 만큼 무한으로 내적인 곳을 향한다고 하는 말이다.

키에르케고르는 이렇게 말하고 있지만 분명히 말해서 나에게는 이와 같은 극단적인 내향성 지향을 따라갈 수 있을 만큼의 신앙도 정신력도 없다. 이런 부분이 나의 '키에르케고르에 대한 이해'의 한계이다.

장례비용을 주머니에 넣고 죽다

이제까지 키에르케고르에 대해 여러 가지 것들을 생각해 왔는데 특히 인상에 강하게 남는 것은 그는 마치 괴로워하기 위해 이 세상에 태어난 것 같은 인간이라는 점이다.

인생은 나에게 있어서는 쓴 음료수가 되어 버렸다. 괴로워하는 것이 내면적 영역에 있어서의 최고의 행동이다. 절망을 맛본 적이 없는 인간은 인생의 의미를 알 수 없다.

저서의 여기저기에 기록되어 있는 이와 같은 키에르케고르의 정신적 고통은 확실히 격렬했음에 틀림없다. 그러나 그의 아버지가 가난한 양치기 소년이었던 무렵에 맛본 것 같은 빈곤의 괴로움을 그는 전혀 체험하지 않았다는 점을 지적하고 싶다. 내가 마지막으로 흥미를 느낀 점은 이 철학자의 경제적 측면이다.

그는 아버지로부터 상당한 유산을 상속받아 특별히 일을 해서 생활비를 마련할 필요가 없었다. 그것뿐만이 아니라 자신의 저서를 자비로 출판할 수 있는 여력까지 가지고 있었다. '단독자' 로서 살기 위한 경제적 조건은 갖추어져 있었던 것이다.

그렇다고 하지만 유산은 한정되어 있는 것이다. 자비로 출판한 책들은 만년이 되어서는 흑자가 되었다고 하지만 초기에는 계속 적자를 냈다. 따라서 은행 잔고는 서서히 줄어들었다. 철학자라고 하더라도 경제를 무시하고 살아갈 수는 없다. 그래서 문제가 되는 것은 언제까지 수명이 지속되는가 하는 점이다. 앞서 말한 것처럼 그는 아버지로부터 33세에 죽는다는 주술에 걸렸고 본인도 그것을 믿고 있었다. 그는 운명적인 시간까지 수중의 재산을 모두 소비할 생각으로 한때는 아주 낭비를 한 적도 있었던 모양이다. 그러나 깨닫고 보니 이미 34세의 생일을 맞이하고 있었고 이번에는 도대체 언제까지 자신이 살아남을 수 있을 지가 문제가 되었다.

사실은 이 점에 대해 대단히 멋진 '해결'이 이루어졌다는 사실에 누구나 놀랄 것이다. 키에르케고르는 마지막 예금을 은행에서 꺼내어 집으로 돌아가는 도중 노상에 쓰러져 그대로 병원으로 옮겨져서는 40일 후에 숨을 거두었던 것이다. 42년 6개월 남짓한 생애였다. 더구나 마지막 소지한 돈이 입원비나 장례비용 등에 정확히 맞았던 것이다.

여기서 안데르센 동화 『성냥팔이 소녀』를 생각해내도 결코 부자연스럽지는 않을 것이다. 마지막으로 남은 성냥 불빛 속에서 죽어 간 소녀와 자신의 장례비용을 주머니에 넣고 죽어간 키에르케고르, 결코 해피엔드라고는 할 수 없지만 얼마나 동화 같은 생애인가.

"인간은 무한성과 유한성과의, 시간적인 것과 영원한 것과의 총합이다."라는 말은 처음에 인용한 『죽음에 이르는 병』의 한 구절인데 바야흐로 그는 영원한 세계의 존재가 되었다. 그에 따르면 지상의 괴로움은 영원한 세계에 대비하기 위한 것이라고 한다. 그는 이 점에 있어서는 충분히 대비한 셈이다.

그러나 그러한 그에게도 한 가지 마음에 걸리는 것이 있었다. 「어떤 고뇌의 이야기」속에서 이렇게 기술하고 있는 것이다.

"그러나 영원 속에서도 내가 그녀(레기네)에게 방해가 된다고 한다면 나는 도대체 어디로 가면 좋다는 말인가."

어떻든 괴로움이 그치지 않는 사나이다.

Chapter 7

허무를 초월한 니힐리스트

Friedrich Wilhelm Nietzsche

니체 *Friedrich Wilhelm Nietzsche 1844~1900*

독일의 철학자. 목사의 아들로 태어났고 5세 때 부친의 죽음으로 모친, 여동생과 함께 살았다. 시인 횔덜린과 친분이 깊었고 바그너와는 음악을 통해 깊은 관계를 맺었다. 1869년 바젤대학의 교수가 된 니체는 그의 사상이 상징적으로 표현되어 있는 『차라투스트라』를 1883~1891년에 걸쳐 저술하였다. 이 저서는 '영원회귀' 사상을 기반으로 하여 '초인'의 이상을 그리고 있다. 니체는 고귀한 정신적 귀족의 육성을 주장하고 장래의 위대한 입법자를 암시하는 한편, 퇴폐적인 근대의 여러 현상과 단순히 객관에만 치우치고 있는 과학 정신, 동정에 기반을 둔 기독교적 도덕과 역사의식의 과잉 등을 예리하고 독특하게 비난했다.

허무를 초월한 니힐리스트

해질 무렵 자신이 좋아하는 책을 열심히 읽고 있을 때 문득 뭐라고 형용할 수 없는 그리운 생각에 사로잡힌 일은 없었는가. 틀림없이 누구든 한두 번은 그런 기분을 맛본 사실이 있을 것이다. 나의 경우 철학서를 읽으면서 그러한 체험을 자주 한다. 책에 씌어져 있는 것과 비슷한 일을 이미 이전에 보거나 느끼거나 한 것 같은 생각이 드는 것이다. 형용하기 어려운 '향기'라고나 할까. '느낌'과 함께 무엇인가가 되살아나는 것을 깨닫는다.

그런 생각을 되풀이하는 동안 하나의 생각이 머릿속에서 차츰 분명해진다. 그것은 우리들 모두가 한 번쯤은 철학자가 아니었는가 하는 생각이다. '한번은'이라는 것은 겨우 기억이 시작되는 어린 시절이라는 의미이다. 그 무렵에도 예상 외로 어려운 것을 생각하고 있었던 것은 아니었을까. 예컨대 여름날 오후 인기척이 없는 길에 홀로 서 있는 친구의 모습을 창가에서 바라보면서 나는 이런 생각을 하고 있다 ─ 어쩌면 나는 저기에 서 있는 친구는 아닐까, 나 자신이라는 것은 무엇일까 라고. 4, 5세 무렵의 일이다. 사람은 왜 살고 있는가, 죽음이란 무엇인가, 물체가 저기에 있다는 것이란 무엇을 말하는 것일까라는 철학적 문제는 대충 다 생각해 본 것 같은 생각도 든다.

이러한 경험은 나 혼자만의 특수한 것은 아닐 것이다. 누구든 어릴 때 한 번은 이러한 '철학적 기분'을 절실히 체험했을 것이라고 나는 생각한다. 그런 일은 없었다고 말하는 사람이 있다면 그것은 잊고 있는 데에 지나지 않은 것이다. 겨우 두 발로 걷기 시작하고 '인간'이 되었을 뿐인 어린아이이긴 하지만 실로 가지각색인 일을 생각하고 또 느끼고 있을 것이다.

이 사실은 유년기에 깊이 새겨진 정신적 상처가 생애에 걸쳐 인격의 발달에 심각한 영향을 주는 사실을 본다면 납득할 수 있을 것이다. 철학자가 복잡한 용어나 논법에 의해서 전개하고 있는 문제들 중에서 어린 우리들이 그 감촉을 얻지 못한 것은 하나도 없었다고 지금도 나는 확신하고 있다. 철학서를 읽고 반가움을 느끼는 것도 당연한 것이다.

옛날에 우리들도 한 번은 철학자였다는 사실을 떠올리면서 철학과 만나는 것은 좋은 일이다. 철학자가 아무리 복잡하고 난해한 그리고 기묘한 명제를 들고 나오더라도 우리들은 조금도 주저할 필요가 없다. 철학자는 우리들이 내버려두거나 흥미를 잃거나

한 갖가지의 문제들에 여전히 집착하고 있는 것이라고 생각하면
된다. 우리들은 그들로부터 전혀 새로운 사실을 듣는 것이 아니
다. 철학자에 의해 낡은 기억의 강으로 되돌아가는 것에 지나지
않으므로……

바다의 물 한 방울

독일의 철학자인 프리드리히 빌헬름 니체(Friedrich Wilhelm Nietzsche 1844~1900)를 말하기 앞서 나의 머릿속을 지나간 것은 이상에서 말한 것 같은 감회들이었다. 물론 니체의 대홍수와 같은 철학은 나 혼자의 경험이나 관념의 그릇을 훨씬 넘을 것이다. 그렇지만 작은 국자로도 바다의 물 한 방울은 퍼 올릴 수 있다. 그리고 그 한 방울에는 대해의 모든 것이 함유되어 있다.

나는 니체의 철학 특히 『차라투스트라는 이렇게 말했다』(이하 『차라투스트라』로 한다.)에서 내 나름대로 하나의 명확한 메시지를 받았다고 생각하고 있다. 나는 그것을 여러 번 재검토하고 니체의 전체사상에 대조시켜 보았는데 예상과 그다지 다르지 않은 사실에 점점 확신을 더 갖게 되었다. 그리고 무엇인가를 안다는 것은 훌륭한 일이라는 실감도 하게 되었다.

내가 니체로부터 알아들은 메시지는 너무나도 비철학적이어서 전후의 맥락 없이 말하게 되면 조금은 뜻밖으로 들릴지도 모른다. 그러나 이제부터 차차 말하는 것에 비추어 생각하면 차츰 귀에 익숙해지리라 기대한다. 내가 니체로부터 얻은 비철학적이고 당돌한 메시지란 이렇다 – 니체의 철학은 '사나이다운 삶이란 무엇인가를 구하는 고찰이다.' 라고.

이렇게 쓰면서 나는 또 하나 가장 중요한 사실을 깨닫게 되었다. 이 '사나이다운' 삶이라는 것은 실은 세상 물정을 알게 된 이

후 오늘날까지 나 자신에게도 최대의 관심사였다는 사실이다. 그리고 아마 그것은 나 혼자만의 일은 아닐 것이라는 생각도 동시에 든다.

그것은 그렇다 하고 니체는 45세 때 정신착란을 일으켜 그 후약 10년 동안 정신의 박명상태(薄明狀態) 속에서 살았으며 꼭 20세기가 시작된 해에 세상을 떠났는데, 발광 직전까지 쓴 저작물에는 광기의 징후라고는 전혀 볼 수 없었다는 사실을 먼저 말해 둘 필요가 있을지도 모른다.

니체의 특이한 사상을 광기와 결부시켜 일축해버리는 일이 없도록 하기 위해서이다. 오히려 나이프처럼 예리한 그의 사상이야말로 허망함에 사로잡혀 있었던 낡은 가치관의 광기를 폭로시킨 것이라고 말하는 쪽이 더 나을 것이다.

니체는 현대철학의 출발점이다. 20세기의 사상이나 철학에 가장 큰 영향을 계속해서 주고 있는 철학자를 세 사람만 고른다면 나머지 두 사람의 선정에 대해서는 어렵다고 해도 니체는 틀림없이 그 한 사람에 포함될 것이다.

벤(Gottfried Benn)이라는 독일의 시인은 현대인이 생각하고 괴로워하는 문제는 이미 니체에 의해 모두 검토가 끝났다 라고 말하고 있는데, 니체를 다시 읽을 때마다 그것이 결코 과장이 아니란 것을 이해할 수 있다. 실제로 니체는 여러 종류의 인용구 사전을 조사해 보면 알 수 있듯이 가장 많이 인용되는 저술가이다. 니체를 빌리면 어떠한 사상이나 망상도 이야기할 수 있다고 말해도 좋을 것이다.

　니체는 언젠가 자신의 철학을 연구하기 위한 기관이 설치될지도 모른다는 의미 있는 말을 남겼다. 이것은 미래의 학자가 자신을 이해하기 위해 상당히 고생할 것이라고 예상했던 것인데 이 예상은 적중했다. 그는 너무나 많은 사항에 대해 너무나 많은 것을 너무나 많은 각도에서 지나치게 이야기했다. 그 때문에 니체는 보는 사람에 따라 갖가지 상(像, 혹은 관점)을 갖는다. 이 철학을 단편적인 경구(警句)나 잠언(箴言)의 단순한 집적(集積)으로 보는 사람도 있으며, 하나의 큰 체계를 이루고 있다고 보는 입장도 있다. 일반적으로 그 테마는 '니힐리즘', '영겁회귀(永劫回歸)', '힘에의 의지', '초인(超人)', '가치의 전환'이라는 용어로 정리할 수 있는데 이것들을 어떻게 해석하는가는 천차만별이다.

　각각의 내용에 대해서는 뒤에서 거론하기로 하자. 예컨대 '영겁회귀'라는 사상을 둘러싸고 도대체 이것을 하나의 사상으로 진지하게 받아들일 것인지 아닌지 하는 점에서는 사분오열된 상태이다. 결국은 니체 철학의 올바른 해석이라는 것은 기대해도 소용없다.

　니체를 읽고 해석한다는 것은 말하자면 자기 자신을 시험하고 니체를 통해 어떠한 자기 자신을 발견하는가 라는 것에 지나지 않는다.

　다른 철학자에 대해서도 마찬가지로 말할 수 있는데 특히 니체의 경우는 이 느낌이 강하다. 니체를 읽게 되면 항상 무엇인가 도전을 받게 되고 자신의 생각을 묻고 있는 것 같은 느낌이 든다. 그리고 그것이 심각한 문제일수록 우리들에게 대단히 가까운 문제라는 것을 알게 된다.

세 가지 일화

니체가 역사학자나 전기작가에게 내민 '도전장'의 하나에 "어떠한 인물이든 세 가지의 일화로써 그 본질을 그려낼 수 있다."라는 말이 있다. 유감이지만 니체는 그 실례를 보여주지는 않았으나 니체 자신에게는 어떠한 세 가지의 일화가 어울릴 것인가. 원래 니체는 '일화적인 인물'은 아니지만 우선 생각나는 것 세 가지를 골라보기로 하자.

제일 처음의 일화는 초등학교 학생인 니체가 비를 맞으면서 걷고 있다. 학교에서 돌아오는 길이다.

세차게 내리는 빗속을 다른 아이들은 쏜살같이 달리고 있는데 단지 한 사람 니체만은 우산도 쓰지 않고 전신이 흠뻑 젖는 것도 상관하지 않고 유유히 걷고 있다.

이것을 보고 '왜 뛰어서 돌아오지 않았니?' 하고 야단치는 어머니에게 니체는 이렇게 대답했다. "어머니, 학교 규칙에는 학교에서 집으로 돌아가는 길에는 뛰거나 달리지 말고 조용히 단정하게 걸어야 한다고 되어 있어요."

확실히 이것은 니체 그 사람만이 아니라 그의 철학체계에 일관되고 있는 일종의 '고지식함'과 잘 부합되는 일화이다. 그는 낡은 도덕을 부정하였으나 니체 자신은 대단히 완고한 도덕관을 지닌 인물이었다. 목사 집에서 태어난 니체는 친구들로부터 '목사님'이라는 별명을 들을 만큼 행실이 바른 소년이었다.

소년 시절의 니체는 9세 때부터 시작(詩作)을 시작한 조숙한 소년이었고 매년 어머니의 생일날 자작시집을 선물하는 것을 무엇보다도 큰 즐거움으로 삼았다. 그의 아버지는 니체가 5세 때 세

상을 떠났고 그 후 여자들만의 가정에서 응석받이로 자랐다고 여동생 엘리자베트 니체는 말한다.

두 번째의 일화에서 니체는 피아노를 치고 있다. 그것도 심한 천둥소리가 울리는 가운데 즉흥연주에 흥겨워하는 모습이다.

음악은 니체에게 있어 생의 위안이었다. 그는 4분음(分音) 즉 반음의 절반의 음정을 들어서 구별할 수 있는 귀의 소유자였다. 작곡을 시작한 것도 9세 때였고 음악가가 되는 것이 젊었을 때의 꿈이었다.

그의 음악 작품은 죽은 후에 출판되어 지금에는 그 일부가 레코드로도 나오고 있다. 언젠가는 음악가 니체가 재발견되는 날이 올지도 모르는데 적어도 그 피아노 연주 특히 즉흥연주는 대단히 훌륭한 것으로 보여진다. 친구의 증언에 따르면 특히 천둥이 치고 있을 때에는 베토벤조차 니체만큼 감동적으로 즉흥연주를 할 수 없었을 것이라고 말할 정도이다. 또 이것은 그 자신이 말하고 있는 일인데 어린 시절 니체는 천둥소리와 번개에 언제나 감동하고 신에게 경의를 느끼고 있었다고 한다.

확실히 그에게는 번개와 같은 직관과 일순간에 어둠을 밝히는 명석함, 천둥소리와 같은 힘찬 말의 울림이 있다. 그리고 미묘하게 맥박치는 관념을 재빨리 포착하여 구상화하는 즉흥성이 있다. 그의 경구와 잠언은 철학의 즉흥연주라고 말해도 좋을 지 모른다.

세 번째 일화는, 니체는 훌쩍거리며 방안을 걸어다니고 있다.

니체 자신의 말을 인용하기로 하자. "나는 나의 『차라투스트라』를 한 번 보는 것만으로 복받치는 울음의 발작을 억누르지 못하고 반시간이나 방안을 이리저리 돌아다니지 않고서는 견딜 수 없다." 이것은 마지막 저서인 『이 사람을 보라』에 기술된 말인데 문학가라면 몰라도 니체만큼 번번이 자신의 생애와 사상을 회고한 철학자도 드물다. 이미 14세 때 장문의 당당한 자서전을 썼었다. 그것만을 보아도 아직도 충분히 읽을 만한 내용이며 이 나이에 이만한 문체를 가진 문학가가 과연 있을까 하는 생각이 들 정도인데 그 속에 이런 구절이 있다.

인간의 생애는 하나의 거울.
그 속에서 자신을 확인할 것,
이것이야말로 첫째의 일.
우리들은 애써서 이것을 이룩하자!

이 말 속에 니체의 생애의 관심사가 요약되어 있다고 말해도 좋을 것이다. 그 후 그는 매년 자서전을 계속 썼다. 정신착란을 일으키기 수 개월 전에 완성시킨 『이 사람을 보라』도 자서전이다. 니체의 저작활동은 자서전에서 시작되어 자서전으로 끝난 것이다.

니체는 처음 문헌학을 연구하려고 25세라는 전례가 없는 젊은 나이에 스위스 바젤 대학의 교수가 되어 장래를 촉망받았다. 그런데 처녀작 『비극의 탄생』의 내용이 너무나 대담하여 학계에 있을 수가 없어서 30대 중반에 대학을 떠나 그 이후는 약간의 연금에만 의지하여 여름은 주로 스위스의 산장에서, 겨울은 이탈리아의 싸구려 여인숙을 전전하는 고독한 유랑자로서 차츰 사회에서 잊혀져 갔다. 『차라투스트라』는 4부로 이루어져 있는 대작이다 (완성된 것은 1885년). 3년 동안에 걸쳐 차례로 집필되어 출판되었는데, 제 4부의 집필이 끝나자 출판을 맡아줄 곳이 없어 자비로 출판할 수밖에 없었다. 이와 같이 실의에 빠진 철학자가 아무도 읽을 사람이 없는 자신의 저서를 들여다보고 훌쩍거렸다 해도 결코 이상한 일은 아니라고 생각된다. 그리고 훌쩍거림이 멎으면 미래의 독자를 위해 스스로의 생애와 사상을 요약한 마지막 자서전을 쓰기 시작하는 것이다. 그는 발광 후에도 자신의 전저작을 말할 수 있었다고 한다.

이러한 '자서전벽(自敍傳癖)'은 강력한 자기 도취(narcissism)의 발현이 틀림없는데, 거기에야말로 니체 본래의 특색이 있었던 것이다. 나의 방식으로 말한다면 그는 전 생애에 걸쳐 사나이다운 삶의 방법을 계속 탐구했던 것이다.

세계의 비밀을 코로 찾아내는 사나이

위에서 는 겨우 세 가지의 일화로 이 복잡한 철학자의 '본질'

이 묘사되었다고는 물론 생각하지 않는다. 니체는 여러 가지의 '본질'을 가지고 있는 철학자이다. 적어도 그 중 하나 정도는 비추어 낼 수 있지 않았는지.

내가 생각하고 있는 하나의 '본질'이란 니체의 '순수함'을 말한다. 이 말은 나 자신만의 단순한 즉흥적인 착상은 아니다. 니체 스스로가 말하고 있는 것이다.

38세 때 발표한『즐거운 지혜』의 첫머리 부분에 이렇게 기술되어 있다.

별의 모랄,
네 운명의 궤도를 가거라
별이여, 어둠이 네게 무슨 관계가 있단 말인가?

네게 중요한 오직 하나의 교훈은 – 순수하라.

'별의 모랄' – 즉 항성처럼 불변하다는 것인데 40세에 가까운 사나이가 이런 식으로 '순수하라'라고 자신을 향해 솔직하게 말할 수 있다는 사실에 오히려 나는 감탄한다. 이것은 머리로 생각한 단순한 이념이 아니고 니체에게 선천적으로 갖추어진 특성이었던 것 같다.『이 사람을 보라』에서 그는 이렇게 고백하고 있는 것이다.

나의 또 하나의 천성적 특질을 여기에 피로(披露)하는 것을 용서받을 수 있을까. 이 특질이 있기 때문에 나는 타인과의 교제에 있어 적지 않게 고통을 받는다. 즉 나에게는 결벽의 본능이 무서울 만큼 예민하게 갖추어져 있는 것이다. 그 때문에 나는 어떠한 사람과 만나더라도 그 사람의 영혼의 주변 혹은 영혼의 심부, 영혼의 내장(內臟)이라고도 할 수 있는 것을 생리적으로 지각하고 냄새를 맡아서 분별하는 것이다. ······ 나는 이 예민함을 심리적 촉각으로 삼아 모든 비밀을 찾아내고 집어내 버린다.

이 '무서울만큼의 결벽의 본능' 이야말로 니체 철학의 방법인 것이다. 그는 이론적으로 모순된 것 혹은 논리적으로 해석할 수 없는 것, 더 나아가 발상의 근거를 전혀 짐작할 수 없을 것 같은 것을 자주 말한다. 그렇다고 하기보다 오히려 니체가 말하는 것은 거의가 그러한 것들이다. 그가 누구라도 바로 따라갈 수 있을 것 같은 논리로 생각하는 일은 드물다. 그는 대부분의 경우 코로 생각하고 있는 것이다.

인간과 역사, 도덕과 가치, 사상과 심리의 구석구석까지 '무서울 만큼의 예민' 한 코로 맡아서 악취를 찾아내 버린다. 니체가 행한 일은 이런 식으로 요약할 수도 있다.

이와 같은 일을 할 수 있었던 것은 관념의 세계에 있어서의 순수한 후각, 즉 무미무취함을 맡아서 분별할 수 있는 능력이 갖추어져 있었기 때문일 것이다. "진정한 사나이 안에는 어린이가 숨어 있다."라고 니체는 말했는데, 이 세상의 좋은 냄새밖에 모르는 어린아이가 니체 안에 살아 있었다고 말하면 될까. 『차라투스트라』는 순수성에의 친가라고 그는 말하고 있다 – 나는 '사나이다움'의 찬가라고 말하고 싶다.

"내 자신에 대한 극도의 결벽함이야말로 나의 생존의 전제이
다."라는 니체의 말은 액면 그대로 받아 들여도 틀린 것은 아니
다.

청각이 뛰어났었다는 사실은 이미 언급했는데 실제의 감각에

있어서도 니체는 대단히 날카로운 후각의 소유자였음이 틀림없었다고 나는 생각한다. 그런데 그것에 비하면 시각은 거의 없는 것과 다름없었다. 그는 렌즈라기보다 유리알에 가까운 두꺼운 안경을 필요로 한 극도의 근시여서, 그 때문에 책을 읽는 것은 물론 글씨를 쓸 때에도 종이 바로 앞에까지 눈을 가까이 갖다 대야 했고, 그 때문인지 그의 필적은 읽기가 대단히 어렵다. 그래서 때로는 타자기로 편지를 쓰기도 했었는데 그 기계도 자주 고장났다고 한다. 니체가 타자기를 사용했다는 것도 재미있지만 시각이 극도로 떨어졌기 때문에 후각이나 청각이 보통 사람 이상으로 발달해 있었다는 것을 상상할 수 있다. "사상이라는 것은 우리들의 감각의 그림자이다."라고 한 니체의 말도 스스로의 체험에 입각한 것이 틀림없다고 생각된다.

그래서 문제는 어린이와 같은 '순수함' 과 사냥개와 같은 코를 가진 철학자가 도대체 무엇을 맡아서 찾아냈는가 하는 사실이다.

니체의 니힐리즘

앞서 니체 철학의 커다란 명제를 몇 가지 들었는데 우선 처음에 생각하고자 하는 것이 '니힐리즘' 사상이다. 이제부터 기술하는 바와 같이 '니힐리즘' 을 어떻게 이해하는가에 따라 니체 철학의 이미지는 달라진다. '니힐리즘' 을 둘러싼 송래의 해석은 막연

해서 요령을 얻지 못한 것이 많았던 것으로 생각된다. 그 때문에 니체의 전체상도 기준점이 없어졌다. 니체는 만화경처럼 회전하면서 갖가지로 모습을 바꾸기는 하지만 하나 하나의 영상은 실로 선명하다. 적어도 그러한 하나 하나의 영상을 명백히 해둘 필요가 있다. 그런 다음에 니체의 전체상을 생각하면 된다.

그런데 이 '니힐리즘'이란 말은 니체만이 사용한 건 아니다. 이미 니체와 동시대 러시아 작가인 투르게네프(Turgenyev: 1818~1883)가 『아버지와 아들』 속에서 쓰고 있었던 사실은 잘 알려져 있는 것이고 옛날부터 철학용어로 사용된 예도 있다. 그러나 현대의 우리들이 이 말과 함께 연상하는 것은 뭐니뭐니 해도 니체의 이름이다. 니체의 철학은 '니힐리즘의 철학'이라고 불리는 경우가 많다. '니힐리즘'은 니체에 의해 비로소 명확한 개념이 부여되었다고 해도 좋을 것이다. 그런데 그것과 동시에 이 말은 오해를 받기도 한다.

현재 일반적으로 통용되고 있는 '니힐리즘'의 의미는 이렇게 말할 수 있다 — 전통적인 가치를 부정하고 어떠한 가치도 믿는 일없이 인간의 생존을 비롯한 일체의 것은 무의미하다고 간주하는 사고방식이나 태도.

이러한 정의는 니체의 사고와는 동떨어져 있는 것인데 이 사실을 언급하기 전에 위와 같은 의미에서의 '니힐리즘'은 현실적으로 있을 수 없다는 것을 우선 지적해두고 싶다. 아무 것도 믿는 일없고 모든 것이 무의미하다고 생각한다는 것은 실제로 불가능하지 않을까. 무엇인가를 믿지 않는다는 것은 누구에게나 가능하지만 아무 것도 믿지 않는다는 것은 누구에게도 불가능하기 때문이다. 인간은 살아 있는 한 상당히 많은 것들을 믿고 있을 것이다.

그렇다면 니체는 어떻게 말하고 있는가. 그는 '니힐리즘'에 대해 많은 이야기를 하고 있다. 그러나 다른 경우와 마찬가지로 결코 말 그 자체의 정의를 내리지는 않는다. 예컨대 '니힐리즘은 무엇을 의미하는가'라는 스스로의 물음에 "최고의 제가치가 그 가치를 박탈당한다는 것"이라고 답하고 있는데, 이것은 정의라고는 할 수 없다. 그러나 니체 자신은 명확한 정의를 가지고 그것에 입각하여 사고를 전개하고 있다. 즉 그는 언제나 '그것은 무엇인가'에 대해 말하지 않고 '그것은 어떻게 생각하면 좋을 것인가'를 말하고 있다. 이 점에 니체가 오해받거나 혹은 여러 가지의 모습으로 이해되기도 하는 원인이 있다.

'니힐리즘'은 허무 혹은 허망(虛妄)을 뜻하는 '니힐(nihil)'이라는 라틴어에서 온 말이다. 동양 여러 나라에서는 '허무주의'로 번역되어 모든 것은 허무하다는 것을 주장하는 주의(主義)같은 인상을 준다. 그러나 그렇지는 않다. '니힐리즘'이란 허망을 믿는 것이라는 게 나의 생각이다.

이상을 믿는 것이 이상주의인 것처럼 허무를 신봉하는 것이 '니힐리즘'이다. 이 정의의 요점은 '니힐리즘'이란 신앙의 한 형식이라는 점에 있다. 아무 것도 믿지 않는 것이 아니고 무의미한 것, 허망한 것을 믿는 것이 '니힐리즘'인 것이다.

　이 사실을 염두에 두고 다음과 같은 니체의 말을 읽으면 어떤 결론을 얻게 될 것인가.

"그리스도교는 가장 깊은 의미에 있어 니힐리즘 적이다."

　이것은 처음엔 역설적으로 들릴지도 모른다. 그러나 니체의 사상 전체에 비추어 보면 역설도 아무 것도 아니라는 것을 얼마 후에 알게 될 것이다. 이와 더불어 '근대인'이라든가 '선인'이라든가 그리스도 교도라든가 그 밖의 니힐리스트라는 표현을 니체가 자주 사용했다는 사실도 지적해둔다.

　왜 그리스도교가 니힐리즘이고 선인이 니힐리스트인가. 그리스도교는 허망한 것을 믿게 하는 체계이기 때문이며 선인은 거짓된 것을 믿고 있기 때문이다. 그리고 서구 문명 그 자체가 니힐리즘의 신봉자였다고 니체는 생각했다.

　니체의 철학은 결코 니힐리즘을 주장하는 것은 아니며 니힐리즘을 비판하고 있는 것이다. 그리고 니힐리즘을 초월해서 진정한 가치가 있는 것, 의미 있는 것은 무엇인가를 생각하는 점에 니체 철학의 본질이 있다.

　우선 자기 자신을 보라

그렇다면 그리스도교가 선인의 어디에 도대체 허망이 숨어 있다는 말인가.

예컨대 이웃에 대한 사랑이다. 성서에는 "자신을 사랑하듯이 이웃을 사랑하라."라고 기록되어 있다. 그리고 그리스도교뿐만 아니라 이웃에 대한 사랑은 넓게 인류 일반에게 영원불멸의 도덕률로 간주되고 있다고 말해도 좋으리라.

그런데 니체는 『차라투스트라』를 비롯하여 많은 저서에서 이 도덕률을 비판하였다.

너희들은 이웃의 주위에 떼지어 모이고 그것을 자못 아름다운 말로 꾸며 댄다. 그러나 나는 너희들에게 말하겠다 – 너희들이 이웃을 사랑하는 것은 너희들이 자기 자신을 제대로 사랑하지 못하기 때문이다. 너희들은 자기 자신에게서 도망쳐 이웃에 가고 그것으로 무엇인가 미덕을 베풀었다고 생각하고 싶은 것이다.

이웃에 대한 사랑은 자기도피의 한 형식에 불과하며 무릇 도덕이라는 아름다운 이름에 걸맞는 것은 아니라는 것이다. 번지르한 원칙의 뒤쪽에 거짓된 마음이 숨겨져 있는 것을 탐지해내자 니체에게 모든 미덕은 허망으로 바뀐다. 여기서 활약하는 것이 앞서 언급한 개와 같은 후각이다. 그는 우리들이 보통 도덕적으로 나무랄 데가 없는 것이라고 믿고 있는 사실이 실은 위선에 뒷받침되어 있어서 인간의 용감한 행위도 단순히 인간의 약점에 대한 표출에 불과하다는 사실을 잇달아 폭로했다. 니체의 주장은 단순명료하다.

"한마디로 말하면 자기 상실 − 이것이 이제까지 도덕이라고 불려온 것이다."

아마 한결같이 이웃에 대한 사랑이나 각종 자선행위에 힘써 온 사람들도 이 말의 의미를 다소나마 실감하리라고 생각한다.

도대체 너희들의 이웃이란 누구를 말하는 것인가. 아무리 '이웃을 위해' 애쓰더라도 − 너희들은 이웃을 위해 무엇인가를 새로 만들 수 없다.
이 '무엇 무엇을 위해'를 잊어라. 이러한 '무엇 무엇을 위해'로는 결코 아무런 일도 행해지지 않는다는 사실이야말로 바로 스스로의 미덕으로 삼으라.
너희들의 일, 너희들의 의지야말로 너희들에게 가장 가까운 '이웃'인 것이다.

이웃보다도 우선 자기 자신을 상대하라는 것이 니체의 저서 구석구석에서 들려오는 메시지이다.
이와 같이 이웃에 대한 사랑을 비롯한 갖가지 허망을 신봉하는 도덕은 있는 그대로의 자연의 모습에 어긋난다는 것을 니체는 지적했다. 그 주장은 다음과 같이 요약할 수 있다. − 그리스도교의 도덕에 있어서는 삶의 본능에 속하는 성욕이나 아욕(我慾), 지배욕은 억제해야 하는 것으로 되어 있으나 이러한 가치관은 삶을 근저로부터 부정하는 것이다. 그리고 신이라는 개념은 현존하는 이 지상의 세계를 무의미하다고 간주하는 삶의 반대 개념으로 고안해 낸 것이다라고.

요컨대 니체가 비판하는 니힐리즘의 핵심에 있는 것은 삶에 대한 부정적인 견해이다. 다른 말로 한다면 페시미즘(pessimism)이다. 이 점을 잘못 생각하고 있는 철학교수도 적지 않은 것 같은데, 니체는 결코 인생이 무의미하다고는 말하지 않았다. 허망으로 가득 찬 도덕관에 사로잡혀 있는 한 인생은 허무하다고 말하는 것이다. 니체는 인생에 비애를 느끼고 있지만 인생을 비관하고 있는 것은 아니다. 다시 한 번 되풀이해서 말하면 니체는 결코 니힐리스트는 아니다. 이 점에 대해 오해가 없도록 『차라투스트라』 제1부를 완성한 후 그가 친구에게 "나는 삶의 변호인이다."라고 일부러 편지에 써서 다짐한 사실을 덧붙여 둔다.

동정은 미덕인가

니체가 이웃에 대한 사랑과 나란히 해서 특히 공격의 대상으로 삼은 것에 동정의 미덕이 있다. 니체는 앞서 언급한 "별의 모랄"로서 "순수하라"와 함께 "동정은 너에게 있어 죄악이어라!"라고 말하고 있는데, 이만큼 동정에 대해 심하게 비판하는 것은 약간 기묘하다는 생각이 들기도 한다. 그 이유는 니체만큼 사람들로부터 동정을 받은 인간도 드물기 때문이다.

니체는 한평생 병고에 시달린 사람이다. 10대 무렵부터 심한 두통 때문에 고통 받기 시작했으며, 그것은 해가 갈수록 더욱 악화되어 자주 두통 발작이 되풀이 되었다. 1년에 200일이나 두통에 시달리는 해도 있었다. 두통이 시작되면 책은 읽으나 글을 쓸 수가 없었고 기분 전환을 위한 산책도 나갈 수 없었으며 오로지 방에 틀어박혀 고통을 견딜 뿐이었다.

의식은 완전히 명석한 채 심한 통증이 2, 3일 동안 쉴새없이 계속되고 콧물은 흘러 무엇 하나 먹지도 못하였는데 구토증에 계속 시달리는 상태를 니체는 편지에 쓰고 있다. 그 밖에도 치통과 안질 그리고 치질과 류머티스 등으로 니체의 몸은 온갖 고통의 둥지였다.

질병과 니체는 떼놓을 수 없는 관계에 있었던 것인데 여기서 질병과 발광의 원인에 대해 한마디 언급하고자 한다. 종래에는 니체가 젊었을 무렵 매독에 감염되었고 이것이 악화되어 마침내 발광하기에 이르렀다는 설이 유력했으나 지금에 와서는 이 설은 부정되고 있다. 틀림없이 심한 두통과 발광과는 어떤 관계가 있는 것처럼 생각되지만 확실한 사실은 알려져 있지 않다. 그런데 왜 이처럼 동정 받아야 마땅할 니체는 동정을 강하게 경계하고 있는 것일까. 그는 다음과 같이 말한다.

시험 삼아 한 번 얼마 동안 동정의 계기가 될 만한 것을 생활에서 찾아

일부러 만들고 신변에서 찾아낼 수 있는 모든 비참함을 끊임없이 상상해 보면 누구나 병에 걸리고 우울해지는 것을 피하기 어렵다.

니체는 설령 하루만이라도 동정이 지배하게 되면 인류는 그 때문에 파멸할 것이라고도 말한다. 약간 과장된 표현이긴 하지만 그가 말하고자 하는 점을 잘 알 수 있다. 다른 사람의 괴로움이나 고통을 함께 괴로워하려는 동안에 (그것이 동정이라는 것이다.) 이쪽도 그 괴로움이나 고통으로부터 침략당하기 때문이다. 슬픈 일을 생각하기 때문에 사람은 슬픈 기분이 된다. 확실히 의사는 환자를 동정하지 않는다. 환자를 동정한다는 것은 환자를 괴롭히고 있는 질병을 격려하는 일밖에는 되지 않기 때문이다.

동정에는 확실히 이와 같은 암시효과가 있는데 니체가 동정을 부정하는 것은 그 때문만은 아니다. 거기에는 이웃에 대한 사랑의 경우와 마찬가지로 본래의 동기와는 정반대의 위선이 감추어져 있기 때문이다. "모든 진실하고 순수한 사랑은 동정이다." 라는 말은 니체가 한때 심취한 쇼펜하우어의 말인데 니체에겐 그런 겉치레만 좋은 말은 통하지 않는다.

진실로 나는 남을 동정해서 행복을 느끼는 것 같은 동정심 많은 사람들을 좋아하지 않는다. 그들에게는 수치심이 너무나도 부족하다.

동정을 순진하게 미덕이라 생각하고 남을 동정하여 자못 경건한 얼굴을 하고 싶은 사람에게 바치고 싶은 말이다. 여기서 특히 주목하고 싶은 것은 수치심에 대한 감각이다. 이것도 니체의 심리학 및 철학의 중요한 명제여서 그가 생각하는 인간에 대한 정의는 이 사실과 관련된다. 그는 인간이란 '붉은 뺨을 가진 동물'이라고 말한다. 왜 인간은 붉은 뺨을 하고 있는 것일까 – 그것은 인간은 자주 수치심을 느끼지 않으면 안 되기 때문이다. 이 말과 똑같은 내용을 니체와 동시대 인물인 마크트웨인도 말하고 있다. "인간이란 얼굴을 붉히는 유일한 동물이며 그렇게 하지 않으면 안 될 유일한 동물이다." 라고 인간에 대한 정의는 많이 있지만 이것은 내가 가장 좋아하는 정의이다.

이와 같은 지적에 비추어 볼 때 수치심을 잊고 얼굴을 붉히는 일이 적어진 최근의 풍조에 생각이 미치게 된다. "고귀한 자는 남에게 부끄러움의 생각을 가지지 않게 한다." 라는 것도 니체의 말이다. 또 이런 말도 하고 있다.

"네게 있어 가장 인간적인 것은 무엇인가 – 그 누구에게도 부끄러움을 느끼게 하지 않는 것, 네게 있어 완전한 자유의 증표는 무엇인가 – 이미 자기 자신에게 부끄러움이 없을 것." 이것이야말로 내 식으로 말하면 '사나이다운' 삶의 태도이다.

그런데 수치심은 인간만의 문제는 아니었다. "신은 죽었다."는 니체의 유명한 말인데 그에 의하면 신은 인간에 대한 동정 때문에 죽은 것이었다.

신은 죽어야 했다. 그의 동정은 조금도 수치심을 몰랐다. 이 가장 호기심이 강한 자, 너무나도 철면피인 자, 너무나도 동정심이 깊은 자는 죽지 않으면 안 된다. 신은 모든 것을 보았다. 인간은 그러한 목격자가 살아있다는 사실을 견딜 수가 없다.

– 동정도 철면피도 도가 지나치면 치명적인 반발을 사기 마련이다. 남을 절대로 동정하지 않고 남이 보내오는 동정은 단호하게 거부한다 – 이것이 고귀한 인간의 '사나이다움' 이다.

17세 연하의 루 살로메에게 구혼하다

니체는 이웃에 대한 사랑이나 동정의 미덕 그리고 나중에 기술하는 바와 같이 이상주의도 부정했는데 이러한 점에만 주목하고 있으면 그는 닥치는 대로 부정한 것처럼 보인다. 확실히 니체는 부정만 하고 있다는 인상은 그다지 빗나간 것은 아니다. 부정할 때의 말은 더욱 예리해지고 강한 인상을 주기 때문이다. 그러나 그것만으로는 니체에 대해 절반도 알지 못한 것이다. 오히려 니체를 오해할 뿐이다.

　중요한 것은 니체는 무엇을 긍정했는가 하는 점이다. 그것을 알게 되면 니체의 철학은 모든 가치를 부정한 니힐리즘의 철학이라는 오해는 완전히 해소될 것이다. 무릇 부정하는 것만으로 사상이 성립될 리가 없다. 부정하는 강도는 긍정하는 강도에 대응하여야 설득력이 있다.

　니체는 동정을 모든 각도에서 철저하게 부정했지만 그것과 똑같은 강도로 긍정한 것이 우정이다. 니체의 철학은 우정예찬의 철학이라는 견해도 있을 정도이다. 확실히 우정은 그의 철학에 있어 큰 명제였는데 무엇보다도 우정은 그야말로 그의 인생에 있어서 최대 관심사였다. 그는 완전히 대등한 인간, 그것도 서로 '자기의 세계를 확립한' 인간 사이에서만 우정은 성립한다고 생각하고 한평생을 그에 적합한 친구를 찾았다.

　니체가 10대에 쓴 자서전이나 편지에는 우정을 기리는 문장이 자주 등장하고 영원한 우정을 맹세한 친구의 이름도 기록되어 있다. 평생을 고독 속에서 보낸 니체이기는 했지만 결코 친한 친구가 없었던 것은 아니다. 그 중에서도 가장 유명한 친구는 음악가인 바그너이다.

니체는 24세 때 『트리스탄과 이졸데』를 듣고 바그너의 음악에 매료되어 얼마 후 바그너와 친교를 맺게 되었다. 바그너는 니체보다 31세나 나이가 위였으나 두 사람 사이에는 니체의 말로는 '별의 우정'이 맺어졌다.

니체는 『비극의 탄생』에서 바그너의 음악을 다가올 새로운 문화의 담당자로서 절찬하였다. 그러나 이 '별의 우정'도 10년이 채 지속되지 못했다. 우정이 결렬된 계기는 1876년에 신축된 바이로이드의 극장에서 연주된 악극 『니벨룽겐의 반지』의 내용과 바그너 본인의 변절이었다.

니체는 여동생과 함께 바이로이드에 초대되었지만, 과장되고 지나친 기교와 그리고 아무런 감동도 솟아나지 않는 음악에 환멸을 느낄 뿐이었다. 또 전날의 혁명가 바그너도 이제는 권력의 종으로 전락하고 있었다. 바그너는 후원자인 바이에른의 왕, 루드비히 2세 단지 한 사람을 위해 한밤중에 『타인의 황금』을 초연할 때 음향 효과를 좋게 하기 위해 수천 명의 병사로 하여금 음악당의 모든 좌석을 메우는 일까지 하였다.

니체에게 있어서 진정한 친구는 별처럼 불변해야 했다. 그러나 시간과 함께 생활환경이 변하고 사고방식도 변하는 것이 일반적인 인간의 생활이다. 대학시절의 친구도 결국에는 결혼하고 아이를 갖게 된다. 그런데 니체는 친구의 결혼을 자신에 대한 배신행

위로 여겼다. 그래서 친구가 결혼할 때마다 니체는 잇따라 오랜 친구를 잃게 되었고, 이리하여 40대에 접어들 무렵에는 대학시절의 친구는 거의 떠나고 없었다.

하지만 니체도 친구들이 잇달아 결혼하는 것을 단지 보고만 있었던 것은 아니었다. 그에게도 결혼에 대한 의지는 있었다. 두 번쯤 구혼한 사실이 있었는데 처음은 32세 때의 봄, 네덜란드 사람인 여성 음악가에 반해서 4시간을 함께 산책한 다음 총총히 구혼편지를 보냈는데 영구히 답장을 받을 수 없었다. 그로부터 6년 후 러시아 귀족의 딸이고 훗날 릴케나 프로이드와도 친교가 있었던 루 살로메라고 하는 17세 연하의 여성에게 구혼하였으나 그녀에게도 매정하게 거절당하고 말았다. 그러나 결혼은 거절당했지만 니체는 역시 그녀에게 구혼해서 거절당한 파울 레라고 하는 젊은 제자와 함께 살로메와 기묘한 '삼위일체'의 생활을 짧은 기간 동안 하였는데 (세 사람이 함께 찍은 사진이 남아 있다.) 이것은 고독한 니체의 생애에서는 대단히 특이한 속인적인 분위기로 가득 찬 시기였다.

그는 살로메에게 "당신 덕분에 나의 생애에서 가장 아름다운 꿈을 꿀 수 있었습니다."라고 쓰고 있는데, 그 아름다운 꿈에서 『차라투스트라』의 구상이 이루어졌다고도 전해지고 있다. 살로메 자신도 몇 권의 저서를 남긴 저명한 사상가이며 니체에게 있어서는 둘도 없는 연인이었던 것은 틀림없다.

이와 같이 진정한 우정을 계속 구한 니체의 한결같은 마음은 끝내 보답 받지 못했던 것이다.

진정한 에고이스트가 되기 위하여

니체가 전통적인 가치관이나 도덕관을 비판한 사실은 이미 서술한 대로이다. 문제는 그렇다면 니체는 도대체 어떠한 새 가치관을 제창하려고 하였는가 하는 점이다. 이 점을 알아야만 니체를 읽는 의미가 있다.

니체가 제창하는 새로운 가치관은 한마디로 요약하면 '에고이즘(egoism, 이기주의)'이다. "내가 우선 증명하려고 생각하는 것은 에고이즘 이외에는 어떠한 것도 있을 수 없다는 사실이다."라고 그는 선언한다. 일반적으로 에고이즘이란 '제멋대로' 산다는 것, 무엇이든 자신의 생각대로 한다는 것을 말한다. 자기를 억제하는 것이 낡은 도덕이라고 한다면 에고이즘이야말로 인간에게 있어 가장 필요한 것이라고 말한다. 『차라투스트라』에서는 이제까지 가장 심한 저주를 받고 가장 나쁘게 말을 듣고 오해받아 온 세 가지의 악 ─ 육욕(肉慾)과 지배욕, 그리고 아욕(我慾)이 얼마나 인간에게 바람직한 것인가를 열렬히 주장하고 있다. 그것에 따르면, 이들 세 가지 악은 어느 것이나 인간의 힘찬 정신에서 자연히 낳아지는 건전한 욕구여서 인간에게 이 이상으로 확실한 것은 있을 수 없다고 한다. 이 확실한 것을 믿음으로써 비로소 니힐리즘을 초월하는 것이 가능하게 되고 인생도 의미를 지닐 수 있게 된다. 중요한 것은 어떻게 해서 자기 자신에게 충실하는가 하는 사실이다. 니힐리즘이란 자신에게 충실하지 않다는 것이기도 하다.

이와 같이 생각하면 다음과 같은 니체의 말에는 대단한 진실미(眞實味)가 담겨져 있는 것을 느낄 수 있다.

가장 후회해야 할 일은 무엇인가. 그것은 자신의 가장 고유한 욕구에 귀를 기울이지 않았다는 것, 자신을 잘못 이해하는 것, 자신이 저열(低劣)한 자라고 단정하는 것, 자신의 본능을 구별하는 섬세함을 잃는 일이다. 사람은 이와 같은 진정한 에고이즘의 결여를 결코 자신에게 허용해서는 안된다.

이것에는 아무것도 덧붙일 필요는 없으나 '자신의 본능을 구별하는 섬세함'이라는 부분에 특히 주목해 주기 바란다. 자신이 하고 싶은 대로 한다고 하더라도 도대체 자신이 무엇을 하고 싶은지 정말로 알고 있는 사람은 적다. '제멋대로' 산다는 것은 오히려 매우 어려운 일이다. 그것에 비하면 이웃을 사랑한다는 것은 얼마나 쉬운 일인가. 그러나 진정한 에고이스트가 되기 위해서는 자신의 본능을 분별하는 것만으로는 불충분하다. 자신을 사랑하고 자신을 믿는 것이 필요하다. 니체는 역설한다.

인간에게 있어서는 대지나 인생도 무거운 것이다. 그것은 중력(重力)의 탓이다. 그러나 가벼워지고 새가 되고 싶다고 생각하는 자는 자기 자신을 사랑하지 않으면 안 된다.

대담하게 자기 자신을 믿는 것이 좋다 – 자신의 내부를 믿는 것이 좋다. 자기 자신을 믿지 않는 자의 말은 항상 거짓말이 된다. 그리고 진정으로 자신을 사랑하는 것을 배운다는 것, 이것은 오늘 내일에 이룩되는 과제는 아니다. 이것이야말로 모든 수행 중에서 가장 미묘하고 쉬운 일이 아닌 인내를 요하는 최종적인 수행인 것이다.

나는 여기서 니체의 마음 깊은 곳에서 솟아오르는 확실한 목소리를 듣는 것 같은 생각이 든다. 자기 자신을 사랑하고 자기 자신을 신뢰하라 – 이것이야말로 이제까지 철학 연구자가 파악하지 못하고 있었던 니체의 가장 큰 메시지인 것이다.

나는 니체의 철학이 이와 같은 소박한 한 줄에 요약되어도 별반 부족하다고 생각하지 않는다.

데카르트는 진리란 단순한 것이다 라고 말했다. 칸트도 철학은 상식이 이미 알고 있는 이상의 것을 발견하는 것은 아니라고 썼다. 다만 진리는 단순하기는 하지만 누구나가 그것을 간단히 실천할 수 있는 것은 아니다. 자신을 사랑하고 자신을 신뢰하는 일은 자신의 본능을 분별하는 것보다 훨씬 어려운 일임에 틀림없다. 니체가 말하는 것처럼 이것이야말로 '최종적인 수행' 이어서 니체 자신도 이것을 정복했다고 말하기 어렵다.

니체의 정상적인 정신 활동이 정지되기 직전에 덴마크의 유명한 문예 비평가 브란데스가 니체의 철학을 높이 평가하여 일약 니체의 이름은 전 유럽에 울려 퍼지게 되었는데, 이때 그는 "자기 자신에게 무엇인가 경외의 생각 같은 것을 품었다.” 라고 편지에 쓰고 있다. 니체도 사람들에게 인정받고서야 겨우 자신을 가질 수 있었던 것이다.

좋아, 인생을 다시 한 번

자신을 사랑한다는 것은 무엇을 말하는 것일까. 그것은 지금 있는 그대로의 자신에게 만족하는 것을 말한다. 지금 존재하는 자기 자신을 그대로 받아들이는 것이다.

이 사실은 니체에게도 생애의 큰 과제였다. 이미 15세 때 쓴 자서전에는 "주어진 생활을 주어진 대로 향수하고 절대로 닥쳐올 고난에 괴로워하지 마라."라는 인생훈(人生訓)이 기록되어 있다. 그로부터 약 30년 후 『이 사람을 보라』에서도 같은 주제를 다음처럼 전개한다.

인간의 위대함을 표현하기 위해 내가 애용하는 말은 '운명애(運命愛)'이다. 즉 어떤 일이라도 그것이 실제로 있는 것과는 다른 존재로 있어 주었으면 하고 절대로 생각하지 말 것, 미래에 대해서도 과거에 대해서도 영원 전체에 걸쳐서도 필연적인 것을 견딜 뿐만 아니라 그것을 숨겨서도 안 된다 – 모든 이상주의는 필연적인 것을 숨기는 허위이다. 그렇게 하지 않고 필연적인 것을 사랑할 것……

자신을 사랑한다는 것은 이와 같은 '운명애'에서 시작된다. 지금 있는 것은 필연적인 것이다 – 이것이 '운명애'의 입장인데 지금 실제로 여기에 있는 자기 자신도 그러한 필연적인 것에 다름 아니다. 다른 모습을 한 자신이라는 것은 있을 수 없다. 이와 같은 '운명애'와 대비되는 것이 이상주의인데 니체는 이것을 허망한 것이라 하여 부정한다.

　이제까지 이상주의를 부정한 사상가로는 니체 이외에는『유일자(唯一者)와 그 소유』를 저술한 막스 슈트르너 정도밖에 없다. 거의 모든 철학자가 이상을 높이 내거는데 왜 니체는 이것을 '허위'로 간주하는가. 니체가 주장하고 싶은 말은 이렇다.

이상이란 지금 있는 것과는 다른 본연의 상태를 바라는 것인데 사물은 모두 상호 관련되어 있고 무엇 하나 고립되어 있는 것은 없다. 가장 작은 것도 전체와 관련이 있고 먼 과거의 사건도 현재와 서로 호응하고 있다. 무엇인가 어떤 것이 현실과는 달리할 것을 바라는 것은 모든 것이 다른 것으로 존재하길 바라는 것이다. 마땅히 있어야 할 이상적인 인간을 바라는 것은 마땅히 있어야 할 이상적인 나무나 돌멩이를 바라는 것과 마찬가지로 무의미한 것은 아닐까. 필연적인 세계에서는 이상은 있을 수 없다. 이상주의는 자기와 현실에서의 도피에 다름아닌……

　이것은 니체로서는 드물게 이치만 따지는 표현이고 그다지 설득력이 있다고는 생각되지 않는데, 내게 흥미로운 것은 자기애(自己愛) 및 자기 신뢰에 보내는 니체의 열렬한 마음이다. 앞서 언급한 니체의 자기애도 이 점과 틀림없이 관계가 있을 것이다. 이 열렬한 자기애와 운명애를 더 한층 앙양시키는 것이 '영겁회귀(永劫回歸)'의 사상이다. 이것은 불교의 윤회와 비슷하지만 인간이 다만 막연하게 생사의 세계를 순환하는 것은 아니고 모든 것이 완전히 똑같은 모습으로 영원히 여러 번 회귀한다는 사상이다.

니체는 이 사상의 합리적 근거로서 무한한 시간 속에서는 유한한 존재는 동일상태를 반복하지 않을 수 없다는 것을 들고 있는데, 니체는 그와 같은 유한과 무한과의 관계에서 이 사상을 추론한 것은 결코 아니다. 그는 영감으로써 이 사상을 얻었다고 말하고 있는데 이것을 받아들이는 데는 니체 자신에게 상당한 용기와 각오가 필요했다고 짐작된다. 니체는 질병과 고독 그리고 시련과 실의의 인생을 한 번 더 되풀이해도 상관없다고 정말로 생각하고 있었을까. 이것이야말로 철학자의 일대 시련이다. 니체는 '좋아, 이 인생을 다시 한 번' 이라고 결심한 것이다.

'영겁회귀' 의 사상을 무의미한 세계와 인생이 미래 영겁에 걸쳐 그대로 반복된다고 하는 구제할 길 없는 니힐리즘이라고 해석하는 경향도 있지만 나의 견해는 반대다. 이것은 인생을 위로하기 위한 아이디어이다. "지나간 모든 것이 영원이다 라는 것은 나의 위안이다." 라고 니체는 말하고 있다. 뜻도 잘 모른 채 지나가버린 이 인생이 결코 한 번뿐인 것도 이대로 사라져버리는 것도 아니고 언젠가 모두가 회귀해서 친한 사람들을 다시 만날 수 있다는 것은 얼마나 훌륭한 일이겠는가.

니체를 말하는 세 가지의 일화의 하나로서 『차라투스트라』를 읽다가 반 시간이나 훌쩍거리고 있었다는 이야기를 인용했는데, 그것은 이와 같은 일을 생각하고 감동한 나머지 훌쩍거리고 있었을 것이라고 나는 짐작한다. 니체의 생애는 질병에 고통 받고는 있었으나 잠시 동안의 회복기에는 번개처럼 정신이 빛나고 고조

되는 더없는 행복한 나날을 철학자는 체험했던 것이다. 『차라투스트라』의 제1부는 그런 시기에 겨우 10일 만에 완성된 것이었다.

'영겁회귀'의 사상에서 미래에 영원히 되풀이되더라도 결코 후회 없을 것 같은 인생을 보내야 한다는 교훈은 이해할 수 있지만 니체의 염원은 다른 일이었음에 틀림없다. 그는 '영겁회귀'의

사상을 깨달음과 동시에 일순간 자신의 인생의 의미를 실감한 것
이다. 자신의 인생이 그것 이외에는 결코 있을 수 없는 필연적인
것이라는 사실을 실감한 것이다. 오히려 이것은 인생을 전면적으
로 긍정하고 자기 자신을 격려하기 위한 아이디어라고 말하는 편
이 좋을지도 모른다.

차라투스트라를 버려라

이제까지 말해온 것은 『이 사람을 보라』의 부제인 '사람은 어
떻게 해서 본래의 자신이 될 수 있는가'라는 말로 요약할 수 있
는데 이 메시지를 매듭짓는 것으로 '힘에의 의지'와 '초인(超人)'
이라는 핵심어를 거론할 필요가 있다.

'힘에의 의지(Wille zur Macht)'는 '권력에의 의지'로도 번역되
는데 이 Macht를 어떻게 받아들이는가에 따라 우선 해석이 달라
진다. 나는 '힘(力)'이라고 번역되어야 한다고 생각하는데 니체
자신이 말하는 바를 조사해 보니 사실은 무엇이라고 파악할 길이
없다.

만년의 유고집에는 자주 이 말이 등장하고 『차라투스트라』에
도 예를 들면 "무릇 삶이 있는 곳에만 의지가 있다. 그러나 그것
은 삶에의 의지는 아니고 힘에의 의지인 것이다."라고 씌어 있
는데 이것만으로는 무엇을 말하는 것인지 잘 알 수가 없다. 니힐

리즘에 대해 서술한 것처럼 니체는 이 개념에 대해서도 서슴없이 맞대고 정의를 내리지 않았다. 그가 말하는 것은 모두 단편적이며 단편을 전부 모은다 해도 개념이 형성되지 않는다. "힘에의 의지"는 니체가 비로소 말한 것인데 그는 그것이 옛날부터 문제시 되어 온 것처럼 다루고 있다. 그는 우리들 앞에 이 말을 던지고 '자, 그것이 무슨 뜻인지 생각해 보라.' 라고 말하고 있는 것 같다.

내 생각으로는 Macht는 정치적인 의미에서의 권력은 아니다. 인간의 삶과 결부된 '힘'이다. "삶은 힘의 성장형식의 표현이다."라고 니체는 말하고 있는데 삶과 함께 성장하고 증대하는 힘이란 결국은 자기자신을 뜻대로 움직이는 힘이라는 뜻이 아닐까. 세상에서 제일 뜻대로 안 되는 것이 자기 자신이다. 자신을 사랑하고 자신을 신뢰하는 데는 그와 같이 자기 자신을 지배하는 힘이 필요하다. 그것은 자연의 욕구와는 다른 힘의 작용이다. 니체가 말하는 '힘'이란 그러한 자기를 움직이는 힘에 틀림없다고 나는 생각한다.

이와 같은 힘을 갖춘 '사나이다운' 인간에 대해 니체는 이렇게 말하고 있다.

우리들은 단단히 자기 위에 자리를 잡고 의연하게 자기 자신의 두 다리로 서지 않으면 사랑하는 것은 불가능하다. 결국은 이 사실을 가장 잘 알고 있는 것은 여성들이다. 그녀들은 자아(自我)가 없는 단지 공평하다는 것에 불과한 남자 따위는 상대도 하지 않는다.

자기 자신을 움직일 수 있는 힘을 가진 사나이가 아니면 여성은 신용하지 않는다는 말이며 이 사실은 니체가 말하는 "초인"과 크게 관련된다.

니체가 표상하는 "초인"은 보통의 인간에서 그다지 떨어져 있는 것은 아니다. 간단히 말하면 완전히 자기 자신이 주인공이 되어 모든 허망에서 해방되고 자기를 충분히 지배하고 본래의 자신으로 될 수 있었던 인간이다. 즉 "힘에의 의지"를 체험할 수 있었던 인간이다. "초인"이란 니힐리즘을 초월한 인간인 것이다. 니힐리즘에 사로잡힌 자기를 초월할 수 있었던 인간이다. 『차라투스트라』에는 "인간이란 초월되어야 할 존재이다."라는 말이 자주 등장하는데 모든 인간은 이와 같은 "초인"을 지향하는 것이라고 할 수 있다.

니체는 읽는 사람을 크게 자극하고 계발하는 철학자이다. 니체 속에는 현대의 우리들이 아직 깨닫지 못한 것들이 틀림없이 많이 감추어져 있을 것이다. 그의 철학은 20세기를 넘어 21세기에도 문제를 계속 제기할 것이다. 세기 말을 향해 가는 모든 사람에게 『차라투스트라』의 다음과 같은 말을 선사하고자 한다.

자네들은 차라투스트라를 믿는다고 말한다. 그러나 차라투스트라 그 자체에 무슨 의미가 있는가. 그대들은 나의 신도(信徒)이다. 하지만 무릇 무엇인가를 믿는다는 사실에 무슨 의미가 있다는 것인가.

그대들은 아직 자기 자신을 찾지 못하고 있다. 그래서 우연히 나를 찾아냈다. 신도란 언제나 그러한 것이다. 그러므로 믿는다는 것은 하찮은 것이다.

지금 나는 명령한다. 나를 버리고 그대들 자신을 찾아낼 것을…….

옮긴이의 말

철학은 어려워서 이해하기 힘들다는 말을 흔히 듣게 된다. 확실히 마치 암호로 씌어진 것처럼 난해한 철학서도 적지 않다. 역자 자신도 솔직히 말해서 헤겔이나 칸트를 펼쳐 놓고 그것이 뜻하는 점을 생각하다 못해 어느 사이엔가 졸고 있는 자신을 깨닫는 일도 때로는 있었다.

철학서를 읽으면서 졸거나 해서는 철학에 대해 이야기할 자격이 없다고 말한다면 할 말이 없지만 이 세상의 철학자 및 철학연구가들이 철학이라는 것에 대해 스스로 얼마만큼 명석한 이해를 확신하고 있는 것일까 하는 것이 예전부터 갖고 있던 역자의 의문이었다.

역자가 철학서를 읽기 시작한 것은 약 40년 전으로 거슬러 올라간다. 최초의 철학서로서 크세노폰(Xenophon 기원전 430~354 무렵의 그리스의 군인 · 저술가)의 『회고록』을 기억하고 있다. 대단히 이해하기 쉬운 내용이었고 철학이라는 말에서 연상하기 쉬운 난해함이나 심각성도 없었다. 다음에 읽은 플라톤의 『소크라테스의 변명』도 마찬가지였다. 그런데 니체나 키에르케고르, 칸트, 헤겔로 넘어 가자 갑자기 복잡하게 되었다.

지금 생각하니 20대 전후의 두뇌와 체험으로 이들 철학을 이해하는 것은 불가능하다고는 할 수 없겠지만 극히 어려운 일이라는 생각이 드는데 당시는 오로지 지적 호기심이라고 할까 아니면 지적 허영심에 사로잡혀 잇달아 '유명한' 철학서를 손에 들고 통독했다.

키에르케고르와 니체에게 강한 매력을 느꼈지만 무엇을 어떻게 알게 되었는가 하는 점을 되돌아보면 거의 명확한 것들은 머리에 떠오르지 않는다. 그 후로도 계속 철학서를 읽기는 했으나 결국 철학자는 무엇을 말하려고 하는지 그리고 그것이 자기 자신 및 현대에 있어 어떤 의미가 있는가 하는 요긴한 것을 이해할 수 있는 실감은 얻을 수 없었다. 그러나 나이가 들면서 역자는 지금까지는 보이지 않았던 것, 느낄 수 없었던 것들이 관념의 세계에 있어서도 일어난다는 것을 기대하고 있었다.

때마침 출판사로부터 칸트에 대한 집필 의뢰가 있었다. 칸트의 『순수이성비판』을 읽은 사람이 갖고 있는 칸트 철학의 잇점을 살리려는 의도였다. 이러한 관점에서 칸트뿐만 아니고 철학이라는 것을 다룬 시도는 들은 일이 없었다. 요컨대 칸트는 어떤 식으로 쓸모가 있는가 하는 것을 말한다. 비철학적인 발상이라고 말해도 좋을지 모른다. 그러나 대단히 어려운 과제이다. 철학을 한 번 더 다시 생각하는 좋은 기회라고 나는 생각했다.

그래서 출판사에서 기대하는 철학의 효용을 밝히기 위해서는 어떻게 하면 될까 하고 생각해 보았다. 무엇보다도 칸트면 칸트 그 자체를 자기 나름대로 이해하지 않으면 안 된다는 것은 지극히 당연한 일이었다. 그리고 철학을 안다는 것은 무엇을 말하는 것일까, 나아가서는 도대체 사물을 안다는 것은 무엇을 말하는 것일까를 염두에 두고 생각한 끝에 일본의 젊은 철학자인 기하라 부이치(木原武一)씨의 저서인 『철학이 보내는 메시지』를 번역하기로 했다. 저자는 "설령 상대방이 칸트일지라도 이것을 이해하고 분명히 이해할 수 있다고 실감하기 위해서는 자신의 말로써 이야기할 수 있어야 한다." 라고 말했다. "자신의 말로써" 이야기할 수 있게 되었을 때 상대방이 말하고자 하는 요긴한 것, 다시 말해서 '철학이 보내는 메시지'도 들리게 될 것이라는 것이다.

이 책은 7명의 철학자에 대해 각각의 메시지를 저자 나름대로 전달하고 있는데 과연 역자인 나의 확신이 얼마만큼 사람들에게 통용될는지는 독자 여러분의 판단을 기다릴 수밖에 없다.

철학용어 해설집

(라)는 라틴어, (그)는 그리스어, (영)은 영어, (프)는 프랑스어, (독)은 독일어로 표기된 것을 말한다.

소크라테스

궤변 (영)sophistics

고의로 행하는 허위의 이론. BC 5세기 경의 그리스의 소피스트들에서 비롯된다. 겉으로 보기에는 논리적으로 정확한 것 같지만 실은 논리적 규칙에 배반되는 얘기이다. 또 다르게 해석하면 논리적 정확성을 갖추고 있지 않으면서 전제가 되는 명제로써 애매한 것을 이용하여 진실된 전제에서 진실되지 못한 결론을 이끌어 내는 논의이다.

다이몬 (영)daimon

호메로스 (Homeros) 시에 나오는 주신(主神)의 하나. 후에 점차 각 개인을 지배하는 운명을 뜻하게 되었다. 플라톤 이래 다이모네스(daimones)라는 복수형도 생겨 사람과 신의 중개자가 되었다.

무지의 지

소크라테스는 스스로 무지하다고 하면서 '알고 있는 자'의 무지함을 폭로한다. 그는 사람들과의 대화를 통해 스스로의 무지를 깨닫게 하고 사물에 대해 갖고 있는 여러 가지 표상들을 얘기함으로써 사물의 본질은 그런 유동적인 표상들이 아니라는 사실을 얘기한다.

문답법/대화법

소크라테스의 철학적 방법으로 대개 상대방에게 생각한 것을 솔직하게 최소한의 말 수(數)로 대답할 것, 또 질문된 사항만 대답하고 다른 것은 질문하지 않을 것 등을 요구한다. 다르게 얘기하면 대화법이라 할 수 있는데 창조적인 대화를 통해서 진리에 접근하는 방법이다.

소피스트 (영)sophists

그리스어로 '현명한 사람', '어떤 일에 숙달한 사람'이란 뜻이다. BC 5세기 후반 여러 도시를 떠돌아 다니며 주로 아테네의 자유민으로서 필요한 지식을 가르치고 사례금을 받던 무리를 일컫는 말이다. 대표적으로 프로타고라스(Protagoras), 고르기아스(Gorgias), 히피아스(Hippias) 등의 인물이 있다. 이들은 공통적인 변론술을 가르쳤다. 그들은 진위에 상관없이 자신에게 유리하게 변론하는 데에만 중점을 두었기 때문에 진리의 문제나 윤리, 도덕의 규준에 대한 비판적인 정신을 기르기도 했다. 그렇지만 후기 소피스트들은 자신의 이익을 꾀하기 위해 일체의 도덕을 무시하는 풍조를 조장했기 때문에 오늘날 소피스트라는 어휘는 무조건 우기는 궤변의 무리라는 멸시받는 의미를 가지게 되었다.

아리스토파네스 (그)Aristophanes BC c.445~385

그리스의 고대 희극 최대의 시인이다. 그는 항상 시대적 조류에 반대하는 입장에서 극을 썼다. 펠로폰네소스 전쟁을 통하여 활약하였는데 당시 소피스트들에 의한 신식교육과 전쟁에 반대했고 이 전쟁 전기(前期)의 세력가 클레온(Kleon)의 정책을 풍자했다. 현재 남아 있는 작품은 「벌」, 「구름」, 「평화」, 「새」 등 11편에 지나지 않는다.

『소크라테스의 변명』 (그)Sokrates Apologia

플라톤의 저서. 소크라테스가 아테네의 법정에서 한 변명이 주요 내용이다.『크리톤 Crito』,『에우트프로 Euthyphro』,『파이돈 Phaedo』,『향연 Symposium』등과 함께 소크라테스의 중요 사료를 이루고 있다.

『소크라테스의 추억』 (라)Memorabilia

크세노폰(Xenophon)의 저서로 4권으로 구성되어 있다. 그의 스승 소크라테스의 언행록으로 이 책을 쓰게 된 동기는 소크라테스를 고소하여 사형을 선고케 한 사람들에 대한 변론이자 반박이었다. 먼저 그들의 고소의 이유를 하나하나 들어 반박하고 이에 관하여 스승의 여러 가지 일화와 논담을 인용했다.

데카르트

나는 생각한다, 그러므로 나는 존재한다. ㈜cogito, ergo sum

데카르트 철학의 제1원리. 이 말을 가장 잘 설명하는 것은 『성찰』에 나오는 사기꾼의 예이다. 내가 알지 못하는 어떤 전능하고 교활한 사기꾼이 하나 있다고 하고, 그 사기꾼은 고의로 끊임없이 나를 속이려고 한다. 그러나 그가 나를 속인다 하더라도 그에게 속고 있는 '나'는 존재한다는 것이다. 내 눈에 비친 사물들이나 모든 생각들이 그에게 속고 있기 때문이라고 해도 그렇게 생각하는 나는 또한 존재한다는 것이다. 결국 가장 확실한 것은 눈에 보이는 것이 아니라 생각하고 있는 '나'인 것이다. 데카르트는 이것을 인식의 출발점으로 삼고 자신의 철학의 제1원리로 삼았다.

실체

데카르트에 의하면 실체란 '그것이 존재하기 위해서는 아무것도 필요로 하지 않고 자체적으로 존재하는 것'이다. 그는 정신과 물체를 무한 실체인 신에게 의존하는 유한 실체라 말한다. 그리

303

고 정신의 속성을 사유, 물체의 속성을 공간과 시간 같은 연장에 두었다. 그의 세계관은 이원론인데 정신적인 실체와 물질적인 실체로 나누었다.

데카르트의 철학적 방법은 수학의 방법에서 도출된 직관적·연역적 추론이다. 그는 네 가지 규칙을 이 추론의 토대로 삼았다.

1. 전적으로 확실하고 분명하게 인식될 수 없는 것을 참된 것으로 간주해서는 안 된다.

2. 어려운 문제를 보다 쉽게 해결하려면 이를 여러 개의 개별 문제로 분해해야 한다.

3. 사상을 체계화할 경우 가장 단순하고 가장 알기 쉬운 것, 즉 절대적으로 확실한 것에서 출발해야 한다.

4. 한 사물의 본질을 탐구할 경우, 개별자들을 완벽하게 계산하고 포괄적으로 검토해야 하며 하나도 빠뜨려서는 안 된다.

이러한 데카르트의 추론의 전제가 된 것은 가장 단순하고 절대적으로 확실한 것인 '나는 생각한다, 그러므로 나는 존재한다' 고 하는 인간의 자의식이다.

명석판명한 지각 (프)perceptio clara et distincta

데카르트는 진리의 기준에 대한 낡은 물음에 대해 '명석판명한 지각'이라는 자기의 공식으로 대답한다. "나는 조심성 있는 정신에 대해 현존하고 있고 명백한 인식을 명석하다고 말하고…… 명석함의 단계를 전제로 해서 명석함의 징표 이외에는 그 안에 아무것도 지니고 있지 않을 만큼 분리되고 구별되어 있는 인식을 판명이라고 한다." (『철학의 원리』(1644) Ⅰ, 45)

양식/오성

인간은 누구나 평등하게 양식을 갖고 있다고 할 때의 양식은 데카르트가 말하는 오성(悟性)과 같은 의미로 쓰였다. 오성은 인식하고 사유할 수 있는 능력을 말하는데 인간이 오류를 범하는 원인은 오성에 있지 않다. 데카르트는 이 오성에게 잘못된 진술을 강요하는 것은 의지의 자유에 그 원인이 있다고 한다.

신 존재 증명

데카르트에게는 신 존재를 증명하는 세 가지의 서로 다른 증명들이 있다. 첫 번째의 증명방식은 논리적·인식론적인 사고과정을 통한 것이다. 우리들이 불완전한 것에 관해 생각하려고 할 때에는 언제나 완전한 것을 전제로 삼아야 하고 유한한 것에 관해 생각하고자 할 때에는 무한한 것을 전제로 삼지 않으면 안 된다.

이 무한한 것은 유한한 것에 대한 일종의 부정이라고 파악되어서는 안 된다. 무한한 것은 '일종의 참된 관념'이고 긍정적인 어떤 것이다. 여기에서 완전한 것과 무한한 것이 신이다.

두 번째 증명은 우리는 우리들 안에서 가장 완전한 존재자라는 관념을 찾아낼 수가 있다. 이 관념은 무(無)로부터도 그다지 완전하지 않은 우리들로부터도 생겨날 수 없다. 이러한 완전한 존재라는 관념의 원인은 신이다.

세 번째 논증은 소위 존재론적 신증명이다. 이 증명은 신의 존재는 신의 관념 또는 본질에 필연적으로 속하는 것이라는 것이다. 그것은 마치 골짜기의 관념이 산의 관념에 속해 있는 것과 같은 것이라고 말한다. 최고로 완전한 것에 대해 그 존재를 부인하는 것은 그것의 완전성을 부인하는 것이고 이것은 자기모순이다.

『방법서설』

1637년 데카르트는 자신의 저술의 일부를 『철학 논문집 *Essays philosophiques*』이라는 제목으로 출간했다. 이 저술에서 가장 중요한 부분이고 그의 주저에 해당하는 것이 이 『방법서설』이다. 원제는 『이성을 올바르게 인도하고 과학에서 진리를 탐구하는 방법에 대한 서설 *Discours de méthode pour bien conduire sa raison et chercher la vérité dans les sciences*』이며, 『기하학』, 『기상학』, 『광학』과 함께 한 권의 책으로 발표되었다.

『방법서설』은 여섯 개의 절로 나누어져 있는데, 여기에서 데카르트는 과학적 추론의 원리, 도덕의 몇 가지 규범, 신 존재의 증명근거, 심장 및 피의 운동을 비롯한 자연 과학의 여러 문제들을 설명한다.

칸트

계몽 (영)enlightment (독)Aufklärung

봉건적 구습이나 종교적 전통에 의한 무지, 속신, 독단에 지배된 사람들의 무지한 상태를 이성(理性)에 비추어 개화하고 자유사상, 과학적 지식, 비판적 정신을 보급하여 인간의 존엄을 자각시키는 것을 말한다. 칸트는 "인간이 자기 책임 하에 어떠한 미성년의 상태로부터 벗어나는 일"이라고 정의했다.

기호론(記號論)

언어적 기호에 관한 일반 이론을 가리킨다. 기호론은 특정한 언어의 구체적 기호를 탐구하는 이론이 아니라 언어에 관한 일반 이론이다. 일반적으로 기호론은 어용론(Pragmatik), 의미론(Semantik), 구문론(Syntaktik)의 영역으로 세분될 수 있다.

이율배반 (독)Antinomie

원래 이 말은 나름대로의 이유 때문에 그 자체로서는 참인 것으로 간주될 수밖에 없는 각각의 명제들 사이에서 생겨나는 논리적 모순을 가리킨다. 칸트는 형이상학의 내용을 이루는 영혼·우주·신의 존재 등에 대하여 긍정도 부정도 할 수 없는 문제로 보고 네 가지 이율배반으로 정식화했으며 긍정은 「정립명제」로 부정은 「반정립명제」로 정식화하였다.

제1 이율배반
「정립명제」 세계는 시간상 시초를 가지며 공간상으로도 한계지어져 있다.

「반정립명제」 세계는 시초나 공간상의 한계를 갖지 않으며 시간상으로나 공간상으로 무한하다.

제2 이율배반
「정립명제」 세계 내에서 합성된 실체는 모두 단순한 부분들로 이루어져 있다. 그리고 단순한 것이나 단순한 것으로 합성된 것만이 실재한다.

「반정립명제」 세계 안의 어떤 합성물도 단순한 부분들로 이루어져 있지 않다. 그리고 단순한 것은 세계 속에 전혀 실재하지 않는다.

제3 이율배반

「정립명제」 자연 법칙상의 인과성은 세계의 모든 현상들이 거기에서부터 도출될 수 있는 유일한 인과성이 아니다. 현상을 설명하자면 그 외에도 자유에 의한 인과성을 상정(想定)하는 것이 필요하다.

「반정립명제」 자유란 것은 없다. 모든 것은 오직 자연의 법칙에 따라 생긴다.

제4 이율배반

「정립명제」 세계에는 그것의 부분으로서 혹은 그것의 원인으로서 단적으로 필연적인 존재가 있다.

「반정립명제」 세계 안에서든 혹은 세계 밖에서든 세계의 원인인 단적으로 필연적인 존재는 일반적으로 실재하지 않는다.

이성/오성

일반적으로 이성은 객관적 실재의 총체성을 파악하려는 인간의 정신적 활동을 의미하고 오성은 객관적 실재(實在)를 개념을 통해 파악하는 이론적이고 실천적인 인간의 능력을 말한다. 칸트는 이러한 오성을 이성과 엄격히 구분지었다.

그에 따르면 오성은 감각기관을 통해 들어오는 여러 가지 표상을 감성의 형식이라는 시간과 공간 그리고 12가지 범주를 종합해 대상을 사유하는 능력이다. 오성이 개개의 경험에 관계하는 반면 이성은 "경험의 절대적 전체"에 관계한다. 다시 말해 칸트에 있어서 인식능력으로서의 이성은 오성의 상위에 있다.

범주(範疇) (영)category

최고 유(類) 개념. 어원은 그리스어 kategorein. 범주의 문제는 철학사와 함께 오랜 역사를 거쳐 철학의 가장 근본적인 문제의 하나를 형성하고 그 문제도 여러 갈래에 걸쳐 있다.

칸트는 인식의 형식(사유의 형식)과 경험을 통해 오는 감관 자료를 구별하고 사유의 형식을 범주라 불렀다. 범주에는 양의 범주, 질의 범주, 관계의 범주, 양상의 범주가 있으며 이들은 다시 각각 세 가지 범주를 포함한다. 즉 양의 범주는 단일성, 다수성, 전체성을, 질의 범주는 실재성, 부정, 제한을, 관계의 범주는 실체, 원인, 상호성을, 양상의 범주는 가능성, 현존, 필연성을 포함한다.

선천적 (라)a priori

원래는 '보다 이전의 것으로부터' 라는 뜻이다. 칸트는 본래적인 인식을 아 프리오리하다고 한다. 본래적인 인식은 직관 형식(시간과 공간)과 오성 형식들(범주들) 및 이성 개념의 형식들로부터

만 획득되는 순수한 것을 말한다. 이 본래적인 인식은 경험으로부터 나오지 않는다. 이 선천적인 인식은 "경험적 토대에 기인하지 않으며 따라서 이성의 순수한 산물이다."

후천적 (라)a posteriori

원래는 '보다 이후의 것으로부터' 라는 뜻이다. 칸트 이전의 철학에서는 일반적으로 경험으로부터 유래하는 것, 경험을 통해 제약되고 규정되는 것, 즉 인식의 형식과 구별되는 인식의 경험 내용에 적용되는 술어였다. 그 반대말은 선천적이다.

칸트는 경험에 근거를 둔 모든 인식, 즉 경험에 기원을 두고 그렇기 때문에 필연성과 보편 타당성을 결여하고 있는 모든 인식을 아 포스테리오리하다고 명했다. 다시 말해 칸트는 범주의 도움 없이 감각을 통해서 주어지는 경험적인 인식 따라서 우연적인 인식을 후천적인 인식이라고 불렀다.

물자체 (독)Ding an sich

본체(本體) 혹은 선험적 객관(transzendentales Objekt)과 같은 뜻이다. 사물이나 현상에 대하여 그들의 원인 또는 근저인 '사물 그 자체' 를 뜻한다. 칸트는 현상이라는 것은 감각에 주어진 소재 (경험의 대상, 혹은 자료)를 주관의 직관 형식(공간과 시간)에 의하여 정리된 것이라고 한다. 우리가 인식하고 있는 현상은 실제로는 '물자체' 가 아니라고 한다. '물자체' 는 곧 현상이 일어나게 하는 근거가 되는 것으로 스스로는 현상되지 않고 감각에 의해서 만져지는 경우에만 비로소 인식된다. 칸트는 이것을 '무어라 표현할 수 없는 그 무엇' 이라고 하였는데, 그 자체는 인식할 수 없기 때문에 오성이 '물자체' 를 인식하려고 하는 것은 월권이고 이때 철학은 독단론에 빠진다고 한다.

정언명령(定言命令)

가언(假言)명령 즉 조건부의 명령이 '네가 행복을 얻으려면 이렇게 행하라' 고 하는 목적달성을 위한 방법으로서의 행위를 명령하는 것에 반해 정언명령은 누구에게나 무조건 들어 맞는 명령을 말한다. 칸트에 의하면 도덕법의 명령은 목적이나 결과를 위한 것이 아니라 그 자신을 목적으로 하여 지켜야 하는 것이다.

칸트 라플라스 가설 (영)Kant - Laplace hypothesis

칸트의 『천체의 자연적 역사와 이론』과 라플라스의 『세계체계해설』에 씌어진 태양계의 기원설(起源說). 이 이론에 의하면 태양계는 회전하고 작열하는 가스 덩어리가 차차 식어 부피가 위축되며 그 회전율이 증가하고 점점 양극이 편편해지면서 적도로부터

고리모양의 것을 방출하게 된 데서 생겨났다고 한다. 이 고리들이 여러 개의 유성(遊星)이 되었고 같은 법칙의 작용으로 여기서 위성들이 나오게 되었다는 것이다.

헤겔

소외(疏外) (독)Entfremdung

사회적 관계 혹은 전체적인 사회 역사적 상황 속에서 인간 간의 관계가 사물간의 관계로 나타나고, 인간의 물질적 정신적 활동을 통해 산출된 생산물, 사회적 관계, 제도 및 이데올로기가 오히려 인간을 지배하는 낯선 힘으로서 인간과 대립할 경우, 이 관계 및 이 전체 상황을 소외라 한다.

'소외' 개념은 원래 라틴어로 alienatio(타인에게 한 사물에 대한 소유권을 양도함)와 alienare(양도하다, 소외시키다, 양분하다, 낯선 힘에 종속시키다 라는 뜻이다)에서 유래한 것이다.

헤겔은 『정신현상학』에서 소외 개념에 훨씬 포괄적인 의미를 부여했다.

정신현상학 (독)Phänomenologie des Geistes

헤겔 철학의 본체라고 할 수 있는 책이다. 감각에서 절대정신(絶對精神)에 이르는 발전과정을 논하였고 그것을 역사발전으로 보았다. 결국 그의 도달점은 이념의 자기 인식이며 이념의 자기 소외의 극복이다. 의식의 출발점은 직접적인 감각의 확신이다. 이것이 지각 및 오성의 단계를 거쳐서 자기의식으로 발전하고 이것은 다시금 더 보편적인 자기의식으로서의 이성으로 높여진다. 이성은 개인적인 확실성과 현실사회와의 일치로서의 객관적 사회적인 이성의 단계로 발전한다. 거기에 정신의 세계가 열리고 정신은 도덕과 종교를 통해 절대지에 이르게 된다.

절대지(絕對知)

셸링과 헤겔이 지식의 최고 단계로서의 철학적 지식을 말할 때 사용한 용어. 헤겔에게 있어서는 정신이 자기 자신을 구성하는 구체적인 내용을 개념에 의해서 파악하는 것을 의미한다.

지양(止揚) (독)Aufheben

헤겔 변증법의 주요 개념. 원어는 '부정한다', '높인다', '보존한다' 의 뜻이다. 헤겔은 이 세 뜻을 포함하여 변증법의 근본적 요소로 삼았다. 즉 사물의 발전은 낮은 단계에 속하는 내용이 한꺼번에 버려지고 갑자기 높은 단계가 나타나는 것이 아니라 낮은 단계라는 형식은 버려지지만 그 내용은 높은 단계로 이끌려 올라와 그 속에서 새로운 연관과 질서를 갖고 새로운 형태에 동화된 채 보존된다. 이것이 지양이다.

프리메이슨 (영)freemasons

국제적 규모의 밀교적인 비밀결사. 1717년 영국의 숙련석공조합(길드)으로부터 그 조직이 시작되었다고 한다. 그 후 유럽, 미국, 오스트레일리아, 아프리카 등에까지 확대되었다. 이 운동의 목표는 근대 초기 발흥하는 부유시민들의 요구를 반영하여 자유 · 평등 · 박애 · 인간존중 · 종교상의 자유 · 이상사회의 실현 등을 내세웠으며 매우 개인주의적이다. 조직은 회원의 출자(出資)로써 유지되었으며 회원의 상호부조와 비밀엄수를 특징으로 하고 회원에는 계급의 구별이 있었다.

정립 · 반정립 · 종합 (독)These, Antithese, Synthese

헤겔의 3분법에 있어 3개의 계기를 의미하는 말이다. 정립은 증명되어야 할 명제를 말한다. 헤겔에서는 인식의 출발점, 논리가 전개되는 최초의 명제 혹은 사물이 발전하는 최초의 상태를 의미한다. 반정립이라는 것은 정립의 부정 혹은 반대의 것, 사물의 발전에 있어서 최초의 상태가 부정되고 새로이 나타난 상태를 말한다. 이 상태에 있어서는 정립 중에 내재해 있는 모순이 표면에 나타나서 여러 요소들간의 대립이 심해지게 된다. 종합은 반정립에 있어서 제 요소들간의 대립 · 모순이 통일되는 상태를 말한다. 이것은 반정립의 부정이며 반정립보다 한 단계 높은 발전단계이고 정립과 반정립의 각각의 적극적 특질을 결합한 상태이다. 따라서 정립은 긍정, 반정립은 부정, 종합은 부정의 부정이다.

헤겔은 이 3계기를 삼위일체로 보고 종합을 가장 중요시하여 그것을 앞의 두 가지를 지양한 것으로 생각하여 정립으로의 복귀라고 생각하였다.

이성적인 것은 현실적이고 현실적인 것은 이성적이다

(독)Was vernunftig ist, das wirklich: und was wirklich ist, das ist vernünfting

헤겔의 『법철학강요: *Grundlinien der philosophie des Rechts*』의 서문에 적힌 말로 헤겔 철학의 핵심을 표현한 유명한 명제이다. 이 책 서문에서 그는 철학을 "이성적인 것의 기초를 확립하는 것, 현재적·현실적인 것을 파악하는 것"이라고 말했는데 이 말은 바로 전자의 명제를 설명하고 있다. 헤겔에 있어서 철학은 이성을 파악하는 것이며 현실과 화해하고 현존하는 국가를 이성적인 것으로 긍정하는 것이 그의 관심사였으므로 위의 명제는 이성과 현실의 일치에 대한 자신의 굳은 신념을 표현한 것으로 해석된다.

통일 (영)unity

여러 가지의 요소가 어떤 한 점에서 합치하고 하나의 전체에 속하는 관계. 통일은 여러 가지 부분을 전제하면서도 그것들을 하나로 파악하는 관계이다. 따라서 그것은 종합이나 전체성의 개념과 같은 성질을 지닌다. 통일에는 그것이 성립하는 영역과 관점의 차에 따라 여러 종류가 있다. 일상적으로 우리가 대하는 물건도 항상 어떤 통일성을 갖고 있는데 본문에 나오는 고양이는 지금 그 자리에 있다는 것과 항상 돌아다닌다는 성질의 통일로서 우리가 보는 그 시점에 거기에 존재하는 것이다. 헤겔의 3계기인 정·반·합에서 합에 해당하는 개념과 비슷하다 하겠다.

파스칼

영혼불멸

육체는 사라져도 영혼은 이를 떠나 영원히 존재하고 미래의 생활을 갖는다는 관념. 이것은 자연존재로서의 인간이 유한성을 극복하고자 영혼이라 불리는 인간의 인격성에 초자연성을 부여하려는 요구로부터 나왔다. 종교적으로 고찰할 경우에는 시간상의 무한한 존속이 된다.

『팡세』Pensées

『팡세』는 기독교의 변증론인데 3부분으로 나뉘어져 있다.

첫째는 인간의 존재를 극한적인 상황에서 허망함과 위대함의 모순으로서 파악한다. 인식의 오류, 사교생활의 기만, 정치권력의 근본적인 부정 등이 인간의 허망함을 나타내는 것이다. 그러나 인간은 진리와 선을 추구하는 '생각하는 갈대'이며 이 생각하는 활동에 있어서 인간은 위대한 것이다.

둘째는 이러한 자기 모순을 설명하고 구원하는 것으로서 철학이 다루어지는데 거기에서 독단론과 회의론, 스토아주의와 에피

쿠로스주의의 대립이 풀리지 않은 채 남겨져 있다.

셋째로 종교가 논의되어 유일하고 진정한 종교 즉 인간의 모순을 설명하고 그로부터 인간을 구원할 수 있는 종교로서 기독교가 제시되는 것이다. 파스칼은 위의 3단계의 비약을 인간적 삶의 3단계로 해석하여 '신체(물체)의 질서', '정신의 질서', '사랑의 질서'라 불렀다.

원죄(原罪)

인류의 원조 아담이 범한 죄 때문에 인간은 모두 나면서부터 이 죄를 타고 난다는 기독교의 신학설. 이 설은 바울(Baulos)에 의해 시작되었으며 특히 아우구스티누스에 의해 역설되었다. 그에 의하면 인류는 누구나 다 이 아담의 원죄를 지니고 태어나며 자기 스스로의 힘으로는 구원을 받지 못하며 다만 은총에 의해서만 이 구제된다고 한다. 그러나 프로테스탄트적 인간관은 원죄의 사실을 중심으로 하는 죄악관을 답습하여 인간들의 노력에 기초를 두지 않고 신의 은혜의 선물이라고 한다.

쟝세니즘/얀센(主義) (영)jansenism (프)jansénisme

17세기에 일어났던 가톨릭의 교회 개혁 운동. 이 운동은 오늘날의 벨기에, 네덜란드 지역에서 시작하여 점차 프랑스, 이탈리아, 에스파냐, 오스트리아로 확산되었다. 특히 17, 18세기의 프랑스에서는 신학의 영역을 넘어서 공공생활에까지 커다란 영향을 미쳤다. 다시 말해서 당대 프랑스에서의 얀센주의는 단순한 교회 개혁 운동의 의미를 넘어서서 '초기 부르주아의 의식 형성'이라는 면에서도 일정한 역할을 했던 것이다. 신학 이론으로서의 얀센주의는 19세기 초에 이르면 하나의 주변적 현상에 불과하게 된다.

얀센주의 개혁운동의 선구는 루뱅(Louvain)의 신학자인 바유스(Bajus)인데, 그는 엄격한 '아우구스티누스주의'의 원칙들로 이루어진 은총설을 주장했다. 이 이론은 1567년 에스파냐 예수회의 혹독한 탄압 아래서 이단으로 판정받았다. 이어서 나중에 이프르(Ypres)의 주교가 된 코르넬리우스 얀센(Cornelius Jansen: 1585~1638)이 바유스의 사상을 이어 받았다.

얀센주의는 네덜란드에서 가톨리시즘과 칼뱅주의간의 대결이 치열하던 때 등장했는데 공식적인 가톨리시즘으로부터 여러 가지 점에서 이탈했다. 얀센은 이미 칼뱅이 그러했듯이 극단적인 도덕적 엄숙주의로 해석된 아우구스티누스의 예정설과 은총설을 따랐다. 이에 따르면 대다수 인간은 지옥에 떨어지도록 정해져 있으며, 신앙심이 깊은 기독교인도 신의 은총이 없으면 영혼을 구제받을 길이 없다.

이 점만을 보면 칼뱅과 일치하는 것 같지만 그들의 예정설의 근저에는 완전히 다른 인간상이 놓여 있어서 근본적인 차이를 갖고 있었다. 칼뱅은 인간이 원죄를 범했기 때문에 악과 동일시되는 세속적인 본성을 결코 극복할 수 없으며 인간이 신을 배반했다는 사실을 자각하더라도 여전히 이 본성에 얽매여 있다고 본다.

그러나 얀센은 원죄 이후에도 인간에게는 신의 모습이 그대로 남아 있어서 인간은 '강제적 은총'으로 여겨지는 신의 도움을 받아 신의 사랑에 의해 자신의 세속적 본성을 극복할 힘을 갖게 된다고 생각한다. 나중에 격렬한 '은총논쟁'을 벌이게 되는 이 '강제적 은총'에 입각한 예정설이 지닌 의미는 다음과 같다.

얀센에 따르면 신은 선택된 사람들에게 신의 사랑을 충분히 쏟고 그렇지 않은 사람들에게는 사랑을 주지 않는다는 것이다. 신에 대한 사랑이 아주 확고하다면 인간은 그 사랑에 따르는 것 이외에 다른 선택의 여지를 갖지 않으며 그렇지 않다면 인간은 자신의 세속적 본성에 따라 오로지 신 안에서만 곧 인간 본성의 밖에서만 찾을 수 있는 자신의 본래적인 규정에 거역하는 행동을 하게 된다. 그러나 신에 대한 사랑만으로는 영혼의 구제가 보장되지 않는다. 얀센에 있어서 신에 대한 사랑이란 세속적 삶 속에서 수행되어야 하는 선행, 그렇지만 세속적 이해에는 따르지 않는 선행을 하기 위한 불가결한 원동력일 따름이다. 신자는 이러한 선행을 통해 구원에의 확신을 얻어야만 한다.

『프로방시알 서간』*Letters d'un provincial*

파스칼은 인간의 위대성을 강조하는 스토아주의와 인간의 허망함을 지적하는 회의론 또는 쾌락주의가 모두 인간성의 모순의 일면을 표현한 것으로 생각하여 이 모순을 전체로서 직시하고 구원할 수 있는 것은 기독교 이 외에는 없다고 생각했다.

쟝세니즘의 금욕적 종교는 당시 그 반대파인 예수회로부터 공격을 받고 1656년에는 이단이라는 판결을 소르본느대학 신학부로부터 받기에 이르렀다. 이에 대하여 파스칼은 한 시골사람이 파리에 사는 친구에게 보내는 편지의 형식을 띤 『프로방시알 서간』을 연달아 발표(1656~1657)하여 은총에 관한 신학적 문제를 논하고 예수회의 이완되고 부패한 도덕을 규탄했다. 이 편지는 문학사상에서 프랑스 고전주의의 문체를 확립한 것으로 인정되고 있다.

키에르케고르

『죽음에 이르는 병』 *Sygdommen til Døden*

키에르케고르 사상의 정점을 이루는 대표작의 하나. 『불안의 개념』을 한층 심화한 것으로 '죽음에 이르는 병은 절망이다' 와 '절망은 죄이다' 의 2장으로 되어 있다. 신을 떠난 인간의 상태는 죄의 가운데에 있으며 그것은 인간이 영원자에 연결되는 자기를 상실한 상태로 이러한 생활을 하는 한 인간은 절망 가운데에 있을 수밖에 없다고 하여 절망의 여러 가지 형태를 분석하고 자기의 절망상태 즉 죄의 자각에 의해서 본래의 자기의 정신에의 각성을 촉구한 것이다. 이 저서에서 그는 절망을 상세히 분석하여 절망이란 인간이 참된 자기가 되는 것을 거부하고 신 앞에 나서는 것을 거부하는 것이라고 한다. 절망에 대한 무지도 절망이지만 절망 가운데 머무르는 것도 절망이다. 우리는 절망을 자각함으로써 절망을 극복할 수 있다. 이것이 신앙이다. 절망이란 신을 거부하는 것, 즉 죄이며 이 죄는 죽음에 이르는 불치의 병이다. 신 앞에 자기를 버리는 것이 신앙이며 신앙 가운데 있을 때는 죽음에 이르는 병은 없다는 것이다.

『불안의 개념』 *Begrebet Angest*

키에르케고르의 저서. 저자 자신의 신앙을 위한 괴로운 싸움의 체험을 심각하게 다룬 것으로 실존주의자들의 공통적인 불안사상의 원천이 되었다. 그에 의하면 신앙은 인간의 마음의 문제이기 때문에 심리학적으로도 취급된다고 한다. 그리고 그것은 가장 엄숙한 마음의 일이기 때문에 그것을 방해하는 가지각색의 장애를 가려내야 하며 한편 신앙에 이르는 행로(行路)가 밝혀져야 한다는 것이다. 그리하여 신앙의 장애인 동시에 신앙에 이르는 행로도 되는 것은 자유의 가능성으로서의 불안이며 그것이 비약이라는 순간의 질적 변화에 의하여 인간을 죄에 빠지게 하는 동시에 또 신앙으로 이끄는 기틀이기도 하다는 것을 불안의 여러 형태에 관한 심리적 분석에 의하여 구체적으로 논술하고 있다.

실존(實存) (독)Existenz

라틴어 exsistere로서 밖에(ex) 나타난다(sistere)는 뜻을 가진다. 이것은 인간존재 · 인간의 본질적인 것을 보다 높은 차원(次元)에서 밝히고 인간존재의 의미와 보다 깊은 가치를 밝히는 것을 말한다. 실존(Existenz)은 있음(Sein)이 아니라 생성(Werden)이다. 실존은 대상에 의해 주어지는 것이 아니라 역사적 · 주체적 인간의 독자적인 생존의 사실이며 인간을 주관과 객관으로 분리하기 전, 대상인식의 전제가 있기 전의 가장 근원적인 존재사실을 의미한다. 이 말은 키에르케고르에 의하여 처음 쓰였으나 존재론적 의미를 부여하여 존재론의 영역을 개척한 사람은 하이데거이다.

그러면 실존은 어떻게 나타나는가? 키에르케고르는 신 앞에 서있는 단독자를 역설하고 종교적 실존을 강조한다. 불안과 절망에서 비약하여 신에 대한 절대적 귀의와 신앙에 사는 종교적 실존에서 실존의 최고단계를 발견하려고 한다.

단독자(單獨者) (독)das Einzelne

키에르케고르에게 있어서는 체계보다 더 중요한 것은 시간이요, 개념보다 더 중요한 것은 행동이다. 그리고 보편적인 것보다 더 높은 것은 개별적인 것과 개인(個別者)이다. 즉 아리스토텔레스가 플라톤에 반대하여 보편자는 추상적인 것이며 사고가 할 일에 지나지 않으나 개별자야말로 참된 존재자이며 결정적인 것이라고 선언했던 것처럼 키에르케고르도 헤겔에 반대한다. 헤겔이 얘기한 대립들의 화해는 우선 이 대립들이 사실이었다는 것을 전제로 하고 있다. 보다 높은 개념으로 지양된다는 것은 사고가 할 일에 지나지 않으며, 현실 자체는 개별적인 것의 법칙을 따른다는 것이다. 이 개별적인 것이야말로 진정으로 현실적인 것이다.

실존철학 (독)Existenzphilosophie

주체적 존재로서의 실존(實存)의 본질과 구조를 밝히려는 철학적 입장을 폭넓게 실존철학이라고 부른다. 19세기의 합리주의적 관념론 혹은 실증주의에 대한 비판과 도전으로부터 시작되어 분석철학과 함께 현대철학의 2대 조류를 이루고 있다. 대표적인 철학자로는 일반적으로 키에르케고르, 야스퍼스, 마르셀, 하이데거, 싸르트르 등을 든다.

헤겔의 객관적 정신을 배격하고 주체적 실존을 추구한 최초의 실존철학자 키에르케고르에 의하면 실존은 "객관성이 아니고 주체성이다." 전자는 헤겔의 주장이며 후자는 그가 전자에 반대하여 내세운 반정립이다. 그에 의하면 인간은 합리적 체계 속에 해소될 수 없는 구체적 개별적 단독자로서의 존재이다.

소크라테스는 "너 자신을 알라"고 주체적 자각을 경고한 바 있으나 실존주의는 바로 현대인의 철학적 자각과 반성의 이론적 체계이다. 그러면서도 인간의 이성(logos)적인 측면만 보지 않고 감성(pathos)적인 측면에 더 치중하여 불안, 죄, 절망, 공포, 허무, 죽음 등을 응시하고 예리한 분석을 가한다. 실존주의는 더 나아가 문명, 사회, 역사에 대한 예리한 비판을 가한다.

니체

권력에의 의지 (독)Wille zur Macht/Wille zur Macht

① 니체 사상의 중심 개념의 하나. 그는 다윈의 영향을 받아 도태(淘汰)와 생존경쟁에 있어서 강한 자를 하나의 맹수, 금발의 야수라고 규정하고 이와 같은 인간의 본질을 권력에의 의지라 하였다. 그러나 이 권력에의 의지는 인간적 의지의 현세태(現勢態)를 의미하며 사랑도 물질적 욕망도 인간의 역사적, 사회적 상황 하에서는 근본의지가 되며 인류역사의 참된 동인(動因)이 된다.

② 니체의 단편적인 유고(遺稿). 1882~1888년 사이에 씌여진 것인데 처음 계획은 4권으로 간행할 예정이었다. 여기에는 니체의 "초인사상"의 근본 이론이 다루어질 예정이었다.

니힐리즘 (영)Nihilism (독)Nihilismus

어떠한 존재도 인정하지 않고 또 그에 대한 인식의 가능성과 가치까지도 부정하려는 사상적 입장을 말한다. 어원은 라틴어의 nihil로서 보통 허무주의라고 번역된다.

니힐리즘이 본격적으로 논의되기 시작한 것은 19세기 후반기부터이다. 니힐리즘이란 용어는 투르게네프(I. S. Turgenyev: 1818~1883)가 그의 대표작 『아버지와 아들』(1862)에서 처음으로 사용하였다. 여기서 니힐리즘의 뜻은 극단적인 합리주의의 입장에서 기성도덕, 전통적 종교, 습관, 제도 등을 거부하고 이들을 파괴하려는 입장으로 나타나고 있다. 이것은 니힐리즘의 독특한 일면, 즉 부정과 반대되는 정신이 사회를 향한 태도였다.

한편 도스토예프스키 등은 니힐리즘을 더욱 내적 · 정신적으로 파악하여 당시 러시아의 니힐리스트들이 그들의 사상적 지주로 삼았던 합리주의와 과학적 인식마저 부정하고 또 신(神)을 부정하려고 하면서도 부정하지 못하고 있는 정신적 모순 속에서 니힐리즘을 발견하려고 하였다.

그 후 이와 같은 의미의 니힐리즘을 몸소 체험하고 그것을 극복하려고 좀더 자각적인 노력을 기울인 철학자가 니체였다. 니체의 니힐리즘의 자각은 "신은 죽었다"는 시대에 대한 진단 속에서 발견할 수 있다. 그의 말에 의하면 니힐리즘은 신과 이성의 부정이다. 최초의 신을 창조한 것은 인간이었으나 인간은 신의 존재를 인간의 상위로 생각했고 신에게 구원을 요청하게 된 것이라 여겼다. 그의 말에 의하면 그런 신은 죽었다. 그리고 인간이 그토록 믿고 절대성까지 부여한 이성도 실은 의지의 결과물, 수단에 불과하다고 한다.

이런 신과 이성이 이 세계를 지배하고 있는 한 우리의 진정한 삶의 목적과 의의는 상실되고 존재의 전체적 통일은 파괴되며 존재의 가치와 의의도 불신당하고 심지어는 존재 자체까지도 회의를 받지 않을 수 없게 된다고 한다. 그리하여 그는 기독교적 도덕에 의해서 지배되고 있는 이 현실을 자기 손으로 몰락시키고 현실의 심연 속으로부터 권력의 의지를 역설함으로써 니힐리즘 자체까지 극복하려고 한 것이다. 이러한 의의에서 단순히 부정적·비인간적인 니힐리즘과 니체의 니힐리즘은 다르다.

영겁회귀 (독) ewige Wiederkunft

니체의 『차라투스트라』의 근본사상. 우주는 원환(圓環)운동을 일으키기 때문에 인간의 생도 지상의 환희와 고민을 지니고 영원히 회귀하며 존재의 모든 수레바퀴는 영원히 회귀한다. 모든 것은 시들고 다시 꽃이 핀다. 내세도 현세도 있는 것이 아니요, 단지 현세의 순간 순간이 충실히 있을 뿐이다. 신과 이상주의의 철저한 부정으로부터 나왔다. 신 없는 시대의 인간 존재의 무의미를 알며 이것을 저주하지 않고 운명을 감수하며 사랑하는 '강자(强者)'로서의 '운명애'는 허무에의 의지이지만 이것은 스스로 뜻하는 의지(Wille zum Willen)로 전화한다.

눈이부실만큼 아름다운
청춘아! 멈춰라, 생각하라

초판1쇄 인쇄 | 2014년 7월 24일
초판1쇄 발행 | 2014년 7월 28일

지은이 | 기하라 부이치
옮긴이 | 정돈영
펴낸이 | 박대용
일러스트 | 김희연, 박병규
펴낸곳 | 부자나라

주소 | 413-834 경기도 파주시 교하읍 산남리 292-8
전화 | 031)957-3890, 3891 팩스 | 031)957-3889
이메일 | zinggumdari@hanmail.net

출판등록 | 제406-2104-000069호
등록일자 | 2014년 7월 23일